中国国情调研丛书·**企业卷**
China's national conditions survey Series · **Vol enterprises**

主 编 陈佳贵
副主编 黄群慧

云南砉红石材开发有限公司考察
The Investigation Report on
Yunnan Huahong Stone Manufacturing Co., Ltd.

徐希燕 等 / 著

经济管理出版社
ECONOMY & MANAGEMENT PUBLISHING HOUSE

图书在版编目（CIP）数据

云南耈红石材开发有限公司考察/徐希燕等著. —北京：经济管理出版社，2016.1
ISBN 978-7-5096-3796-8

Ⅰ. ①云…　Ⅱ. ①徐…　Ⅲ. ①建筑材料—石料—矿山—企业—企业管理—经验—云南省　Ⅳ. ①F426.1

中国版本图书馆 CIP 数据核字（2015）第 107196 号

组稿编辑：陈　力
责任编辑：陈　力　赵彩侠
责任印制：黄章平
责任校对：超　凡

出版发行：经济管理出版社
　　　　　（北京市海淀区北蜂窝 8 号中雅大厦 A 座 11 层　　100038）
网　　址：www. E-mp. com. cn
电　　话：（010）51915602
印　　刷：三河市延风印装有限公司
经　　销：新华书店
开　　本：720mm×1000mm/16
印　　张：15.5
字　　数：254 千字
版　　次：2016 年 1 月第 1 版　　2016 年 1 月第 1 次印刷
书　　号：ISBN 978-7-5096-3796-8
定　　价：48.00 元

《中国国情调研丛书·企业卷·乡镇卷·村庄卷》

序 言

为了贯彻党中央的指示，充分发挥中国社会科学院思想库和智囊团的作用，进一步推进理论创新，提高哲学社会科学研究水平，2006年中国社会科学院开始实施"国情调研"项目。

改革开放以来，尤其是经历了近30年的改革开放进程，我国已经进入了一个新的历史时期，我国的国情发生了很大变化。从经济国情角度看，伴随着市场化改革的深入和工业化进程的推进，我国经济实现了连续近30年的高速增长。我国已经具有庞大的经济总量，整体经济实力显著增强，到2006年，我国国内生产总值达到了209407亿元，约合2.67万亿美元，列世界第四位；我国的经济结构也得到了优化，产业结构不断升级，第一产业产值的比重从1978年的27.9%下降到2006年的11.8%，第三产业产值的比重从1978年的24.2%上升到39.5%；2006年，我国实际利用外资为630.21亿美元，列世界第四位，进出口总额达1.76万亿美元，列世界第三位；我国人民生活水平不断改善，城市化水平不断提升。2006年，我国城镇居民家庭人均可支配收入从1978年的343.4元上升到11759元，恩格尔系数从57.5%下降到35.8%，农村居民家庭人均纯收入从133.6元上升到3587元，恩格尔系数从67.7%下降到43%，人口城市化率从1978年的17.92%上升到2006年的43.9%以上。经济的高速发展，必然引起国情的变化。我们的研究表明，我国的经济国情已经逐渐从一个农业经济大国转变为一个工业经济大国。但是，这只是从总体上对我国经济国情的分析判断，还缺少对我国经济国情变化分析的微观基础。这需要对我国基层单位进行详细的分析研究。实际上，深入基层进行调查研究，坚持理论与实际相结合，由此制定和执行正确的路线方针政策，是我们党领导革命、建设和改革的基本经验和基本工作方法。进行国情调研，也必须深入基层，只有深入基层，才能真正了解我国国情。

为此，中国社会科学院经济学部组织了针对我国企业、乡镇和村庄三类基层单位的国情调研活动。据国家统计局的最近一次普查，到 2005 年底，我国有国营农场 0.19 万家，国有以及规模以上非国有工业企业 27.18 万家，建筑业企业 5.88 万家；乡政府 1.66 万个，镇政府 1.89 万个，村民委员会 64.01 万个。这些基层单位是我国社会经济的细胞，是我国经济运行和社会进步的基础。要真正了解我国国情，必须对这些基层单位的构成要素、体制结构、运行机制以及生存发展状况进行深入的调查研究。

在国情调研的具体组织方面，中国社会科学院经济学部组织的调研由我牵头，第一期安排了三个大的长期的调研项目，分别是"中国企业调研"、"中国乡镇调研"和"中国村庄调研"。"中国乡镇调研"由刘树成同志和吴太昌同志具体负责，"中国村庄调研"由张晓山同志和蔡昉同志具体负责，"中国企业调研"由我和黄群慧同志具体负责。第一期项目时间为三年（2006~2009 年），每个项目至少选择 30 个调研对象。经过一年多的调查研究，这些调研活动已经取得了初步成果，分别形成了《中国国情调研丛书·企业卷》、《中国国情调研丛书·乡镇卷》和《中国国情调研丛书·村庄卷》。今后，这三个国情调研项目的调研成果还会陆续收录到这三卷书中。我们期望，通过《中国国情调研丛书·企业卷》、《中国国情调研丛书·乡镇卷》和《中国国情调研丛书·村庄卷》这三卷书，能够在一定程度上反映和描述在 21 世纪初期工业化、市场化、国际化和信息化的背景下，我国企业、乡镇和村庄的发展变化。

国情调研是一个需要不断进行的过程，以后我们还会在第一期国情调研项目基础上将这三个国情调研项目滚动开展下去，全面持续地反映我国基层单位的发展变化，为国家的科学决策服务，为提高科研水平服务，为社会科学理论创新服务。《中国国情调研丛书·企业卷》、《中国国情调研丛书·乡镇卷》和《中国国情调研丛书·村庄卷》这三卷书也会在此基础上不断丰富和完善。

中国社会科学院副院长、经济学部主任

陈佳贵

2007 年 9 月

《中国国情调研丛书·企业卷》

序 言

　　企业是我国社会主义市场经济的主体，是最为广泛的经济组织。要对我国经济国情进行全面深刻的了解和把握，必须对企业的情况和问题进行科学的调查和分析。深入了解我国企业生存发展的根本状况，全面把握我国企业生产经营的基本情况，仔细观察我国企业的各种行为，分析研究我国企业面临的问题，对于科学制定国家经济发展战略和宏观调控经济政策，提高宏观调控经济政策的科学性、针对性和可操作性，具有重要的意义。另外，通过"解剖麻雀"的典型调查，长期跟踪调查企业的发展，详尽反映企业的生产经营状况、改革与发展情况、各类行为和问题等，也可以为学术研究积累很好的案例研究资料。

　　基于上述两方面的认识，中国社会科学院国情调查选择的企业调研对象，是以中国企业及在中国境内的企业为基本调查对象，具体包括各种类型的企业，既包括不同所有制企业，也包括各个行业的企业，还包括位于不同区域、具有不同规模的各种企业。所选择的企业具有一定的代表性，或者是在这类所有制企业中具有代表性，或者是在这类行业中具有代表性，或者是在这个区域中具有代表性，或者是在这类规模的企业中具有代表性。我们期望，通过长期的调查和积累，中国社会科学院国情调查之企业调查对象，逐步覆盖各类所有制、各类行业、不同区域和规模的代表性企业。

　　中国社会科学院国情调查之企业调查的基本形式是典型调查，针对某个代表性的典型企业长期跟踪调查。具体调查方法除了收集查阅各类报表、管理制度、文件、分析报告、经验总结、宣传介绍等文字资料外，主要是实地调查，实地调查主要包括进行问卷调查、会议座谈或者单独访谈、现场观察写实等方式。调查过程不干扰企业的正常生产经营秩序，调查报告不能对企业正常的生产经营活动产生不良影响，不能泄露企业的商业秘密，"研究无禁区，宣传有纪律"，这是我们进行企业调研活动遵循的基本原则。

中国社会科学院国情调查之企业调查的研究成果主要包括两种形式：一是内部调研报告，主要是针对在调查企业过程中发现的某些具体但具有普遍意义的问题进行分析的报告；二是全面反映调研企业整体情况、生存发展状况的长篇调研报告。这构成了《中国国情调研丛书·企业卷》的核心内容。《中国国情调研丛书·企业卷》的基本设计是，大体上每一家被调研企业的长篇调研报告独立成为《中国国情调研丛书·企业卷》中的一册。每家企业长篇调研报告的内容，或者说《中国国情调研丛书·企业卷》每册书的内容，大致包括以下相互关联的几个方面：一是关于企业的发展历程和总体现状的调查，这是对一个企业基本情况的大体描述，使人们对企业有一个大致的了解，包括名称、历史沿革、所有者、行业或主营业务、领导体制、组织结构、资产、销售收入、效益、产品、人员等；二是有关企业生产经营的各个领域、各项活动的深入调查，包括购销、生产（或服务）、技术、财务与会计、管理等专项领域和企业活动；三是关于企业某个专门问题的调查，例如企业改革问题、安全生产问题、信息化建设问题、企业社会责任问题、技术创新问题、品牌建设问题，等等；四是通过对这些个案企业的调查分析，引申出这类企业生存发展中所反映出的一般性的问题、理论含义或者其他代表性意义。

中国正处于经济高速增长的工业化中期阶段，同时中国的经济发展又是以市场化、全球化和信息化为大背景的，我们期望通过《中国国情调研丛书·企业卷》，对中国若干具有代表性的企业进行一个全景式的描述，给处于市场化、工业化、信息化和全球化背景中的中国企业留下一幅幅具体、生动的"文字照片"。一方面，我们努力提高《中国国情调研丛书·企业卷》的写作质量，使这些"文字照片"清晰准确；另一方面，我们试图选择尽量多的企业进行调查研究，将始于2006年的中国社会科学院国情调研之企业调研活动持续下去，不断增加《中国国情调研丛书·企业卷》的数量，通过更多的"文字照片"来全面展示处于21世纪初期的中国企业的发展状况。

中国社会科学院经济学部工作室主任

黄群慧

2007年9月

目　录

第一章 企业发展历程

第一节 企业简介

云南砉红石材开发有限公司（以下简称"砉红"）成立于 1995 年，是一家集石材开采、生产加工、工艺雕塑、装饰施工、销售安装、保养清洁为一体的民营石材企业。企业注册资金 3010 万元，拥有固定资产 5000 多万元，员工 400 余人，占地面积 100 余亩。

目前，公司拥有国内外先进的石材加工设备 50 多台（套），形成了技术领先的石材生产加工流水线，现代化厂房占地面积 18000 多平方米，年生产加工天然大理石 30 多万平方米，人造石材约 100 万平方米，同时生产各种规格的板材、异形石材、石雕等上百个品种。企业始终奉行"信誉第一、质量第一、客户至上"的宗旨，产品以上乘的质量、优惠的价格、优质的售后服务和良好的信誉，畅销云南、四川、贵州等地，并出口十多个国家和地区。

2002 年公司通过 ISO 2001—9000 质量管理体系认证，2008 年公司被选为中国石材最新的 GB 国标参与审定单位，创始人丁勇云董事长被聘为第一届全国石材标准化技术委员会的专家委员；同年，经 CISE 中国石材业风云榜组委会确认为中国 50 强石材加工企业。

第二节　丁勇云董事长创业史

谈到矞红的发展历程，我们不得不从一个人说起，他就是矞红的创始人丁勇云。他与矞红一同走过了近 20 年的艰苦历程，与其说是矞红的发展史不如说是丁勇云的创业史。

丁勇云，男，汉族，1972 年出生于云南省红河州弥勒市雨舍村委会小松棵村。由于家庭条件所迫，小学三年级的他就辍学在家务农。生性好强的他不甘心一辈子生活在大山深处，决心走出山沟，到外面的世界闯出一条属于自己的路。

1986 年，年仅 14 岁的他，告别了父母和家人，跟着舅舅的施工队到外面的筑路工地打工。这是一项非常繁重的体力活，一天下来，累得腰酸背痛，一般的青年都吃不了这样的苦，可他暗下决心，再苦也要坚持，再大的困难也要克服。艰苦的工作环境让丁勇云慢慢地意识到，要想摆脱干苦力的命运，就必须学会一门手艺。于是他经常利用空余时间，用錾子和石刀摆弄石头，学习石材的各种雕刻技术。每一次雕刻他都用心去琢磨，一丝不苟，认真对待。几年后，他不但能打皮石，而且学会了各种石材的雕刻技术。掌握了一门技术后，他离开了舅舅的施工队，开始自己创业，自己带队为私人建房，打碑刻字，做各种石材的雕刻。之后，他被一家石材加工厂聘为技术员，从此便与石材结下了不解之缘。在这家石材加工厂工作期间，他更加刻苦地钻研石材加工技术，不断提高技术水平。另外，他还留心学习企业的生产与管理方式，此时的丁勇云虽然只是一个打工仔，但他心里早就有了更高的目标——创办一家属于自己的石材企业。

1995 年，原弥勒县大理石厂由于经营不善，公开向社会招租，而此时的丁勇云恰好回家探亲，他紧紧把握住了这次机会，几乎身无分文的丁勇云不顾家人和朋友的劝阻，毅然决定将这个濒临倒闭的石材加工厂承包下来。没有资金，他就用自己的劳动力作担保——如果不能如期付款，他愿为工厂打工直到还清欠款为止。丁勇云的决心和胆识打动了工厂的老领导，他也如愿地拥有了属于自己的工厂。当时，该厂是一个设备陈旧、产品滞销、连年亏损的小型石材加工厂，平均日产量不到 10 平方米，这便是茾红石材有限公司的前身。

当上厂长的丁勇云缺少资金购买新设备和聘请技术人员进行设备升级，他只能依靠自己。经过几天几夜的揣摩，他开始自己动手改造陈旧设备的生产线并取得了明显的成效，工厂的日产量从不到 10 平方米提高到 40 多平方米。产量虽得到提高，但由于资金缺乏，管理不到位，销路始终难以打开。通过努力，工厂终于得到信用社的第一笔 3 万元贷款的资金支持。为扩大生产，他通过支付高额利息的方法向民间、工商联基金会等筹借到 176 万元。丁勇云将这 179 万元的资金用于旧设备的更新和新设备的购进，自己既做老板又做专业技术人员，增加了产品品种。提高了产品产量和质量，规范了经营管理，并亲自到全国各地寻找市场、拓宽销售渠道。经过 3 年的不懈努力，工厂终于扭亏为盈，丁勇云不仅兑现了自己的承诺，并且于 1998 年购买了该厂的全部产权。

到 2000 年，经过 5 年的艰苦创业，工厂的经营状况发生了根本性的转变，注册资金从承包时的 30 万元增加到 204.9 万元，并经弥勒县工商行政管理局重新注册登记为"云南茾红石材开发有限公司"，丁勇云任董事长。此时公司已拥有和国内同步的石材精加工设备和起重设备，可生产几十种石材产品，年产量达 30000 多平方米。产品经红河州质量技术监督所检验确认各项指标，综合评定为优等品，并被确立为红河州石材主要跟踪产品。公司产品供不应求，不仅在本地市场占有一席之地，而且还远销美国、英国和日本等国家。丁勇云董事长成功地将一个濒临倒闭的石材厂发展为弥勒众多石材厂家中唯一一家初具规模、具有正规化和现代化气息的石材生产加工企业。公司于 2000 年被红河州人民政府评定为私营企业 50 强，被弥勒县人民政府评定为私营企业 20 强。

茾红的快速发展与丁勇云的聪明睿智、好学上进以及匠心独具的科学管理密不可分。2000~2004 年，他到清华大学进修，学习现代企业管理，获得结业证书。此后，他又继续在该校参加 CEO 总裁培训班的学习，2008 年获得了硕士学位。2004~2007 年，他在中央党校学习经济管理专业，随后他还参加了中央党校弥勒函授点大专班学习经济管理、法律等知识，这都为他以后的事业打下了坚实的知识基础。正是丁勇云董事长这种善于学习、勇于创新的精神，才使茾红有了后来的发展。

随着公司的发展壮大，原有的小厂已经不能满足公司发展的要求。2002 年 1 月，企业征得位于弥勒县工业园区内的 23 亩土地，投资 2000 万元，开始筹建新厂。新厂在原有设备的基础上进行了一系列的技术改造，同时又从国内购进了较为先进的电脑控制设备、金刚石框架锯、四立柱双向大切机、12头连续磨机等大型石材加工设备。在整个扩、改、建项目中，从选址到厂区规划、设计，从设备的选购到安装，从电线电路的铺设到协调各种关系，丁勇云董事长都参与其中，他既是老板、设计师、技术员，又是工人。在他精心地组织和指挥下，整个工程仅用5个月就全部竣工，并投产使用。一个规模更大，生产工艺及设备更为先进，技术含量更高的新型的现代化石材企业就此崛起。

2004年，经云南省工商行政管理局注册登记为：云南春红天然石材开发有限公司，丁勇云出任董事长。在丁勇云董事长的苦心经营和精心管理下，将一个名不见经传的小厂发展成为拥有国内先进水平，具有较高知名度的石材生产加工企业，创业时期向民间及工商局、工商联的借款连本带利已全部还清。此时，公司现已拥有固定资产3600多万元，注册资金达到2010万元。公司的年生产能力从30000平方米增加到20万平方米，拥有在职职工300多人，有10个采矿原料供应点，分布在弥勒、蒙自、屏边等地，真正成为滇东南地区实力最强的石材生产加工企业。2007年被评定为全国石材行业50强，并被吸纳为中国石材工业协会会员单位。2008年公司被选为中国石材最新的GB国标参与审定单位，丁勇云董事长也被聘为第一届全国石材标准化技术委员会的专家委员；同年，经CISE中国石材业风云榜组委会确认为中国50强石材加工企业；被中国建筑装饰协会、中国工商业联合会石材业商会评定为"企业信用评价AAA级信用企业"。

绿色、环保、循环经济是21世纪发展的主题，节能、环保型材料是新型建筑装饰材料的主体发展趋势，"低碳、创新、品牌"将引领石材产业发展方向。面临新的形势，丁勇云董事长着眼未来，决定走自己的技术创新之路。2007年初开始着手再生石材产业的规划与研发，以提高天然石材的再生利用率，有效改善居住环境，为市场提供绿色、环保的生态型再生石材产品。2010年，公司新征土地80余亩，计划总投资2.5亿元建设年生产500万平方米的再生石材生产基地，2012年完成一期投资7500万元，实现年生产能力120万平方米。

目前，春红已发展成为一家集石材开采、生产加工、工艺雕塑、装饰施工、销售安装、保养清洁为一体的滇南地区最大的石材精加工企业。企业注册资金 3010 万元，拥有固定资产 5000 多万元，员工 400 余人，占地面积 100 余亩。

随着企业的发展，丁勇云也获得了更多的肯定与荣誉，他先后被评为红河州第十届政协常委委员，弥勒县第六届、第七届政协常委委员，云南省工商联常委，云南省光彩事业促进会常务理事，红河州工商联副主席，弥勒县"十大杰出青年"。2008 年获国务院授予的"全国优秀农民工"光荣称号，2009 年被红河州青年创业发展促进委员会聘请为"红河州青年创业导师"，2010 年荣获全国"创业之星"荣誉称号，时任国家副总理回良玉亲自为他颁发荣誉证书。2014 年 7 月，丁勇云董事长又作为中国优秀企业家代表，跟随习近平总书记出访古巴。多次出国考察，促使丁勇董事长对耒红的发展有了更长远的规划。虽然公司所处的环境还不容乐观，面临着如资金不足、市场不稳定、人员匮乏等问题，但丁勇云董事长相信，通过政府的大力支持与公司全体人员的努力，耒红不仅能够成为云南卓越的石材品牌，更能成为中国乃至世界石材卓越品牌！

第三节　耒红大事记

年份	大事记	内　容
2014	事件	参加了 11 月 10 日在北京召开的国际亚太经合组织（APEC）领导人峰会正式会议
	荣誉	弥勒市守合同重信用企业；丁勇云作为中国优秀企业家代表跟随习近平总书记出访古巴
2013	荣誉	云南省石产业促进会第二届理事会副会长单位；2013 中国昆明泛亚石博览会石材分会"最佳参展企业奖"与"组价组织奖"；云南省著名商标；红河州知名商标
2012	事件	再生石材生产基地建成，并注册成立"云南中石石材开发有限公司"
	荣誉	被评为红河州依法治企示范单位；云南省石产业促进会常务理事单位；红河州总商会第四届副主席单位
2011	荣誉	丁勇云当选第一届全国石材标准化技术委员会的专家委员；被评为红河州市委工程 20 年杰出合作伙伴
2010	事件	征土地 80 余亩，计划总投资 2.5 亿元建设再生石材生产基地
	荣誉	丁勇云荣获全国第九届"创业之星"称号
2009	荣誉	被红河州青年创业发展促进委员会聘请为"红河州青年创业导师"

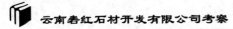

续表

年份	大事记	内 容
2008	荣誉	丁勇云荣获"全国优秀农民工"光荣称号；被中国工商业联合会石材业商会评定为企业信用评价 3A 级信用企业
	荣誉	丁勇云当选第一届全国石材标准化技术委员会的专家委员；被评为"红河州市委工程 20 年杰出青年人物"
2007	荣誉	被评定为全国石材行业 50 强，并被吸纳为中国石材工业协会会员单位
2004	事件	注册成立云南君红天然石材开发有限公司
	荣誉	云南省就业和社会保障先进单位；红河州守合同重信用先进企业
2003	荣誉	被红河州技术监督局评为产品质量信得过单位
2002	事件	建成弥勒县工业园区新厂，占地面积 23 亩，投入资金 2000 万元
	荣誉	弥勒县民政福利企业先进单位
2001	荣誉	弥勒县重合同守信用企业；红河州民营企业 50 强；弥勒县私营企业 20 强
2000	事件	注册成立云南君红石材开发有限公司，注册资金 2010 万元
	荣誉	云南省就业和社会保障先进单位；红河州"守合同重信用先进企业"；弥勒县社会福利企业先进单位
1998	事件	购买弥勒县天然彩色理石开发有限公司全部产权
1995	事件	承包弥勒县天然彩色理石开发有限公司

第二章　企业发展环境

第一节　宏观环境分析

企业总是在一定的环境中运行，环境的变化与发展会给某些企业或投资带来机会，同时也会给另一些企业或投资造成威胁。企业环境是由一个多元主体、多层次、不断发展变化的多维系统构成的，分为外部环境和内部环境。

本书使用 PEST 方法详细分析哪些环境因素影响企业的运行。这一分析方法首先考虑哪些外部环境影响在过去对企业是重要的，接着分析这些影响因素在未来对企业及其竞争对手重要性的变化程度。这种方法将环境因素分为政治与法律环境、经济环境、自然资源、社会文化环境和技术环境。

一、政治与法律环境

政治与法律环境主要是指那些制约与影响企业的政治要素和法律系统及运行状态，包括一个国家的政治制度、运行体制、政治形势、政府的方针政策及法令等。企业的发展战略需要依据国家相关法律、法规及政策导向，对企业的业务定位、市场开发、发展目标和经营理念等方面进行规划，从而促进企业健康、稳定发展。因此，政策与法律环境的分析对云南耄红石材开发有限公司的发展影响重大。

目前，我国石材行业正处于一个相对民主、自由、宽松的环境中，对于石材行业的发展，国家没有明确的法律、法规限定，仅对石材机械使用一般性机械行业标准，对石材产品及其应用几乎没有任何的法律法规标准。政府积极鼓励各省石材行业的发展，坚持"发展就是硬道理"，鼓励建设石材企业，所以各个省内进入石材行业几乎没有门槛，几片瓦砾，基建工棚支上一两台锯就可以开个石材加工厂。自20世纪80年代到20世纪末，全国石材厂由一百余家迅速攀升到几万家，到"十一五"期间发展到近十万家。由于石材行业的迅猛发展，安全、环保方面的问题也层出不穷，以至于个别地方政府难以承受各种压力，于是开始对石材行业的发展进行行政干预，大多数石材产业地政府对石材行业实行了边整顿边发展的民主、自由、宽松的政策。同时，随着石材行业的迅猛发展，国家及地方纷纷成立了石材协会，为企业获取信息、资源、市场提供了有利条件，同时也加大了企业发展的自由度。

石材企业的发展与矿石资源密切相关，而石材资源受到国家有关矿产资源管理的约束和保护，最基本的有《中华人民共和国矿产资源法》、《矿产资源勘查区登记管理办法》、《矿产资源开采登记管理办法》及《探矿权、采矿权转让管理办法》四部行政法规。这些法律法规确立了矿产资源的国家所有权、探矿权、采矿权有偿取得和依法转让的法律制度，并制定了矿山企业必须符合的资格条件，按照矿产资源的储量规模、重要程度、资源赋存的特定空间来划分采矿审批权，从而保证了重要的矿产资源可以掌握在中央政府手中，确保中国矿产资源的合法开发及规范。此外，对于矿产资源开采的监督管理，我国政府也制定了特定的管理办法，如国土资源部2009年下发了国土资源部［2009］148号文件《关于健全完善矿产资源勘查开采监督管理和执法检查长效机制的通知》，这些文件规定了相关部门必须在符合相关规定的资质条件下进行矿产资源勘查及开采，并设立了严格的法律责任制度，遏制违法行为，包括严重破坏矿产资源、超过批准的矿区范围开采矿产资源、无证开采矿产资源、买卖及出租或者其他形式转让矿产资源等违法行为的法律责任，并规定了对于这些违反了矿产资源开采法律的行为进行严厉的行政处罚和刑事处罚。

另外，国家对于石材开采过程中的安全生产、环境保护、水土保持、开采方案及员工的作业条件都有相关的规定，相关的法律文件有《中华人民共和国水土保持法》、《中华人民共和国森林法》、《中华人民共和国环境影响评价法》及《矿业权评估的相关规定》等。如《中华人民共和国水土保持法》第二十五条规定在山区、丘陵区、风沙区以及水土保持规划确定的容易发生水土流失的其他区域开办可能造成水土流失的生产建设项目，生产建设单位应当编制水土保持方案，报县级以上人民政府水土行政主管部门审批，并按照经审批的水土保持方案，采取水土流失预防和治理措施。① 国家安全生产监督管理局在《非煤矿矿山企业安全生产许可证实施办法》中，对矿山的安全状况评价也有一系列详细的规定。

矿产资源勘查开采行业是资金技术密集型的高风险行业，是我国吸引外商投资的重要领域。改革开放以来，我国在吸引外商投资勘查开采石油、天然气资源方面制定了专门的政策法规，取得了积极成效。但整个矿业领域，特别是固体矿产的对外合作进展不大。为此，我国实施了《关于进一步鼓励外商投资勘查开采非油气矿产资源的若干意见》，切实改善外商来华投资办矿的环境。② 此外，在税收政策方面，中国对外商投资企业实行低税收政策，并对国家鼓励投资的行业、地区实行税收优惠，外商投资企业可享受从获利年度起二年免征、三年减半征收企业所得税的待遇。③

目前，我国对资源型出口退税政策作了些调整，2007 年石材产品出口退税率由过去的 13% 下降至 5%，又于 2008 年 12 月开始调整到现在的9%。石材产品的进口关税，随着我国加入 WTO，也有了明显的下降，特别是荒料的进口关税已经降到了 4%，这降低了我国进口石材的成本。

二、经济环境

经济环境分析是指构成善红公司生存和发展的社会经济状况及国家的经济政策，主要包括社会经济结构、经济体制、宏观经济政策等要素。

"十二五"期间的经济社会发展将会给石材行业带来新的发展空间。"十二五"是我国实现全面建设小康社会宏伟目标的关键时期，我国尚处于社会主义初级阶段，以科学发展为主体，经济、社会全面建设任务艰巨，国民经济仍将保持平稳较快发展。加快转变经济发展方式，形成消费、投资、对外出口协调拉动经济发展新局面。积极稳妥推进城市化进程，固定资产投资保持合理增长，基础设施和建筑业发展，市政公共设施及居住条件改善，住房需求的较快增长，消费需求的不断升级，为石材产品需求带来了新的发展空间。健康平稳地推进建筑房地产业及建筑装饰装

---

① 《中华人民共和国水土保持法》第二十五条. 中央政府门户网站，www.gov.cn.
② 关于进一步鼓励外商投资勘查开采非油气矿产资源的若干意见. 中华人民共和国国土资源局网站，www.mlr.gov.cn.
③ 针对外商投资中国矿业的主要政策. 矿秘书网，www.kms88.com，2010.

修业的发展是保障和改善民生的重要内容，人均住房面积不断增加，消费层次不断升级，装饰装修业快速发展，具有豪华、高雅、回归自然等属性的建筑装饰石材产品，将迎来广阔的市场前景。①

红河州域经济以农业、烟草、矿业、机械制造、制药及生物创新等为支柱产业。2012 年，全州 GDP 905.43 亿元，地方财政收入 218.66 亿元；经济总量在全省 17 个州（市）中位居第三位，仅次于昆明、玉溪，在全国 30 个少数民族自治州中位居第三位。目前，全州工业经济总量已占 Times New Roman 总量的 2/7，工业化达到中等水平。

红河洲的经济发展概况

1. 经济现状

近几年来，云南省的经济一直保持着较高的增长，根据国家统计局统计的数据资料，2008~2012 年云南省国内生产总值年均增长率为 16.7%。其中，2009 年由于受到全球金融危机的影响，Times New Roman 的增长率为 8.3%。但是随着全球经济的回暖，云南省 2010 年的经济也随之复苏，Times New Roman 增长率为 17.1%。2012 年，云南省市县气度生产总值为 10309.47 亿元，同比增长 15.9%，人均 Times New Roman 22195 元，其中红河州的地区生产总值达到 905.43 亿元，占全省 Times New Roman 的 8.78%，是云南省的第四大经济体，人均 Times New Roman 达到 19909 元（见表 2-1）。

表 2-1　2012 年云南省主要州市生产总值

地　区	Times New Roman（亿元）	人均 Times New Roman（元/人）
云南省	10309.47	22195
昆明	3011.14	46256
曲靖	1400.17	23661
玉溪	1000.17	43037
红河	905.43	19909
大理	672.09	19282

数据来源：国家统计局。

---

① 红河州矿产资源规划（2001~2010）. 百度文库，ww.wenku.baidu.com，2009.

2012 年红河州生产总值完成 905.43 亿元，按可比价格计算，比 2011 年增长 13.2%。按照三次产业结构看，第一产业增加值 155.45 亿元，同比增长 6.9%；第二产业增加值 485.14 亿元，同比增长 16.6%；第三产业增加值 264.84 亿元，同比增长 10.2%。三次产业的结构为 17.2：53.6：29.2（见表 2-2）。红河州人均生产总值达到 19909 元，公有制经济实现增加值 317.72 亿元，占红河州生产总值的比重为 35.1%。单位 GDP 能耗比上年下降 3.5%。红河州完成公共财政预算总收入 218.66 亿元，比上年增长 11.9%，其中，地方公共财政预算收入完成 84.48 亿元，增长 16.1%。红河州地方公共财政预算支出完成 248.09 亿元，同比增长 16.4%。其中，第二产业中，红河州实现年工业生产总值 1222.59 亿元，同比增长 21.4%，其中规模以上工业完成产值 991.37 亿元，同比增长 18%；规模以上工业完成主营业务收入 927.72 亿元，同比增长 12.9%，实现税收 167.27 亿元。其中红河卷烟产业卷烟完成产量 95 万箱，比上年增长 4.7%。

表 2-2　2012 年云南省及红河州三次产业结构

地　区	第一产业增加值 （亿元）	第二产业增加值 （亿元）	第三产业增加值 （亿元）	三产结构比
云南省	1654.6	4419.1	4236.14	15.9：42.5：41.6
红河州	155.45	485.14	264.84	17.2：53.6：29.2

数据来源：云南省和红河州 2012 年国民经济和社会发展统计公报.

2. 区位条件

红河哈尼族彝族自治州位于中国云南省东南部，北连昆明，东接文山，西邻玉溪，南与越南接壤。红河作为云南省第四大经济体，经济总量和部分社会经济指标居全国 30 个少数民族自治州之首。截至 2013 年，全州总面积 3.293 万平方公里，总人口 456.1 万人，下辖 4 市（蒙自、个旧、开远、弥勒）、9 县（建水、石屏、绿春、泸西、元阳、红河、金平苗族瑶族傣族自治县、河口瑶族自治县、屏边苗族自治县），其中有 10 个世居民族，241 万少数民族人口，是一个多民族聚居的边疆少数民族自治州。州内地势西北高东南低，地形分为山脉、岩溶高原、盆地、河谷 4 种类型。从地形上看还可以分为南北两部分，南部山高谷深，地形错综复杂，北部为岩溶高原区，地势较为平缓，其中在河口县红河与南溪河汇合处海拔 76.4 米，是云南海拔最低点（见图 2-1、图 2-2）。

云南春红石材开发有限公司考察

图 2-1　云南省地图

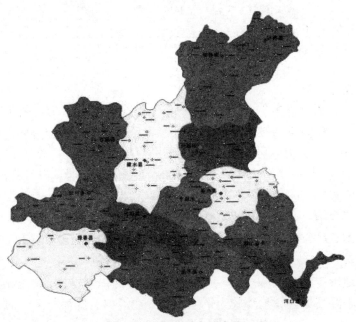

图 2-2　红河州地区分布图

3. 交通

目前，云南省各区县以国道、省道为依托，其基础路网已形成规模。且相较于 10 年前，县道路况及公路运输条件大幅度改善，偏僻、贫穷山区的广大人民群众告别了人背马驮的历史。红河州的地势优势很突出，境内交通运输主要以公路运输为主，铁路、水运运输为辅（见表 2-3）。2012 年全州公路通车里程达到 1.97 万公里，通往红河州的高速公路有 6 条，其中已经通路的有 5 条，分别是通建（晋宁—思茅）、鸡石（鸡街—石屏）、平锁（砚山县平远街—弥勒县锁龙寺）、蒙新（蒙自—新街）、新河（新街—河口），还有一条高速路正在建设，那就是石蒙高速（石林—蒙自）。

表 2-3　红河州交通情况

铁路	昆河（昆明—中越边境的河口瑶族自治县） 鸡个（鸡街—个旧） 蒙宝（蒙自—石屏县宝秀镇） 草官（草坝—个旧市官家山）
高速公路	通建（晋宁—思茅） 鸡石（鸡街—石屏） 平锁（砚山县平远街—弥勒县锁龙寺） 蒙新（蒙自—新街） 新河（新街—河口）
国道	326、323
口岸（9 个）	国家级口岸：河口、金水河 口岸通道（7 个）
在建机场	红河蒙自机场
在建高速	石蒙（石林—蒙自）
在建铁路	玉蒙（玉溪—蒙自） 蒙河（蒙白—河口） 师开（师宗—开远） 云桂（昆明—南宁）

三、自然资源、社会文化环境

红河州地处滇东、滇东南、滇西三大成矿带交接部。成矿地质条件好，矿产资源很丰富，是云南金属矿产资源集中的地区之一。全州有矿种 49 种，已发现各类矿床 600 余处，探明非金属矿 173 亿吨。

第一，红河州矿产资源丰富，是云南金属矿资源集中的地区之一。截至 2011 年，区域内有 49 种矿种，经地质勘查，已发现各类矿床 500 余处。其中，各类金属、非金属矿藏中，锡、锰及伴生金属铟、铋、银在全省和全国占有重要地位，个旧的有色金属储量居全省第一，锡储量占全国之首，全国最大的锰生产基地在建水；蒙自的银储量达 4044 吨，是国内较大的银矿之一，金平镍矿储量 80 万吨，是全国第四大富镍矿。

第二，红河州旅游资源丰富。云南红河州自然风光壮美，人文古迹荟萃，具有良好的旅游资源。全州有 7 个自然保护区，其中 3 个国家级自然保护区，2 个国家级风景名胜区，9 个省州级风景名胜区，1 座国家历史文化名城，1 座世界纪念性建筑遗产，5 座历史文化名城，3 个国家级森林公园，10 处国家级重点文物保护单位。当前红河州已经形成了石林、红河梯田、温泉养生等旅游品牌。

四、技术环境

企业的技术环境是指企业所处的社会环境中的科技要素及与该要素直接相关的各种社会现象的集合。目前，国内巨大的建筑市场使得建筑装饰石材的需求越来越旺盛，这也导致石材的开采量在逐年猛增，因此国家政府部门对于石材行业内的机械技术也更加重视。下面将从矿石开采、产品加工、产品的创意及节能减排四个方面的技术来详细阐述。

（一）矿石开采技术

矿石的开采一般都是露天开采，目前，国内石材开采技术良莠不齐，技术装备差别也很大。少数矿山大规模的石材开发企业采用了先进的全机械化开采方式，而大部分的小规模矿山仍然使用人工开采。近几年来，石材开采企业最常用的矿石开采技术主要是人工开采、静态膨胀剂破裂法和机械切割法。

人工开采法：人工开采法又叫人工打锲劈裂法，这是最原始的方法，一般仅在小规模的个体开采者中使用。这种技术的操作原理主要是根据岩石节理走向，用人工和钢杆凿眼，然后在凿眼中放入钢锲，通过多个钢锲作用于一线，逐步将岩石从岩体中分离出来。但是这种方法只能开采具有较好节理面的小型荒料，而不能进行规模化生产，开采效率低下，结构面部不规整。[①]

静态膨胀剂破裂法：静态膨胀剂是由氧化钙、无机化合物和复合添加

---

① 蒋跃飞. 国内石材开采方法综述 [J]. 采矿工程，2014（1）.

剂组成的粉状物质，作用原理是利用氧化钙加水发生化学反应，氧化钙的晶体由立方晶系变成氢氧化钙的复三方偏三角面体，在自由膨胀的条件下，其体积可增大 3~4 倍。将膨胀剂按一定比例与水搅匀后灌入钻孔内，并对孔口堵塞，经过密闭反应后，就能产生很高的膨胀压力，它作用于孔壁，就会沿着钻孔形成裂缝，从而使岩体裂开，达到开采荒料的目的。[①]这种方法是目前一般规模的石材开发企业常用的技术，这种方法的优点是无冲击力、无飞散物、无噪声污染、安全、环保，对无明显裂隙面的岩石沿特定方向破裂特别有效，可任意切割出各种规格的荒料。缺点是膨胀剂对水的含量非常的敏感，配制时必须严格按照要求，膨胀剂对外界温度的敏感度较高，冬季低温时，膨胀反应速度非常慢，夏季高温时，膨胀反应速度较快。总的来说，其综合成本相对较高。

机械开采法：机械开采法是指采用机械设备开采石材荒料的方法。目前用于石材荒料开采的设备及方法较多，有从人工打锲裂劈开采原理演变而来的液压裂劈机，从木材切割臂式锯发展而来的石材开采链臂锯，从板材加工康研制的金刚石圆盘锯切割法，还有从国外引进的金刚石串珠绳锯法。

（二）产品加工技术

石材加工主要包括石材锯割、石材磨削和石材抛光。天然的石材是一种高硬度、高脆性的材料，因此，在石材加工过程中，石材工具起着至关重要的作用。石材加工工具主要是金刚石磨料和陶瓷磨料。

在机械加工中，第一道工序是锯切加工。首先得把从矿山上开采出来的荒料锯切成规整的半成品石料，目前常用的切割加工主要采用各种金刚石工具，由于金刚石是自然界中公认的最硬物质，其优异性能决定了它在石材等硬脆材料切割加工领域具有广阔的发展前景。应用金刚石工具锯切硬脆材料的加工方式主要有圆锯片切割、金刚石带锯切割、金刚石框架锯切割、金刚石串珠绳锯切割等。

在机械加工中，第二道工序是石材磨削。磨削是指在磨床上用砂轮作为切削工具对工件进行切削加工。砂轮是磨削的切削工具，它是由许多细小且坚硬的磨粒和结合剂粘成的多孔物体。[②] 在石材磨削过程中，由于剧烈

① 蒋跃飞. 国内石材开采方法综述［J］. 采矿工程，2014（1）.
② 石材磨削技术基础知识. 中国石材网，www.stonesm.com，2013-3-25.

的摩擦使磨削区温度很高，而磨粒直接担负着切削工作，它必须锋利并具有很高的硬度和耐热性，所以比较常用的磨粒材料是淬硬的钢和硬质合金等。同样，磨粒的砂轮，由于粗细不同，工件加工后的表面粗糙度和加工效率也不相同，磨粒粗大的用于粗磨，磨粒细小的适合精磨，磨料越粗，粒度号越小。结合剂起粘接磨料的作用，常用的材料是陶瓷结合剂、树脂结合剂。结合剂的选料不同，也会影响砂轮的耐蚀性、强度、耐热性和韧性等。磨粒粘接得越牢固，就越不容易从砂轮上掉下来，即砂轮的硬度越大。经过砂轮工作一段时间后，半成品石料的表面空隙会被磨屑堵塞，磨料的锐角会被磨钝，原有的几何形状会失真。

在机械加工中，第三道工序是石材抛光。抛光是指将抛光魔石放在被加工的产品上，用机械设备快速运转及干抛光、湿抛光来达到抛光效果，产品表面会出现很强的反射光，即光泽度。常用的抛光魔石有两种，树脂抛光块和树脂抛光盘。抛光的原理主要是微粒研磨原理和物理化学原理。微粒研磨是指经过粗磨、半细磨、细磨、精磨及抛光几道工序，最后成品达到具有一定的镜面光泽度（85度以上）；物理化学原理包括干抛光和湿抛光两个过程，抛光魔石在干与湿之间，当石材产品发生物理化学作用时，干抛光在石材表面温度升高使水分蒸发，导致抛光魔石浓度增大，从而达到强化的效果，产品光泽度要达到理想要求，光泽度要在85度以上或更高。①

（三）应用创意技术

应用创意技术是指不同的品种石材、石材与其他材料组合、以石材为集体雕琢各种工艺艺术品、日常用品，通过创意设计达到完美装饰效果的技术。

（四）节能减排技术

石材开采加工过程中会产生大量的废水、废料等环境污染物，如果处理不当，会影响数十公里低于河流的水质与堤岸土壤，造成严重的污染（见图2-3）。为响应国家对节能减排的重视和倡导，石材企业的废水、废

---

① 石材抛光. 百度百科，www.baike.baidu.com.

料等处理技术也在发展，目前常用的废水处理通常采用絮凝沉淀处理法，[①]即在废水排放前加入絮凝剂进行絮凝反应，再经沉淀以达到去除污染物并实现处理后水的循环利用或达标排放的目的。废水、废渣、废料处理技术的发展，政府对节能减排的重视，都将促进石材企业的整合。

图 2-3　石材开采加工区域受污染溪水

第二节　行业环境

一、国内石材行业分析

（一）我国石材产业发展现状

1. 石材资源丰富，行业发展迅猛

中国地大物博，矿产资源十分丰富，尤其是石材资源，几乎遍布各个省区。国内石材资源不仅分布广泛，而且品种也丰富，花色齐全，有红、黑、白、绿、蓝、灰等多种彩色图案花纹系列品种，可以满足各式各样建筑装饰、装修、石刻、石雕等工艺的需要，其市场广阔，开发潜力和前景很好。就中国各省市而言，由于资源条件、地区经济、自然地理、气候等

---

① 陈为旭，张济宇.石材开采加工区域受污染溪水絮凝处理的研究 [J].生态环境学报，2010.

条件存在差异，石材工业的布局很不平衡。

改革开放以来，随着世界石材产业转移以及工业化和城镇化的不断推进，石材产业发展十分迅速，形成了现代化的石材工业生产和市场贸易格局。近十年来，我国石材工业发展非常迅猛，不仅应用上更加广泛，而且在中国政策的拉动下，石材消费需求量加大，目前中国石材年产量已经超过千万吨，是全球最大的石材生产大国。而且随着中国经济的发展，石材行业的规模也在不断地扩大，为适应石材行业全球化发展，石矿的机械化开采水平和石材生产技术装备水平也在不断地提高。目前国内的石材装备制造业已经接近国际先进水平，这也带动了石材相关产业的发展，如石材机械、磨具、锯条、石材防护用品、石材护理、物流等，基本能满足国内市场需求的石材技术装备与供应体系，石材技术装备出口逐年上升。

我国石材的生产主要分布在南部的福建省和广东省，以及东部的山东，其中福建与山东为原料加工生产大省，而广东主要从事进口石材的加工，以上三省占了中国石材产量的 85% 左右。据中国石材工业协会统计，2010 年中国石材企业约有 3 万多家，产业集群 20 多个，形成了福建水头、广东云浮、山东莱州三个大型石材基地。全国规模以上石材企业实现工业增加值 565 亿元，销售收入 1689 亿元，出口 2123 万吨，年产量居世界第一。过去 20 年间，中国的石材行业基本保持了年均 20% 的增长率（见表2-4、表2-5、表2-6、表2-7）。

表 2-4　2010~2014 年我国大理石和花岗石板材产量统计

年　份	大理石板材产量 （万平方米）	同比增长率（%）	花岗石板材产量 （万平方米）	同比增长率（%）
2010	5636.79		30665.83	
2011	6568.27	16.5	28425.2	−7.3
2012	12781.36	94.6	41321.21	27.24
2013	19821.77	55.1	46533.17	12.6
2014	30329.76	53.0	59035.74	26.9

数据来源：国家统计局。

表 2-5　2010~2014 年我国石材出口金额及增长率统计

年　份	比上年增长（%）	出口重量（万吨）	出口金额（亿美元）	比上年增长（%）
2010		1700.6	27.75	
2011	11.1	2404	51	22.2
2012	0.16	2408	53.7	5.3
2013	13.8	2742.24	65.48	21.9
2014	16.01	3181	72.03	10.4

数据来源：国家统计局。

表 2-6　2010~2014 年我国石材进口金额及增长率统计

年　份	比上年增长（%）	进口重量（万吨）	进口金额（亿美元）	比上年增长（%）
2010		1231	22.6	
2011	6.8	1316	25	10.1
2012	3.7	1364	26.9	7.2
2013	8.5	1481	29.35	9.13
2014	4.06	1527	30.78	3.11

数据来源：海关总署。

表 2-7　2010~2014 年我国石材进出口合计统计

年　份	比上年增长（%）	进出口重量合计（万吨）	进出口金额合计（亿美元）	比上年增长（%）
2010		2931.6	50.35	
2011	15.5	3386	63.95	27
2012	-1.4	3772	80.6	-5.5
2013	11.95	4222.8	94.84	17.67
2014	11.49	4708	102.81	8.4

数据来源：海关总署。

2. 存在的问题

改革开放以来，中国石材行业经济经历了从粗放型增长向集约型增长转变。经过数十年的改革，虽然国内石材行业从资源开发到产品应用都取得了引人注目的成就，但是与国际先进水平相比仍存在一些问题，如资源消耗高、浪费大、环境污染严重。以石材开采为例，目前很多石材企业仍进行无证开采、乱采滥挖、越界开采等违法操作。其开采工艺落后、机械化程度低、荒料率偏低、荒料质量和规格差、资源浪费比较严重，这些都是亟待规范和解决的问题。

其一，石材开采不规范，石材市场秩序紊乱。就石材开采的情况而言，据中国石材协会调查，目前大约有20%的小矿山的开采没有取得合法的采矿许可证，很多企业仍进行无证开采、乱采滥挖、越界开采等违法操作。大多数石材开发企业仍然存在开采工艺落后、机械化程度低、荒料率偏低、荒料质量和规格差、资源浪费比较严重等亟待规范和解决的问题。石材行业中企业的不合规操作直接损害了国家利益，也损害了部分合法开采企业的利益，扰乱了石材市场的竞争秩序。

其二，在石材加工过程中，粉尘排放严重。与其他能源工业相比，石材是一个低耗能、低排放、没有窑炉煅烧、没有温室气体排放的行业，但是在石材加工过程中，石材切割和打磨抛光两个工序会产生大量的粉尘，粉尘对环境的污染也甚为严重，它危害劳动工人的健康。根据石材协会出台的石材行业清洁生产标准，大理石企业每立方米空气悬浮物不能超过4毫克，花岗石企业每立方米不能超过1毫克，国家安监总局也对石材生产岗位粉尘排放提出整改要求，为保障工人有一个好的劳动环境，企业应该采取一系列技术改造措施，把粉尘的浓度降至一个较为安全的标准。

（二）国内石材行业发展趋势

为适应人类对节能、节材、低碳、环保的强烈要求，我国石材业必须转变发展趋势，大力提升石材产业的附加值，今后将不再追求量的扩张，重点在质的提高。

近几年，我国各地城市建设正风起云涌，对石材产品的需求居高不下，对石材品种需求的档次逐年提高。为适应人类对节能、节材、低碳、环保的强烈要求，国内石材家装市场有极大的提升空间。

随着石材装饰的应用面逐渐扩大，石材行业发展将迎来新的发展时期。简约与环保成为了石材装饰的两大流行趋势。在家庭装修中，舒适度与文化感逐渐成为人们越来越看重的要素。而简约风格的石材在更大程度上刚好符合了现代人的这些追求，特别是既时尚又奢华的简欧风格，美观又实用，正成为目前石材市场的新宠。其中，大理石更加符合简约的特点，因此在装饰市场上备受关注。由于天然大理石的色彩丰厚，犹如浑然天成，将凝重、豪华、大气等特点融为一体，给人一种天然的生动活泼感，十分适合家庭装修。由于消费者在装修时越来越关注家居健康，尤其是老人和小孩居室的装修，对安全健康的要求更为严苛。因此，甲醛含量低的石材将受到消费者的青睐，环保石材板材的选用，在未来将会更为火热。对于石材制造加工企业而言，要提供品质优异、环保标准合格甚至达到更高层次的石材产品，赢得更多的发展商机。

二、国外石材行业分析

(一)国外石材行业发展现状

全球石材产品年平均增长率为 7.3%，国际贸易年平均增长率为 8.7%，现阶段全世界天然石材开采每年增长约为 1.5 亿吨，按 2cm 的大板厚度标准，再减掉浪费及切割时的损失量，全世界石材的年产量约为 8.2 亿平方公尺，总产值约为 400 亿美元。石材产量排名是中国、印度、意大利、西班牙、伊朗、土耳其、巴西等。

全球开采石材资源的国家有 30 多个，据意大利工业联合总会大理石机械协会 *Marble State 2013* 公布的 2011 年世界石材工业经济发展数据，中国在世界荒料产量中位居第一，其次是印度、土耳其、意大利。

关于石材国际贸易，2010 年石材行业中荒料和成品的合计量已经达到了 4850 万吨，比上一年增长了 18%，比历史上最高的 2007 年增长了 4.9%，具体数据见表 2-8。

表 2-8 2008~2010 年世界石材贸易统计

石材产品		2008 年		2009 年		2010 年	
		万吨	占比(%)	万吨	占比(%)	万吨	占比(%)
荒料	大理石荒料	938.4	20.8	946.6	23	1333.4	27.5
	花岗石荒料	1081.6	23.9	890.9	21.7	1053.1	21.7
	以上合计	2020	44.7	1837.5	44.7	2386.5	49.2
成品	简单加工成品	370.2	8.2	326.2	7.9	330.1	6.8
	特殊加工成品	1979.1	43.8	1819.9	44.3	2002.6	41.3
	板岩	150	3.3	124.2	3.1	130.6	2.7
	以上合计	2499.3	55.3	2270.3	55.3	2463.3	50.8
世界合计		4519.3	100	4107.8	100	4849.8	100

数据来源：意大利工业联合总会大理石机械协会统计的 *Marble State 2013*。

在石材国际贸易中，表现突出的是荒料，2010 年，其所占份额比 2008 年、2009 年增长了 5 个百分点，达到了 49.2%。和以往对比，按加工程度不同而分类的石材贸易量还没有出现这么大的差距。具体来说，就是荒料的销售量增长了29.8%，而成品仅增长了8.5%。

表现最突出的是大理石荒料销售量，和上年相比增加了40.9%，其中进口量最大的是中国，其主要进口来源国家是土耳其和埃及，当然还有传统的来源国意大利。花岗石的贸易量相对少些，但也超过了平均量，这还主要是中国需求拉动的。

长期来看，世界石材贸易量是随着时间推延在不断地增长，年平均增长率达到了14.1%。这个增长率超过了世界石材产量的年增长率。这也充分证明了石材国际贸易在石材行业发展进程中的重要作用。在石材国际贸易上起着决定性作用的国家主要是中国、土耳其和印度。2010年这三个国家的出口量占世界总量的49.7%（见表2-9）。而在市场占有份额中，中国和印度在2010年中失去了几个百分点，但是土耳其由于中国的大量采购，市场占有率明显扩大了。①

表 2-9 2008~2010 年世界主要石材出口国出口量统计

主要出口国家	2008 年		2009 年		2010 年	
	万吨	占比（%）	万吨	占比（%）	万吨	占比（%）
中国	1179.3	26.1	1173.3	28.6	1249.6	25.8
土耳其	488.6	10.8	486.8	11.9	660.3	13.6
印度	542.6	12	531.1	12.9	500.5	10.3
意大利	315.4	7	283.5	6.9	314.4	6.5
西班牙	244.5	5.4	196.8	4.8	246.8	5.1
巴西	199	4.4	165.1	4	222.6	4.6
葡萄牙	126.6	2.8	108.9	2.7	138.1	2.8
希腊	37.6	0.8	35.9	0.9	74.8	1.5
德国	85.5	1.9	73.7	1.8	73.1	1.5
美国	28.7	0.6	36.9	0.9	44.9	0.9
挪威	31.1	0.7	35	0.9	41.2	0.8
南非	51.3	1.1	38	0.9	40.3	0.8
芬兰	31.9	0.7	24.1	0.6	33.1	0.7
法国	26.6	0.6	24.6	0.6	25.7	0.5
其他	1130.6	25.1	894.1	21.6	1184.4	24.6
世界统计	4519.3	100	4107.8	100	4849.8	100

① 陈国本. 世界石材行业稳健发展 [J]. 石材—国际贸易, 2013 (4).

从表中的数据来看，毫无疑问，出口量都集中在重要发展中国家。中国、土耳其和印度的世界市场占有率在过去的十年中几乎翻了一番。在出口上，中国绝对是第一，达到了1230万吨，几乎都是荒料，美国和韩国其次。

（二）国外石材行业发展趋势

东南亚、南亚及印度洋沿岸国家是世界上主要的珠宝玉石原料出产地。历史上，云南曾是珠宝玉石的重要集散地和东南亚各国原料的传统贸易市场，长期处于中国及东南亚、南亚地区珠宝玉石产业发展的核心地位。明清以来，缅甸翡翠、印度宝石等原料和成品都由云南加工销售、转口发运，北上京城，东去苏杭，南下粤港。在改革开放大潮的推动下，珠宝玉石成了中缅边境贸易的主打商品，并促成了新时期云南珠宝玉石产业的发展。

中国与东盟已宣布在2010年建成自由贸易区，这是我国与国外合作建设的第一个自由贸易区。东盟地区石材需求量的80%依赖进口，新加坡、泰国、马来西亚、印度尼西亚、越南、菲律宾等国都是我国石材出口的重要市场，这些国家近年来对中国石材的进口量一直保持10%的增速。紧邻我国的南亚国家孟加拉，是一个石资源奇缺的国家，具有较大的石材市场消费潜力。东盟和中国联合进行的可行性研究表明，自由贸易区的建立，将创造一个拥有19亿人口，国内生产总值近6万亿美元的"未来世界第三大经济体"。自由贸易区的启动将为云南建设以昆明为重点，辐射全国，联系东南亚、南亚以及印度洋沿岸国家的世界最大的石资源开采、生产加工、交易集散中心提供更为便利的条件。

第三节 企业环境

企业经营的环境是指影响企业生存和发展的具体环境，主要指企业与供应商、经销商、竞争者、客户、同盟者和公众的关系。企业环境是企业赖以生存和发展的客观条件。① 狭义上，企业环境就是社会。国民经济各部门、各地区以及各种经济组织都同企业有着千丝万缕的联系，尤其是复杂多变的市场会直接影响企业的发展。企业的产品或服务要向环境中输出，然后企业产品及活动的结果会在企业环境中得到评价。由此可见，企业环境是企业生存的基础，发展的条件，得到评价的客观标准，因而对于企业进行环境分析很有必要。

一、云南省石材市场环境

（一）云南省石资源类型及分布

云南省素有"资源王国"的美誉，全国 162 种自然矿产的大部分都集聚在云南省内，是国内少有的宝玉石资源富集的省份。云南土地面积广阔，山地、高原占全省总面积的 94%，石资源储量丰富，种类多样，可谓遍地是石头，是名副其实的石资源大省。目前，云南省内已经发现的矿点有 400 多个。云南的石材资源也非常丰富，而且品种很多，储量也很大，大理石、花岗石、砂石、火山石、板石等资源在云南省内都有产出，甚至部分品种已经成为国内外名品。目前全省已经发现各类大理石矿点 160 多个，花岗石矿点 130 多个，砂石、板石矿点 50 余个。② 云南省内石材资源类别覆盖了全球已经发现的所有品种，其中火山石、云灰大理石、木纹石等均为云南的特色品种。除了不同品种的大理石之外，云南省的观赏石品种也非常繁多，并且储量也很丰富，在全国名列前茅。据估计，云南省观赏石约有 400 种，其中少见石 200~300 种，稀有石 60~90 种，同时还存在千百种尚未被认知的观赏石，部分品种在国内有较高的声誉，如矿物晶体、生物化石、金沙江石、怒江石、铁胆石、黄蜡石等。

经过多年的发展，云南省内石材产业已经具备了加快发展的产业基础，加工、开采技术取得了一定进步，形成了一批骨干企业。2001~2008年，云南石材产量年均增长 19%，年出口创汇突破 300 万美元。据不完全统计，2009 年全省有各类石材企业 1000 多家，从业人员达 15 万人，全省

---

① 沈景明，周荣华，栾贵勤. 企业环境分析 [J]. 工业技术经济，1989.
② 谢建磊. 云石产业：云南经济新支柱 [M]. 人民网—人民日报（海外版），2010-02-24.

石材销售收入近 40 亿元，占全国 3% 左右。[①] 但是总体来说，我国石材产业长期处于"大资源、小产业、低层次、少收入"的状况。

云南省的大理石资源虽然分布较广，大理、丽江、怒江、腾冲、弥勒、元阳、武定、石林、梁河、盈江等地都有，但都存在着品种单一、不连片、储量有限等问题。其中，大理、石林因开采年代长，旅游环保等原因，大大减少了开采。根据云南省国土资源部统计的资料，云南省装饰与工艺用大理石石材资源分布在 8 个区，具体分布如下：[②]

其一，高黎贡山变质岩带，亦可称为怒江流域大理岩带。怒江由北从西藏流入云南贡山、福贡、泸水、保山，汹涌澎湃数百里，切割出东西两岸的碧洛雪山和高黎贡山若干巨大的大理石岩壁，它们对峙于大峡谷中，奇丽壮观，驰名中外的贡白玉等优秀品种，遍布于整个大峡谷。而怒江在云南下游经保山、龙陵出境，则有包括德宏在内的滇西南大面积花岗岩与大理岩相互争艳。

其二，澜沧江流域面积广阔，涵盖了中元古代第四系的地质构造，岩浆岩、沉积岩和变质岩在流域范围内均有分布。在保山、云龙、西双版纳等地，已建设有一批大理石矿山。

其三，金沙江呼啸奔驰南下云南，遇丽江石鼓中流砥柱，急转北上，而后在云南、四川两省间东西曲折，南北蜿蜒，其流域不仅淘出了灿烂金沙，也塑造出了一幅壮丽的大理石、花岗岩石材画卷。

其四，除"三江并流"地区外，更值得云南引以为荣的是大理苍山变质岩带，世界大理石以此命名。世人尽知苍山大理石，开采加工历史悠远，工艺雕刻精美绝伦，世所罕见，可谓国之瑰宝，故以为苍山变质岩带大理石，保护重于开发。

其五，红河流域大理石岩带，红河发源于云南中西部的南涧县，自西北向东南方向流淌，在河口县入越南，它虽不如怒江、澜沧江、金沙江源远流长，但却是云南省最古老的下元古界与多个地址构造层共同分布的区域，也是云南省一个重要的金属、非金属成矿地带，以北回归线分界，北西新平、元江、墨江、思茅的镍、铜、铁、金等金属矿产，在国内及全世界都久负盛名，而大理石石材矿产，当属河口县的雪花白、河口白玉、元

① 云南石产业发展规划（2011~2015）. 豆丁网，www.docin.com.
② 云南大理石石材发展探索之我省大理石概况. 豆丁网，www.docin.com.

阳白晶玉等世界知名的白色大理石优质石材品种。

其六，滇中石材区，是指楚雄市所辖县区，中国最早直立，用两条腿走路的元谋人和路丰恐龙都出现在本区，虽然本区的优质石材是紫色砂岩与元谋的花岗石，但南华、武定、禄丰等地近年来开发的沉积变质的大理岩资源也不可小视。

其七，川滇地轴上大理石，以昆明、晋宁为中心，向南延伸至玉溪通海，向北达金沙江、四川会理，西以三台山断裂为界，东至东川大断裂，在此区内，除东川有部分花岗岩和寻甸、富民、嵩明等地有大面积玄武岩砂岩外，大理岩、白云岩非常多，特别是昆明、禄劝、玉溪等地大理石材的开采加工、贸易最为兴盛。

其八，弥勒、石林等县在内的滇东南文山州向北的云贵高原上的曲靖市、昭通市所属县市，再往北直达四川的宝兴县、小金县，分布着中国西部最大的大理石矿产地和最优质的大理石品种，如云南陆良的白海棠，弥勒县的米黄，四川宝兴县的宝兴白、青花白，小金县的蜀金白等，在此区域还有花岗岩、玄武岩等饰面及建筑石材的产出，这一地区是云南的另一重点大理石成矿区。

（二）云南省石材企业分布

云南是我国及世界大理石的故乡，石材资源遍布全省各地，石材的开发、利用历史悠久。从20世纪50年代开始建立大理石厂至今，云南本土的石材产业从无到有，从小到大，又从辉煌走向低谷，从一个石材资源大省变成成品石材进口大省。

丰富的石资源带动了一大批石材加工企业的发展，据资料显示，云南省的石材加工行业从20世纪50年代就开始了。至80年代，云南省已经有10多家国有石材企业存在，昆明大理石厂、贡昆大理石厂、屏边大理石厂、元阳大理石厂、贡山大理石厂、红河大理石厂等石材企业相继建立，不断地生产出一系列石材产品，随着云南省石材工业的发展。至今，云南省的石材行业已经形成一定的规模，在国内外石材市场中具有一定的竞争力。

目前，虽然塑料、陶瓷等建材已得到广泛应用，并抢占了石材的部分市场，但因其独特的天然优势，石材仍是建筑装饰工程的首选材料。红、黄、绿、黑、蓝、白色石材仍是名贵品种，一些变通品种也十分受欢迎，但厂商对其质量的要求越来越高。随着防火要求的提高、安装技术的进步及玻璃幕墙光污染问题日益引起人们的重视，用石材做幕墙又有回潮趋势，没有大理石装饰的楼房，根本就上不了档次。

目前，云南省内有各类石材加工企业400余家，其中大部分企业分布在昆明、石林、武定、保山、腾冲、屏边、弥勒等县市，其中有25%左右为云南本土的民营企业。但是随着社会经济的发展，当今云南省大理石行业的生产技术水平已不适应市场发展的需要，一是石料资源开采浪费，粗制滥造，质次价低，一般化制品老一套一贯制，创新意识不强；二是珍惜品种和好的石材较少，特别是好的大理石石材更是罕见；三是加工工艺落后，好的石料生产加工出来的精品少，大多数制品做工不够精细，技术水平不高，科技开发、研究不上心。因此，绝大部分的石材企业只能生产板材，还有部分生产墓碑、路沿石、铺路石、石雕等粗放型石材制品，仅有少部分能生产异型材。而且真正从事石材开发的企业不足100家，年工业生产值不足5亿元，这与云南省每年30亿~40亿元的石材应用量极不相称。这主要是由于缺少相应政策支持，云南石材工业一直处于无序竞争状态；再者，云南省涉足石材行业的大多为中小型民营企业，缺少可以带动该行业发展的龙头企业。据云南省石材商会估计，云南的大理石、花岗岩、砂岩矿产储量均位居全国前三位，每年的潜在产值应在90亿~115亿元。

二、石材企业 SWOT 分析

寿红地处云南省，有非常好的区位优势，该地区良好的地理位置决定其成为天然的"国际大通道"，并将逐渐成为中国联系东南亚、南亚的重要纽带和桥梁。因为云南与缅甸、老挝、越南接壤，这里国境线长达4061公里，占中国陆地边界的1/5，也是我国毗邻周边国家最多、边境线最长的省份之一，是沟通中国内地与东南亚、南亚及印度洋沿岸国家最为便捷的陆上通道，有多条公路、铁路、水上航道及空中航线直通周边国家，所以构成了天然的"国际大通道"。

经过数十年的磨炼和多年的悉心经营，寿红已经初具规模，在西南地区已经具有自己的口碑，在石材市场已经形成了一定的影响力。

经过分析，我们可以得出该石材企业的优势、劣势、机遇和威胁。详细分析见下文：

(一) 企业的优势

公司经过多年的悉心经营，在云南省甚至是西南地区都拥有良好的口碑，具有良好的品牌形象。在行业内处于中上地位，为不断地发展产业，通过引进新的生产线及先进的技术来改善产品的质量，更好地服务于客户。砉红石材不仅在国内外有充足的优质石材荒料的渠道，并拥有一座波斯灰大理石矿山。公司凝聚了一批高素质的管理人员和技术能力过硬的员工队伍，与市场接轨，把握石材流行趋势和市场行情，不断引进先进的生产线、先进的加工设备和工艺技术，产品品种齐全，定位高端工程项目，并有良好的客户口碑和客户资源。砉红石材的优势如下：

第一，在云南省具有良好的品牌影响力，在行业内有较好的声誉，客户资源丰富；

第二，公司具有丰富的、稳定的原材料供应商资源，原材料品种有一定的优势；

第三，公司具有自己的荒料波斯灰大埋石矿山，可以确保原材料稳定地供应；

第四，公司管理人员具有很强的学习能力，能很好地引导业务和市场；

第五，公司具备一批技术精湛的员工。

(二) 企业的劣势

近几年，砉红石材虽然发展迅猛，曾一度是云南红河州石材行业内的老大，但是由于同行的其他企业也在不断地加入石材市场，也希望从中分一杯羹，各种不规范的操作及混乱的石材市场秩序，也对砉红石材产生了越来越大的威胁。随着公司规模的拓展和区域布局的初步形成，公司的荒料开采能力和资源协调能力就跟不上企业发展的步伐。面对红河石材市场混乱的秩序、复杂多变的市场、不断熟悉石材的客户和同行的激烈竞争，企业在市场行情的把握和石材品类经营管理等多个方面显得力不从心，不能满足企业做大做强和成为云南甚至是西南地区石材行业第一品牌的愿景。砉红的劣势如下：

第一，公司管理基础较为薄弱，战略管理能力、组织协同能力、人力资源管理能力和价值链整合能力不足，信息管理系统有待提升。

第二，公司在质量管理和品质控制方面有所不足，生产管理能力有待提高；公司在品类管理、销售管理能力上处于劣势，市场拓展能力需要加强。

（三）企业的机遇

新世纪，我国石材产业以平均每年 20% 的速度高速发展，大大超越了 GDP 的增长速度。据海关总署的统计数据显示，早在 2005 年，中国石材产品的产量就超过意大利和西班牙等传统石材强国，成为世界石材产品的生产大国。2008 年，我国的石材储量居世界首位，石材生产加工能力及出口总量和总额已跃居世界第一，石材出口超过 39 亿美元，连续三年名列世界第一。根据目前的发展趋势，在不久的将来，世界石材的生产和贸易中心将会从欧洲转移到中国。而从国内的情况来看，沿海广东、福建、山东等地区石材工业发达地区面临着部分石材资源枯竭、优质石材资源减少等问题，许多石材企业已开始"走向西部"，这正是云南作为石材资源大省应该抓住的重大发展机遇。

（四）企业的威胁

进入 21 世纪，世界经济竞争日趋激烈，要获得更大的发展空间就必须突出产业特色和可持续性。石产业属于劳动密集型、资源依存型产业，具有容纳就业人数多的优点，而且是生产加工大多用冷加工技术的节能环保型产业，生产能耗低，消费市场大而持久，是一项既古老又新型的可持续发展的特色产业。

（五）抓住机遇，发挥优势

首先，抓住高端地产投资规模增长趋势，利用公司现有品牌影响力，拓展高端客户，定位高端项目。君红石材是西南地区知名的石材品牌，可以致力于高端装饰工程的石材需求，应积极抓住高端市场的持续增长的机遇，在现有客户和区域市场的基础上，继续致力于西南地区甚至是全国高端工程市场的开拓。

其次，抓住行业处于做大做强阶段的机遇，利用公司良好的声誉，迅速扩大市场占有率。石材行业集中度较低，也处于产业周期的成长期，君红石材要认清目前石材行业的形势，同时保持公司长期的良好经营业绩，提升公司的融资能力，进而才能扩大市场份额和企业规模。

再次，利用公司原材料的优势和客户资源，对行业上下游进行整合，挖掘新增长点。耆红石材的荒料90%来自于自己的矿山，其波斯灰大理石是云南省特有的品种，其他石材的荒料采购也来自于全国著名石材品种的矿上，耆红的石材品种较为齐全，也涉足荒料贸易和大板贸易的业务，同时与云南省内知名的地产商都有长期良好的合作。耆红石材也涉足矿石的开采，在云南红河州弥勒离市中心不远的地方拥有一座矿山。

最后，发挥企业家对战略和市场的把握能力，切入西南地区其他城市，提早布局、谋求先机。西南地区如重庆、成都、昆明、大理等城市都是地产的高端市场，耆红石材应积极把握目标客户的需求变化，分析省内外区域市场的需求，抢先对手进行布局，快速地满足客户的需求。

（六）把握机遇，克服劣势

首先，抓住行业不断成长的机会，通过公司内部管理的提升，提高企业规范化管理水平，优化企业人资结构，以管理效率促企业效益。

其次，抓住行业政策性机遇，提高生产管理和品质管理水平，整合内外部资源，打造全产业链经营模式，把握关键发展点。

最后，抓住行业未来市场需求，有计划地提高企业品牌类管理和销售管理能力，提高市场拓展能力。

第三章　企业发展战略与文化

第一节　企业发展战略

企业的发展战略是帮助企业在激烈的行业竞争环境中，获得竞争优势和可持续发展的总体规划。目前，我国已是世界上最大的石材生产国、出口国和消费国，但石材行业的发展尚不成熟，国内石材行业仍处于小、散、乱的局面。石材企业要想在错综复杂的市场环境中占得一席之地，就必须通过对企业内外部环境的分析，筛选出企业的核心资源和能力，明晰企业的战略定位和战略目标，进行合理的业务选择，明确各阶段的发展规划，打造企业核心竞争力，不断扩大企业的市场份额。

当前我国石材行业处于成长阶段，尽管受到 2008 年国际金融危机影响，国际市场需求有所减少，但随着国内经济的强劲增长，石材行业仍将持续增长，预计行业整体增长水平将维持在 15%~20%。"十二五"时期石材产业规划明确提出以促进产业发展方式转变为核心，以国内市场为主，大力拓展国外市场，并且明确提出 2015 年全行业销售额达到 4000 亿元，出口额达到 75 亿美元的目标。[①] 同时，强调把调整结构作为产业升级的重要途径；把创新发展作为产业升级的重要支撑；把清洁环保作为产业升级的必由之路；把强化管理作为产业升级的强大动力。为适应石材行业的发展潮流，在激烈的竞争环境中保持竞争优势，耈红也在产品结构、技术创新、人力资源、管理制度等方面对自身进行了定位，并制订了相应的发展规划、发展战略与目标。

[①] 中国石材协会. 石材行业"十二五"发展规划纲要. 2011.

一、发展目标

"弘扬中华石文化，创造全球卓越品牌"是君红的使命，"成为石材行业领先者，石材行业的标杆"是君红的愿景。基于这些使命和愿景，君红提出了相应的战略目标体系。

财务目标：2018 年企业年总收入达到 3 亿元以上，到 2020 年达到 10 亿元以上。

管理目标：公司全面实行法人治理结构，实现现代化集团式管理模式以及市场化经营模式；加强战略管理能力，实现信息化交流，提高生产经营效率，降低运营成本；加强财务预算与审计管理，提高财务分析与风险控制能力；建立健全人力资源管理体系，提高员工工作效率与技术水平；加强产品质量监督管理，提高生产效率和效益；完善市场营销职能，建立营销渠道体系，提升客户服务水平。

市场目标：近年来随着企业的发展与壮大，君红重新审视市场，提出了"立足云南、面向全国，每年增长 40%"的市场发展目标。实现目标的具体方式包括：其一，扩大工程范围。君红虽然在不断发展，但与大型企业比较，还存在很大差距，为尽快缩小差距，提高企业竞争力，君红希望经过几年的努力成为建筑装饰甲级承包公司，并计划在 2013~2018 年与大型建材企业采取多种形式的合作，争取承揽若干个大型工程项目，提高企业的盈利能力，提高市场占有率。其二，巩固红河州市场。经过二十多年的发展，君红已经在红河州石材行业中初具规模，为君红的发展奠定了良好的基础。君红希望在此基础上，继续巩固老客户、老市场，并不断挖掘新客户、新市场。其三，发展云南市场。近两年来，云南桥头堡区位优势逐步明显，城市改造等刚刚起步，发展前景可观，君红需抓住这一机遇积极开拓市场。其四，开拓全国市场。经过数年的努力，君红在主要依靠红河州周围市场的同时也发展了国内其他市场，目前主要包括上海、福建、贵州等地，但总体范围比较窄，市场较小。今后 5 年内，君红将充分利用国家政策，大力发展国内其他区域的市场。其五，进军国际市场。在国内发展的基础上，逐步进入国际市场。目前，君红的石材产品已出口十多个国家和地区。君红希望通过不断努力，在未来实现立足国内、面向世界的目标。中国作为世界最大的石材生产国和世界第一大石材消费国，国内市场对石材的需求旺盛，君红也希望在抓住国内市场的同时，通过提高品牌知名度进一步发展国外市场。

二、发展规划

企业的发展战略需要通过制订具体的发展规划来落实，而发展规划是企业战略目标实现的有力保障。眘红结合企业的战略目标以及国家"十二五"规划对石材行业的要求，主要在以下四方面制订了相应的发展规划。

(一) 管理制度规划

一套科学完整的企业管理制度有助于提高员工工作效率，促进企业发展壮大，它也是企业正常运转和职工合法利益不受侵害的重要保证。眘红为规范企业管理，完善各项工作制度，进行了统一规划。

其一，完善企业法人治理机构。按现代企业管理模式进行管理，实行董事会领导下的总经理负责制，决策层、执行层、监管层分工明确。企业设立股东大会，决定企业重大事项以及企业成立和重大投资等，是企业最高权力机构。企业设立董事会，决定企业除股东大会决策以外的重大事项，董事会由股东大会选举产生，是企业的最高决策层。总经理是企业的执行层负责人，全权负责企业的一切经营管理工作，工程技术质量实行总工程师负责制。

其二，建立健全管理制度，加强监督考核。制定符合现代企业制度，符合公司发展实际、科学合理、具有可操作性的管理制度，这些制度必须是全面的、系统的、可行的。眘红成立企业考核委员会，建立健全考核制度，各部室管理实行工作目标考核，公司给各部门下达成本费用指标、市场开发指标和工作任务指标，每月考核一次。工作目标按百分制计算考核，根据考核情况发放绩效工资。

其三，合理调整组织结构。公司组织结构实行直线职能制和事业部制相结合的管理结构，实行矩阵式管理模式。按照机构设置的原则，结合眘红的实际，本着精简机构、精干人员的原则和目的，公司按照直线职能制和事业部制相结合的管理模式设置机构。机构主要按照市场经营、生产管理、工程安全质量监督管理、原材料供应与创新开发、财务与资金运用管理、行政后勤管理等职能进行设置，形成四部一室，即市场经营部、工程部、生产部、财务部、综合办公室。

（二）资本运营规划

砉红于 2011 年 6 月 30 日投资兴建再生石材项目，计划总投资 2.5 亿元，分四期逐步推进。但由于该项目的一期建设投资超出了预算，故造成了企业资金周转困难，由于受流动资金短缺的影响，设备的生产能力发挥不到 60%。再加之生产销售的扩大（代理商由 2012 年的 20 家左右增加到 2013 年的 50 家左右），公司面临流动资金不足的问题，大部分经销商对公司不能及时交货意见很大。原因是企业流动资金不足，没有办法进行必要的产品存货，只能通过销售及时回笼资金进行再生产，这严重影响了客户满意度，限制了公司的扩大再生产。为使企业尽快摆脱这种资金限制，一方面，砉红做好公司融资工作，积极与银行联系，以企业的资产、市场、信用等进行抵押，取得银行信用额度。同时扩大融资渠道，利用项目通过各种基金、信托机构、担保企业等机构进行筹资。另一方面，加强资本运作，企业在承揽工程项目中选择多种形式的工程，采取合作建设、联营建设等办法。在生产施工过程中，科学合理地调配资金，利用远期汇票、银行信用保函、资产抵押等办法缓解资金压力。

（三）技术创新规划

砉红拥有国内外各种先进的石材加工设备及一套标准的生产管理流程，这使其得以不断更新产品与技术，也为产品质量的提高奠定了坚实基础。为保持并加强质量与技术优势，砉红将加大与大专院校及科研院所的合作力度，创办企业技术研发中心，提高技术研发水平和技术创新能力，积极推广新技术、新工艺。在提高技术的同时，狠抓产品及工程质量，提高优质产品和工程，五年内企业工程施工创优率要达到 50%，并逐年提高。

（四）业务规划

砉红的业务规划采取的是纵向一体化战略规划，除了生产加工业务外，砉红将矿山资源管理和废料再加工业务以及建筑装饰业务作为企业的重点发展业务。目前，砉红正朝着以石材开采、石材加工、石材设计、石材销售、建筑安装为中心的一体化方向发展。纵向一体化战略从材料供应上确保了公司长远发展和客户需求，同时也充分发挥了产品的生产设计优势，为砉红在石材建筑、异形石加工、马赛克设计等方面争取了更多的市场机会。

其一，石材开采方面，砉红拥有自己的矿山，并且矿产资源丰富，预计能满足其未来30年的发展需求。在对矿山进行开采的同时，砉红认真履行环境保护义务，做到开采与恢复同时进行。此外，通过技术改造，提高石材的开采质量以及石料的利用率。

其二，石材加工方面，砉红分别拥有天然石加工车间和人造石加工车间，并且在未来几年将根据市场需求进一步提高人造石的生产能力。各车间生产的产品一部分对外销售，另一部分用于企业承包工程。

其三，石材设计方面，主要包括异形石的加工设计以及马赛克拼图，而这些产品往往作为装饰品或雕塑对外销售。砉红还专门为这些产品开设了展馆，力图打开石材精加工市场。

其四，石材销售方面，砉红对红河州核心城市采取直营方式，其他区域选择有实力的经销商，进行签约合作经营。目前，砉红合作的经销商已达50多家。

其五，建筑安装方面，砉红拥有自己的建筑工程队，可满足任何不同层次、大小、难度的工程，多次承包并成功完成大型建筑工程，建筑安装已经成为砉红主要的赢利渠道。

三、品牌发展战略

品牌是给拥有者带来溢价、产生增值的一种无形资产，对于企业的发展非常重要。

良好的品牌不仅可以为消费者带来溢价，同时也便于消费者快速地从众多同类产品中识别品牌商品从而降低消费者的搜寻成本。良好的品牌使产品形成了差异，便于实施高价策略，对于原本就拥有高质量产品的企业来说，这无疑是向目标市场宣传质量与品牌相一致的信息，有利于培养顾客的忠诚度。

砉红作为一家质量、技术领先的石材企业，尚未塑造出与之相应的知名石材品牌。为此，砉红的管理层提出了"创建世界第一石品牌"这一宏伟的品牌战略目标，并制定了相应的品牌战略。

企业在制定品牌战略时，主要可以依据四个层次，分别是产品品牌、产品系列品牌、产品大类品牌、企业品牌。对于不同的行业以及不同的企业规模，须选择不同的品牌战略。砉红根据石材行业的特点以及自身的规模，决定实施创建产品大类品牌和企业品牌的战略。

创建产品大类品牌。由于不同的地质运动导致相同的和相似的天然石材的分布具有地域性，不同类型的石材一般以其出产地或颜色命名，如"云南米黄"、"红河大花绿"等，这致使客户从经销商手中得到产品后，只知道产品的名称而不清楚产品所属的品牌及企业。同样，在耆红除了天然石与人造石外，其他如马赛克系列、异石加工系列也存在这种没有产品品牌的问题。普通的消费者面对众多的同类产品很难从外表区分出产品的优劣，这使得耆红的质量与技术优势难以实现其价值。因此，耆红总经理丁勇材大胆提出创立耆红各系列产品的大类品牌，并计划取名为"丁石头"。这样在宣传上以产品的大类品牌为主，通过形象的品牌，为产品质量和一致性提供了保障。这样的品牌战略相对简单、集中，品牌投资目标更加准确。建立耆红自创的品牌，便于耆红特有石材产品更好地开拓全国市场以及打入国际市场。

创建企业品牌。在创立产品品牌的同时，企业将继续以"耆红"对外宣传自身，即实现产品品牌与企业品牌的相对独立。这是由于"耆红"在红河当地以及整个云南已初具知名度。为此，企业提出了产品品牌与企业品牌共同树立、共同推广、相互促进的品牌战略。

四、人才发展战略

管理学之父彼得·德鲁克（Peter F. Drucher）指出，"从企业竞争的角度来看，未来企业竞争水平的高低取决于人力资源的数量、质量与产出"。人才作为现代企业核心竞争力的重要组成部分受到了各层管理者的高度重视，如何选择、培养、留住人才成为企业发展的关键。

企业的人才战略是企业通过合理地管理与使用人力资源，帮助企业获取并维持竞争优势，使企业借助员工的有效劳动来实现企业战略目标。为保障企业战略目标的顺利实现，耆红制定了相对完善的人才战略。

（一）建立人才引进和培养机制

随着公司的发展，耆红的经营市场已经从原来的云南各地向上海、福建、贵州等地拓展，并且出口比例也在逐年增加。这就对公司的管理人员、业务人员、营销人员提出了更高的要求，而当前耆红员工的整体文化水平偏低。为此，公司决定广泛吸收优秀人才，有计划、有步骤地每年从大中专院校吸收优秀毕业生。根据企业的需要，科学地吸纳一定比例的专科生、本科生、研究生人才。积极招聘社会上的各类尖端技术人才，争取到 2018 年，公司硕士生达到 5 人，本科生达到 30 人。

此外，对于石材行业来说，熟练的技术工人在人才市场中的竞争也越来越激烈。在石材加工行业，一名技术工人往往需要一年甚至更长时间才能熟练地掌握工作技能。因此企业的产量和产品质量不仅取决于设备的好坏，更决定于是否拥有熟练的技术工以及熟练技术工的数量，而这些条件也在很大程度上决定了公司的订单数量和价位。青红在积极引进人才的同时，也在逐步建立公司内部的人才培养计划，根据公司自身的发展需要，组织各类培训和职业教育，鼓励员工积极参与，创造公司内部良好的学习氛围。具体的培训制度与培训目标如下：

到 2018 年完成公司现有人员技术、专业、管理等方面的培训。从 2015 年开始，每年至少对项目经理、技术员、安全员、质检员等进行一次专业培训，对管理人员进行一次现代化管理知识培训。每年对企业员工进行法律知识培训，争取到 2015 年，企业全体员工接受一次法律知识培训。公司采取走出去的方式培养人才，将有能力、有抱负的人员，送到国内大、中、专院校，科研单位学习、培训。公司计划到 2018 年基本实现专家专业型人才结构，实现 100% 持证上岗，各部门管理层和项目层经理实现知识化、专业化。

（二）建立绩效管理制度

绩效考核是企业通过科学的定性和定量方法，对员工所承担工作的完成效果及其对企业的贡献和价值进行的考核和评价。科学合理的绩效考核方法有利于提高员工的工作效率，从而推动企业战略目标的实现。

青红作为家族式的民营石材企业，其管理方式在一定程度上限制了员工的发展空间和热情。为了激发员工的工作热情，青红计划实行新的绩效考核方式，希望通过建立绩效管理制度，使员工清楚企业希望他们做什么、如何做、达到何种效果，以此来提高员工的工作积极性。通过整体效率的提高，提升人力资源价值。具体的薪酬制度和奖惩机制如下：

针对公司的管理人员实行年薪制并附加股权奖励，其中年薪又分为基本年薪和绩效年薪两部分，基本年薪根据企业的发展规模和经济效益来确定，绩效年薪则根据所在部门任务完成的实际情况确定。除此之外，青红将对一些关键的管理人员给予一定的股份奖励,从此,他们既是公司的管理者,又是公司的所有者,从而增强他们的认同感和归属感。针对普通员工,耆红通过弹性工资、带薪休假、目标激励等方式激发员工的工作热情。除改进员工薪酬管理方式,耆红对员工的奖惩方式也提出了新的要求,即实现奖惩方式的制度化,员工的奖惩必须严格按照规章制度进行,从而实现奖惩的公平性,杜绝一切凭个人亲疏好恶来决定奖惩的行为,维护公司管理秩序。

第二节　企业文化体系

企业文化是企业在市场经济的实践中逐步形成的为全体员工所认同、遵守并带有本企业特色的基本信念。优秀的企业文化能让员工对企业产生认同感、归属感和自豪感,从而形成强大的凝聚力。它能成为指引员工努力的方向,激励员工为了企业的发展而不断奋斗。最终,企业文化将成为企业竞争优势,促使企业形成巨大的生产力,为企业带来更多的经济效益与社会效益。

当前我国石材业发展尚处于初级阶段,众多石材企业对自身的发展缺乏长远规划,只关注眼前利益,加之粗放的经营方式以及从业队伍整体素质偏低,导致企业很难真正做大做强、做精做优,更难以形成优秀的石材品牌。而成功的可持续发展的石材企业,往往都具有先进的经营理念,企业宗旨,管理思想、方法和手段,更离不开优秀的企业文化。

近年来,随着耆红的发展壮大,管理层更加清晰地认识到企业文化将在企业未来的发展中扮演着重要的角色。耆红逐步加大了对企业文化建设的重视程度与投入力度,通过多年的努力,如今的耆红已初步形成了具有自身特色的企业文化体系。

一、耆红的文化理念

基本的文化理念包括企业核心价值观、企业宗旨、企业愿景、企业使命和企业精神,它们是企业文化的灵魂,是企业生存和发展的动力源泉。最基本的文化理念是企业文化的核心,它可以明确地宣示企业的奋斗方向、存在意义、重要责任、价值追求和精神境界，表明企业对国家、客户、合作伙伴、员工、社会所遵循的基本行为准则和价值判断。砉红的文化理念见表3-1：

表 3-1 砉红石材的基本文化理念

文化理念	具体内容
核心价值观	崇尚品质，快乐工作
企业宗旨	满足客户，造福人类，回报社会，实现共同的价值观和理想
企业使命	弘扬中华石文化，创全球第一石品牌
企业精神	脚踏"石"地，携手并进
企业愿景	成为石材行业领跑者，石材行业的标杆

（一）企业的核心价值观

砉红的核心价值观是"崇尚品质，快乐工作"。核心价值观是企业在经营过程中坚持不懈的信条，是员工判断是非的标准。砉红将"崇尚品质"放在了第一位，这表明砉红对产品和服务质量的追求，以及对员工道德品格的要求。而"快乐工作"则体现了砉红坚持以人为本，一切从员工的切身利益出发，时刻关心员工。砉红通过提高员工福利待遇，帮扶困难员工，力所能及为他们解决问题，通过为员工献爱心、送祝福、搞联欢等活动拉近员工和企业的距离，让员工真正感受到企业带给他们的温暖，工作带给他们的快乐。

（二）企业宗旨

砉红的企业宗旨是"满足客户，造福人类，回报社会，实现共同的价值观和理想"。"满足客户"充分表明砉红始终把客户的需求放在第一位，并提出"您想到的砉红会为您做到，您想不到的砉红会为您想到"的服务口号。"造福人类，回报社会"意味着砉红的发展和壮大，不仅可以为社会提供优质绿色的建筑材料、装饰产品和配套服务，而且还能为社会创造更多的就业岗位，解决就业问题，促进当地经济发展。"实现共同的价值观和理想"是指砉红提倡的共赢式发展，与员工实现共赢，与顾客实现共赢，与竞争对手实现共赢，与社会环境实现共赢。

（三）企业使命

耆红的企业使命是"弘扬中华石文化，创全球第一石品牌"。企业使命是企业对自身以及社会发展做出的承诺，它指出了企业在社会经济发展中所扮演的角色和承担的责任。"弘扬中华石文化"是耆红对社会做出的承诺，耆红希望通过自己的智慧打造出更多精美的石材作品，将中华的石文化发扬光大。"创全球第一石品牌"是耆红对自己的承诺，耆红立足云南，努力开拓全国市场，并抓住一切机会连通国外市场。从目前来看，虽然耆红距离"创全球第一石品牌"这一目标还比较远，但它始终是耆红人不断拼搏的动力之源，更是耆红为国争光的伟大动力。

（四）企业精神

耆红的企业精神是"脚踏石地，携手并进"。企业精神是企业之魂，它表达着企业的精神风貌，能够鼓舞员工士气，增强企业的凝聚力。"脚踏石地"，表达了耆红踏实认真的作风，从创业之初至今，耆红人不骄不躁，踏踏实实地走好每一步。"石"字则突出石头对于耆红的重要性，而耆红人则像珍视钻石一样，尊重石头，将石材作为企业最宝贵的资源。①"携手并进"则表达了耆红全体员工上下一心、同甘共苦、团结友爱、平等互助的团队精神。

（五）企业愿景

耆红的企业愿景是"成为石材行业领跑者，石材行业的标杆"。企业愿景是企业管理者对企业未来的设想，也是员工普遍接受和认同的企业长远目标。耆红希望企业通过提供最专业、最优质、最先进的产品与服务使企业成为"石材行业领跑者，石材行业的标杆"。目前，耆红拥有国内外先进的石材加工设备和专业的员工队伍，可为客户提供产、供、销、安装、保养一条龙服务。作为中国石材工业协会的会员单位，耆红一直为"成为石材行业领跑者，石材行业的标杆"的长远目标而努力着。

---

① 云南耆红石材开发有限公司.《石至名归·别样风华》.企业内部资料，2012.

二、人才理念

人才理念是企业重视人才、爱护人才、开发人才、使用人才、留住人才、提升人才的指导思想和价值观念。石材企业是劳动密集型企业，作为生产力构成的主要因素，员工的协作意识、责任意识以及质量意识都将直接影响产品的质量与产量。因此，树立良好的人才理念是企业核心竞争力的重要组成部分，它关系到企业的兴衰成败。

堉红坚持"以人为本，人是第一资源"的思想，通过建立公开、公平、公正、高效的选人、育人、用人机制以及加强公司文化建设和基础管理，来提升员工士气，提高管理效率，并提出了"忠诚正直，专业进取"的人才理念，以确保企业的稳定发展和战略目标的顺利实现。

"忠诚正直"是堉红对员工品质的要求，也是堉红坚持"品德优先，能力第二"任用标准的体现。忠于职守、爱岗敬业是员工最基本的职业道德，在堉红的"5S"管理标准中特别强调了对素养的要求，即要求员工不断提升个人素养与道德品质，对企业忠诚，为企业尽心尽力，忠实地维护企业利益和形象，做到"以厂为家，以厂为荣"。

"专业进取"是堉红对员工工作能力与工作态度的要求。在石材行业，专业的技术人才缺失严重，这不仅影响了产品的工艺与质量，也制约着企业的长远发展。堉红一方面通过多种手段发掘人才、留住人才，确保员工队伍和技术力量的相对稳定，防止专业技术人员的流失；另一方面，注重员工的内部培训，企业每年都会组织一两次内部培训会，并以"以老带新"的方式提升普通员工的专业技能，扩大技术人员的储备量。除了对员工专业技能的重视，堉红更加看重员工的态度，认为积极的态度对个人的发展及公司发展都至关重要。堉红通过实行内部提升选拔，给予那些在培训中表现优异，在工作中积极进取的员工以加薪升职的奖励，鼓励他们发奋进取，不断提升个人技能。企业的发展如同逆水行舟，不进则退，拥有一批奋发进取的员工无疑是企业向前发展的强大动力。

三、安全理念

对于石材企业来说，安全为天，质量为本。安全是企业生存和发展的基础，是为客户服务的最基本保障。堉红以"安全发展"为原则，始终坚持"安全第一，超前预防，综合治理"的安全理念，并积极建立安全生产管理体系，健全安全管理制度，加强安全生产技能培训，完善安全应急体系，不断提高安全生产水平。目前，在公司内部逐渐形成了人人想安全、处处讲安全的安全文化，这有利于实现"零死亡，零重伤"的安全目标，从而确保安全生产。

首先，建立安全管理体系是实现安全生产的根本途径。春红提出"讲安全，重安全，抓安全"的安全管理体系，实现公司安全生产。"讲安全"是指公司要对员工进行安全教育培训，进一步明确公司安全生产管理制度、机械原理、操作规程、检修、保养灯工作程序与操作技能，增强各级管理人员和全体员工的安全意识。"重安全"则要求公司管理层必须加强"安全为天"的意识，重视安全管理工作，让员工从思想上认识到安全生产的重要性。"抓安全"则主要强调春红的管理层要注重安全生产管理工作，理顺管理机制，明确各级职责，层层落实，确保员工生命安全和公司生产安全。

其次，健全安全生产管理制度是实现安全生产的保障。春红不断完善安全生产制度体系，制定了《矿山安全生产管理规章制度》、《运输安全制度》、《日常检查、隐患报告处理制度》、《事故报告处理制度》、《安全教育培训制度》、《安全总结及反省制度》、《安全生产奖惩制度》等相关制度，严格落实安全生产责任，明确各级管理人员职责，进一步实现安全管理制度化。

最后，加强应急管理体系建设是预防重大事故发生的重要手段。春红根据公司的发展要求不断加强应急体系建设，完善应急预案，提升公司应急处理能力，组织编制了《重特大安全事件应急方案》，分别在矿区和车间成立安全应急小组，并指派专人负责。目前，春红正逐步形成在石材开采、生产加工、工艺雕塑、装饰施工、销售安装、保养清洁等多环节、全方位、相互衔接的应急管理体系。

第三节　企业社会责任

企业作为社会的经济细胞存在于社会之中，每时每刻都在与企业外部的社会环境发生经济交往，进行利益交换。企业的发展进步离不开社会的支持与帮助，同时，企业的行为也会对外部的社会环境产生影响。企业在创造利润的同时也应积极承担相应的社会责任，认真履行社会责任有利于企业树立良好的形象，增强竞争力，对实现企业的可持续发展提供保障。因此，履行社会责任不是企业的自由选择，而是企业未来发展的必然选择。

　　对于广大的中小型民营企业来说，社会责任还是一个比较新鲜的词汇，很多民营企业家往往将社会责任等同于"捐款"和"做公益"。殊不知，遵纪守法、依法纳税、发展经济、关爱员工、保护环境等均是企业必尽和应尽的社会责任。耆红作为中小型民营石材企业的代表，在履行社会责任方面做出了积极的努力。

一、经济发展

　　实现经济发展不仅是企业发展的目标，也是国家强盛的保障。改革开放以来，民营经济克服了基础薄弱和先天不足等劣势，已成为国民经济的重要组成部分，成为国民经济中最为活跃的经济增长点。耆红坚持诚信经营、规范运作、稳健发展，作为众多民营企业的一分子，耆红在经济发展方面贡献着自己的力量。耆红 2009~2013 年营业情况见图 3-1。

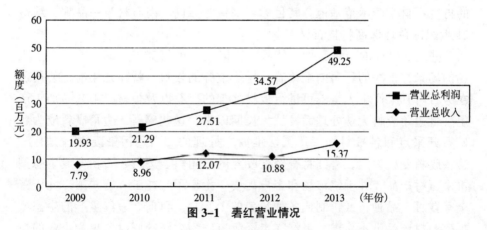

图 3-1　耆红营业情况

　　截至 2013 年 12 月，耆红企业总资产为 160213838.41 元，实现营业总收入 49248376.75 元，比上年增加 42.48%；利润总额 15368976.39 元，比上年增加 41.24%；上缴国家税收 400 多万元，为员工发放薪酬 800 多万元。

二、环境保护

随着节约资源、保护环境这一观念的深入，国家对企业的环境保护也提出了更高的要求。石材协会按照国家环保及有关权威部门的要求也多次召开研讨会议，今后将加大天然资源的开发加工和保护力度，这充分表明，治理污染、优化环境、节约资源是当前石材行业加快产业结构调整、转变经济增长方式的关键。

石材是不可再生资源，虽然我国石材资源相对比较丰富，但由于过度的开发，石材资源浪费比较严重，一些地区的石材资源已出现匮乏的现象。节约资源与高效利用资源是实现石材可持续发展的重要举措。随着人们资源保护意识的觉醒，不少有远见、有实力的石材企业居安思危、未雨绸缪，已经开始严格保护并合理开发利用石材资源。砉红用实际先动率先加入了合理利用开采石材资源的行列。公司于 2007 年初便开始着手再生石材产业的规划与研发，以便提高天然石材的再生利用率。2011 年公司投资 7000 多万元，引进国外先进设备，在弥勒县工业园区建成占地 71 亩的再生石材生产示范基地。其目标与宗旨是"创云南石材第一品牌，缔造21 世纪绿色环保高科技石材产业"。

进入到砉红的厂房，你只能听见隆隆轰鸣的机器声，却看不见尘土飞扬的场景，干净的厂房内堆放着一排排整齐的板材。就在几年前，公司还在为石材开采产生大量不可进行板材加工的碎石以及板材、工艺品加工产生大量边角废料无法处理而发愁。长期以来，这些碎石、边角废料成为各矿石开采点和各板材加工厂无法堆放、处理的"白色污染废物"。如今，这些废料变废为宝，砉红将曾经被废弃的边角料、废渣、石粉变成生态型再生石材产品，并围绕市场和客户需要，生产了红花玉、翡翠玉、北极紫金等数百个品种，或拼制成各种精美的工艺画。目前，砉红生产的生态型再生石材产品供不应求，砉红在走资源节约型之路的同时，也为企业的快速发展注入了新的动力。

三、员工权益

员工是企业发展的原动力，人力资源管理同企业社会责任之间有着密不可分的联系。砉红坚持"以人为本"，致力于保障员工合法权益，完善员工福利体系，曾先后多次被评为"福利企业先进单位"。砉红为实现员工与公司的共同发展，一直在促进员工职业发展，推进文化建设，营造安全、和谐、平等、融洽的工作环境等方面努力地进行尝试。

第一，坚持维护员工的合法权益。喾红致力于员工权益的保护和保障，根据相关法律、法规的规定，喾红与员工及时签订劳动合同，严格执行国家的薪酬分配政策，建立科学的薪酬激励机制。喾红根据不同职务性质、工作能力、工作年限等分别为员工制定了五类 20 级工资系列（见表 3-2）。

表 3-2 喾红工资结构一览表

类别	薪级	固定工资（元）	工龄工资（元/年）	绩效工资（元）	特殊技能工资（元）		适用级别
					中级资格证书	高级资格证书	
一类	1	1200	10	1000	50	100	职员
	2	1400					
	3	1600					
	4	1800					
二类	1	2000	10	3000	50	100	初级管理人员
	2	2300					
	3	2600					
	4	3000					
三类	1	3200	10	5000	50	100	中级管理人员（部长级）
	2	3500					
	3	3800					
	4	4000					
四类	1	4200	10	8000	50	100	高级管理人员（副总经理级）
	2	4500					
	3	5000					
	4	5500					
五类	1	6000	10	10000	50	100	抉择级（总经理级）
	2	7000					
	3	8000					
	4	10000					

此外，在员工招聘与管理中，喾红平等对待员工；坚持雇用当地员工，有效地缓解了当地就业压力；坚持公平、公正的用工政策，依法建立和完善劳动用工制度；为员工提供国家规定的各类社会保险，并成立扶贫

基金会，完善员工保障体系；建立合理的休假制度，加强职工健康管理工作，保障员工身心健康；建立健全职工代表大会制度，使其成为加强职工民主管理的有效途径。

第二，促进员工职业发展。羣红秉承公司与员工共同发展的理念，建立"人尽其才、人尽其用"的选人与用人机制，为员工提供管理、技术、操作等方面的培训与锻炼机会。公司每年都会根据发展需要，组织新知识、新技术、新工艺、新材料的培训；通过实施"轮岗锻炼"的方式培养多技能员工；为了提高员工的动手能力和操作水平，以及加速一线新员工快速胜任岗位工作，企业制定并推广"以师带徒"的培养方式，提升员工技能并有效提升产品质量。同时，羣红还将员工培训与员工晋升提薪考核相结合，尤其是基层员工的操作技能鉴定、技术人员的专业技术职称评定、管理人员的任职资格评估等，这些都为员工的职业发展提供了实实在在的帮助和保障。

第三，推进企业文化建设。羣红着力推进企业文化建设，通过工会、党支部、办公室等组织和部门，开展了众多各具特色的文化活动，使其成为凝聚员工、感染员工、吸引员工、激励员工的有效载体。羣红通过组织职工元旦晚会、职工趣味运动会、职工篮球赛、道德大讲堂等活动，吸引更多的员工参与到活动之中，丰富了员工的业余文化生活，增加了员工快乐工作元素，增强了员工对公司的归属感，提升了公司的凝聚力与竞争力。

四、社会公益

社会是企业持续健康发展的沃土，企业因创造财富而成长，因奉献社会而更具价值。羣红会一直致力于做一个负责任的企业，在公司的经营发展过程中，羣红始终怀着感恩之心，努力做一个让社会、政府、员工和股东满意的企业。羣红自成立以来，积极参与各种社会公益活动，努力成为优秀的企业单位，为构建社会主义和谐社会贡献力量。

近年来，企业先后为社会各项公益事业捐款捐物，总价值近1500多万元。其中包括为地震灾区与抗旱救灾捐款捐物；植树造林；为贫困山区修建小学；建"羣红民心堂"；为家乡人民修建致富路；为贫困山寨安装太阳能路灯；为老百姓解决吃水问题；同时为了让部分优秀的贫困学生能上大学，实现人生梦想，公司近年来资助30多名学生，圆了他们的大学梦。根据弥勒本地农村剩余劳动力过剩，贫困山区农民就业难的实际问题，耄红专门面向贫困山区招用农民工和退役军人 150 多人到公司参加技术培训，并使他们成为耄红的正式职工，有些人还成了企业的技术骨干、部门领导。耄红为了加强对社会公益活动的管理，将履行社会责任融入公司的日常经营活动中，在 2010 年专门成立了扶贫基金会，由公司董事长担任基金会主任，其他公司领导为基金会委员。扶贫基金会不只是针对公司内部员工进行帮扶，大部分基金用于对当地村民提供救济。

　　耄红在社会公益方面的突出表现，赢得了社会的广泛尊重，也赢得了一系列的荣誉，主要包括：被中国工商业联合会石材业商会评定为"企业信用评价 3A 级信用企业"，被云南省就业和社会保障工作先进单位、红河州市委工程 20 年"杰出合作伙伴"、红河州"守合同重信用先进企业"、被红河州技术监督局评为"产品质量信得过单位"、弥勒县民政福利企业先进单位、弥勒县重合同守信用企业。这些荣誉充分证明，耄红积极履行社会责任、争当优秀企业的行为得到了社会各界的广泛认可，并在当地成为其他企业学习的标杆，对当地经济、社会、环境的可持续发展起到了积极的促进作用。

第四章 企业发展业务

第一节 业务总述

一、国内石材开发产业现状

近二三十年来，国际石材工业发展十分迅速，特别是 2009 年之前，在世界经济持续平稳快速增长及相关产业较快发展的拉动下，石材市场需求稳步增加，在市场的推动下，中国的石材工业每年以两位数的速度增长。在国内，一方面是需求旺盛的石材市场，推动石材工业迅速发展；另一方面是我国石材对外依存度很高（达到 15%左右）的现状，说明国内的石材企业不能满足我国旺盛的市场需求只能依赖国外进口，我国的石材企业发展严重不足，具有巨大的发展空间。

在当前中国石材企业竞争日趋激烈的行业背景下，如何提高产能、增强产品附加值、提高产品利润率、增强企业竞争力成为整个石材业急需解决的共同问题。于是，为了转变中国石材产业的发展方式，"产业链整合"的理念在石材行业里被顺势提出。只有实现产业转型，我国的石材行业才能突破产业结构低层次、分散化，产品深加工程度低、质量差、效益低、破坏生态环境、浪费能源和资源等发展"瓶颈"，在国际化的舞台上与其他国家的石材企业相媲美。"产业链整合"能够有效地整合石材产业的需求、供应、技术和资金等各方面经济因素，使得石材资源实现使用价值的最大化。这样的发展战略让我们看到了我国石材行业的产业转型之路，看到了我国石材行业的广阔前景。

二、公司业务概况

云南眷红石材开发有限公司是滇南著名的石材精加工中心，云南省知名的石材精加工企业，具体经营范围包括天然石材加工销售；各种石雕工艺品制作，室内外装修、装潢，生产销售碎石及免烧砖，林木栽培。其中，石材的开采加工销售是公司的主营业务，而林木栽培是公司的辅助业务，眷红的林木栽培品种主要是经济作物油橄榄，另外，根据现有资源状况，公司的新兴业务是发展生态观光农业项目。

云南眷红石材开发有限公司的主营业务是石材开发，公司在石材开发产业中全面发展，业务涉及产业链上下游几乎所有环节，具体包括石材矿业、石材粗加工、石材精加工、装修施工、清洗保养等环节。从公司的主营业务来看，眷红与时俱进地顺应了石材产业发展的潮流，率先采用了"产业链整合"的发展道路，提供石材销售"一体化"、"一站式"、"一条龙"服务。

云南眷红石材开发有限公司的辅助业务是林木栽培，公司充分利用当地的油橄榄种植资源优势，积极发展附属产业，这样可以扩大公司的经营范围和经营领域，有助于分散公司的经营风险，提高公司抵御经济危机的能力，从而能够使公司获得更大的经济收益和更长远的发展效益。

云南眷红石材开发公司的新兴业务是发展生态观光农业项目，公司利用当地的油橄榄资源，发展集生态、农业、旅游为一体的新型综合产业项目。

第二节 主营业务

一、主营业务简要介绍

眷红的主营业务是石材的一系列处理过程，涵盖从石材的开采到最终为消费者提供售后服务的整个产业链，这是眷红建立的根本和基石。公司拥有成套技术领先的石材生产加工流水线，并且拥有大批熟悉石材工艺的工人及技术人员，能够按照客户的要求，加工各种进口或国产的板材、线材、柱材、工艺品、雕刻等石材产品。眷红承诺，顾客想到的眷红会为顾客做到，顾客想不到的砉红也会为顾客想到。砉红现在每年生产加工天然大理石 30 万平方米，出口板材及各种异形石材 15 万多平方米。

（一）产品介绍

1. 天然石和人造石

公司主要是根据客户订单进行生产加工产品，产品明细分类太多，每年有 3000 多种，主要可以分为两大类——天然石和人造石。其中，天然石在日常使用中主要分为大理石和花岗岩两种，凡是有纹理的，都称为大理石，以点、斑为主的称为花岗石，而人造石通常是指由树脂、铝粉、颜料和固化剂等制成的人造实体面材，两者从外形到性质都有一定的差异。

天然石和人造石优点各异，消费者在选购时应根据在家中装饰的位置来选购。选购石材不仅需要着重外观，其性能和质量也同样重要。一般来说，天然石材指从天然岩体中开采出来的，它具有很高的抗压强度、耐磨性以及耐久性。由于其表面有细孔，所以在耐污方面较弱。尽管出厂时，商家会在其表面进行色泽等方面的处理，但一般使用半年到一年左右，这样的石材就会显露出其真实面孔。在室内装修中，电视机台面、窗台台面、室内地面等适合使用大理石。而门槛、厨柜台面、室外地面就适合使用花岗石。人造石在色彩、防潮、防酸、防碱、耐高温、拼凑性方面优于天然石，适合用在一些恶劣环境中，如厨房、洗手间、阳台等地。阳台上石材的选择可以以防滑、耐磨、不易退色为主，而卫生间中石材需要在防滑、防酸、防碱和防潮方面有保障。人造石易清洁，脏污可以用肥皂或清洁剂清洗。相对来说，天然石较重，两块对接时，不能像人造石那样无缝拼接。

在天然石方面，公司拥有弥勒红线米黄、波斯灰、黄龙世玉等矿山 10 座，可生产红线米黄板材、波斯灰板材、黄龙世玉板材及各种板材 60 多种（含进口板材）。其中位于弥勒市西北部西三镇散坡村思欢大沟，距离弥勒 43 公里的矿区，开采出的饰面用灰岩，被称为波斯灰，是全国乃至全世界独有的优势资源产品，因此砉红也成了全球波斯灰最大供应商（年产 100 万平方米以上）。波斯灰天然大理石的特点是色调柔和雅致、华贵大方，极具古典美与皇室风范，波斯灰抛光后晶莹剔透，又具有流畅自然的石肌纹理，它不同于一般的没有光度感结构的灰色大理石表面，其结构色彩丰富，色泽清润细腻，光彩迷人，映射出它高贵典雅的品质。波斯灰石材适合高品质建筑的装潢使用，由于放射性低，在室内装修中也广受欢迎，可以用于墙面、桌面、地板、卧室、厨房、浴室等。波斯灰石材质地柔润细腻，便于精细加工，因此，在工艺品雕塑界也备受赞许。

在再生石材方面，2010年公司投资兴建了云南中石石材开发有限公司，主要生产再生石材，公司位于弥勒县工业园区，占地70多亩，投资6500多万元，年产10万多吨再生石材方料，可生产石材方料35000立方米，加工板材约120万平方米。从公司财务结果方面看，2012年茜红一年的销售收入中，天然石为2987万元，人造石为470万元，天然石的销售收入占总销售收入的86.4%；2013年的销售收入中，天然石为3182万元，人造石为1743万元，天然石的销售收入占总销售收入的64.6%。2013年茜红的天然石的销售收入比2012年增长6.5%，人造石的销售收入是2012年的3.7倍。以上销售数据表明，茜红销售的产品类别从以天然石为主，发展到了现在天然石和人造石并重的状态，并且人造石的业绩增长速度很快，是公司目前的投资重点。

2. 其他分类标准

除了天然石和人造石的分类标准，目前国内市面上石材产品种类繁多，按照加工工艺的不同，可以分为异型产品（包括雕刻、弧板、空心柱、实心柱、线条、拼花等）、板材产品（包括大板、规格板、薄板等）；按照使用部位，又可以分为室内石材、室外石材、墙面（立面）石材、地面石材、建筑用石（如桥墩）、装饰石材（如各类饰面石材）等等。另外，茜红的石材产品按照产品精加工的种类可以分为异型产品（含柱子、卫生浴台面、栏杆扶手、线条、工艺品、雕刻等），各种光板、毛板，麻面石、盲道石、凸包石、梭坡石、导向石、攒路石，水刀拼花、马赛克等。

3. 产品质量认证

茜红的产品质量得到了各种奖项和认证体系的奖励和认证，其石材产品经红河州产品质量监督检验所No.J 200106390号检验报告确认，各项指标综合评定为优等品。2002年我公司产品被确定为云南省红河州质量跟踪产品。同年，公司通过ISO 2001—9000质量管理体系认证；2008年公司被选为中国石材最新的GB国标参与审定单位。目前，公司产品将通过ISO 9001—2000国际质量认证。

辨别石材质量好坏时，可以遵循看、量、听、试四个步骤，先观察石材表面，好的石材表面质感细腻均匀，且在边角处不存在细微的裂缝，以免石材沿这些方向发生断裂；敲击石材，当石材内部构造均匀没有孔隙的时候，敲击声音清脆；反之则声音粗哑；最后可以在所选购的石材背面滴上一滴水，看水的渗透和扩散情况，质地细密的石材，水珠不易扩散。

（二）服务介绍

焘红提供的服务主要是建筑装饰施工项目服务，这一项目结合了公司专业人员提供的加工、设计、清洁保养等人工服务以及公司石材铲平的销售，是一项以石材销售为中心的综合化服务。仅这一项目收入就占公司总收入的50%以上，而且预计未来5年，这一项目仍是公司最主要的盈利来源，公司将进一步巩固建筑装饰市场的经营成果，继续加大对这一项目的支持力度，提高企业在这一市场的竞争力。

为了更好地为客户提供石材装饰服务，2007年5月，云南焘红石材开发有限公司装饰分公司成立，公司自成立之初就凭借良好的信誉和优质的服务赢得了业内外好评。云南焘红石材开发有限公司装饰分公司具有室内装饰丙级资质证书，丁勇云董事长被聘为第一届全国石材标准化技术委员会的专家委员；同年公司经CISE中国石材业风云榜组委会确认为中国50强石材加工企业，被中国建筑装饰协会、中国工商业联合会石材业商会评定为"企业信用评价3A级信用企业"。

云南焘红石材开发有限公司的建筑装饰施工项目的经营内容是，为客户提供装修方案和评估装修效果，从事石材安装、装修、保养、清洗一体化服务。公司能利用各种进口或国产的荒料按客户要求加工各种板材、圆柱、罗马柱、柱头柱脚、松毛板、斧剁石、麻面石、蘑菇石、异型门窗套线条、各种装饰件风水球、花瓶柱和各种石雕、石栏工艺品等各种异形石材产品。

公司承接了云南省内多项知名工程，如红河州政府、红河州人民法院、红河州交警支队、红河州检察院、红河州移动公司、红河烟厂、红河投资公司、云南省烟草公司、云南省委办公楼、州烟草公司、丘北清真寺、纳家营清真寺、下回村清真寺、师宗兰苑会所、开远市人民检察院、开远市泸江公园、开远市政府、开远市法院、弥勒寺、慈云寺、玉皇阁等重大工程的建设，每一项工程都得到了客户的认可和好评。

（三）一体化概念介绍

目前，中国石材行业的发展存在着许多严重的缺陷，石材行业被切割成石矿—开采—加工—施工安装等多个环节，绝大多数公司只参与其中一个环节，很少有公司以全局化的眼光来审视整个行业的现状和未来，从而造成了企业数量多、分布广、规模小的行业格局，整个行业缺乏抵御市场风险和参与国际竞争的能力。几乎整个石材行业的企业都是单一型的，只能做整个产业链中的一环。为了解决石材行业的发展困境，公司顺应现实需要提出了"产业链整合"战略。"产业链整合"也就是提供所谓的"一体化"、"一站式"或"一条龙"服务，它是石材产业发展的新趋势。这种具有"一站式"性质的商业模式，有利于与客户形成一种"捆绑式合作"，从而为客户大幅降低成本。

公司目前拥有国内外各种先进的石材加工设备和30多年来培养出来的专业管理精英团队，400多名专业的员工队伍，可满足任何不同层次、大小、难度的工程，可以为客户提供高标准、高质量的产品服务。为了满足客户的需求，2007年公司成立了专门从事石材安装、保养、清洁为一体的装饰分公司，为客户提供各种装修方案的效果图设计，真正实现了产、供、销、安装、保养一条龙服务。

企业的石材开发沿着开采—加工—设计—施工这条产业链，呈现出一条以销售为中心的直线型销售模式，云南耆红是国内第一批提供石材开发直线式服务的综合服务商。顺应这一企业发展思路，耆红将发展为一个贯穿石材矿石开采、加工、异型雕刻、幕墙装饰设计与施工、进出口、物流整个产业链，专业化、跨地域的大型企业集团，将石材产业打造成一个完整的产业链，并致力于为国内高端地产客户提供"一站式"石材工程解决方案。在这个完整的产业链下，各个环节明确分工，高度专业化。

二、主营业务流程分析

按照石材类型分类，耆红的主营业务流程分为天然石材和人造石材两种类型的工艺流程。

（一）天然石材工艺流程

天然石材工艺流程包括三个主要步骤，如图4-1所示：

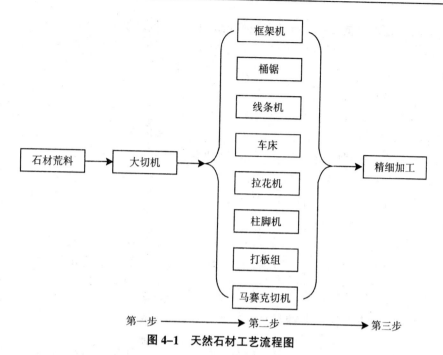

图 4-1 天然石材工艺流程图

　　第一步，毛料荒料加工，所有的天然石原石都要经过大切机的基本处理。其中，毛料是指由矿山直接分离出来，形状不规则的石料；荒料是指由毛料加工而成的，具有一定规格，用以加工饰面板材的石料。

　　第二步，经过大切机处理的石材经过框架机、桶锯、线条机、车床、拉花机、柱脚机、打板组以及马赛克切机的进一步加工处理，其中车床处理的石材将会变成栏杆、扶手、烟灰缸、手工艺品等异形产品；拉花机处理的石材将会变成条花产品；柱脚机处理的石材将会变成柱脚；打板组处理的石材将会变成人行道地砖。

　　第三步，除了经过第二步骤就已经成为产成品的石材以外，剩下的石材经过第三步骤的精细加工，框架机处理后的石材再经过磨机、桥切机的磨边、倒边，最后根据客户的要求形成规格板。规格板是指符合标准规格的板材（规格一般为 600mm × 600mm，800mm × 800mm，标准厚度一般是20mm，或按工程方指定规格尺寸，这样价格最高），包括普型板材，即外形为正方形或矩形的规格板材；异形板材，即外形为非正方形或非矩形的多边形规格板材；模板介板，即外形为按指定图纸或板样的复杂造型（含圆弧）形状的规格板材。

桶锯处理过的石材要么经过抛光组圆弧板切边机的处理变成柱子，要么经过剖板机、柱脚机打磨抛光变成柱脚；线条机处理过的石材经过打磨抛光组变成线条产品；马赛克切机处理过的石材，再经过手工排版变成马赛克背景墙产品。

值得一提的是，2001 年底，为适应市场和客户的需求，公司新征土地 23 亩，投资 1000 多万元，新建了一个大型的异形石材流水线加工厂，新购国内外领先的加工框架锯、四立柱和两立柱双向大切机、12 头大板连续磨机、柱头柱脚机、红外线圆弧板裁边机、30 吨行吊等新设备。2002年 6 月加工厂正式建成投产，它已成为滇南地区较大的石材加工企业，年板材产生设计能力将达到 20 万平方米，并且将有 7 万平方米（2 米×3米）的大板材，在滇南地区，只有本公司具备生产这种大型板材能力。这一创举为春红石材加工工艺流程的完善，起到了转折性的作用，从此春红的石材加工能力在全市甚至全省名列前茅，不可小觑。

（二）人造石材工艺流程

人造石材工艺流程（见图 4-2）包括：首先，让原材料经过压机变成半成品石料，再经过框架机变成大毛板。大毛板是指将毛板进行打磨、抛光后，表面平整，具有镜面光泽的板材。然后，经过大磨机变成毛光板，也就是山荒料锯解成的板材，再经过桥切机变成规格光板，产品包装之后就能出售，或者经过桥切机之后再经过一道磨边、倒边工序，再进行销售。

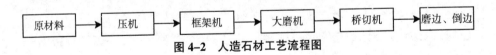

图 4-2　人造石材工艺流程图

三、主营业务市场分析

（一）石材市场现状分析

中国石材的生产主要分布在南部的福建省、广东省，东部的山东省，其中福建与山东为原料与加工大省，而广东主要从事进口石材的加工，上述三省石材产量占中国石材生产的 85%，主要是大理石、花岗石产品。云南虽然不是我国最主要的石材生产省份，但是云南拥有与其他省份不同的独特的石材矿产资源，能够出产一些特殊类型的石材，并以其质量上乘蜚声中外，在国内外市场上都占有一定的市场份额。

从云南省的石材企业发展历史来看，20世纪80年代的云南，也建立了10多家国有石材企业，昆明大理石厂、贡昆大理石厂、屏边大理石厂、元阳大理石厂、贡山大理石厂、红河大理石厂等石材企业相继建立，一件件石材产品不断被生产出来，这些企业为云南的建材工业做出了杰出的贡献。到了90年代，石材工业进入停滞阶段，直到2000年后，中国的石材工业才又快速地发展起来。

总体来看，目前云南的石材工业并不发达，生产水平较低，资金规模较小，技术水平有限，与国际市场中相对发达的国家或地区相比，云南的石材工业有很大的发展空间。

在云南众多的石材企业中，云南耈红石材开发有限公司是最具代表性的石材开发企业之一，该公司注册资本2010万元，从业人员500多人，是滇南最大的石材加工企业之一。近年来，耈红的石材销售规模稳步增长，2013年销售增长率达到了6.55%，产品利润率增长了38%。

（二）公司市场营销分析

云南耈红石材开发有限公司的产品不仅在国内市场广受好评，而且近年来也登上了国际舞台，远销国内外。其中，销售到国外的国家或地区包括美国、英国、韩国、日本、迪拜、非洲、老挝等；销售到国内的省份及地区包括中国台湾地区、厦门、内蒙古、上海、北京、广州、福建、深圳、吉林、安徽等。

耈红石材产品的销售渠道主要包括经销商、房地产公司、建筑公司、装饰公司、零售、网络营销等。其中，对于云南省红河州当地市场，耈红主要采用公司人员直接销售和装饰公司展销的方式；对于外省客户，公司主要采用经销商和代理商代为销售的方式。耈红的经销代理商签订统一的代理合同，由公司统一为代理商装修，并且按照1500元/平方米收取装修保证金，装修费用不足5万元的，一次性收取5万元人民币。公司根据代理商的销售业绩，按每年实际销售额5%的比例返还保证金。

公司的目标客户非常广泛，主要包括房地产商、建筑公司、装饰公司、代理商、私人建筑、公共装修、国外市场。从以往的销售情况来看，公司曾经采用过的主要的促销方式包括产品折价让利、赠品销售、在网上

开展淘宝中国行——家居建材惠弥勒活动、对比吸引促销、展会促销、广
告宣传手段等。

四、主营业务前景分析

(一) 市场前景分析

1. 国际市场

世界石材行业总体发展形势看好,全球自 1990 年以来,石材产品年
平均增长率为 7.3%,国际贸易年平均增长率为 8.7%。世界天然石材开采
每年增长约 1.5 亿吨,按 2cm 的大板厚度为标准,再减掉浪费及切割时的
损失量,全世界石材的年产量约 8.2 亿平方公尺,总产值估计为 400 亿美
元。可见,世界石材市场是一个极其庞大的市场。

世界上石材生产国中,石材产量的排名是中国、印度、意大利、西班
牙、伊朗、土耳其、巴西等,中国位居榜首,是不折不扣的石材生产大
国。并且,中国石材出口在国际石材市场上所占的份额日益增大。统计数
据显示,近几年我国石材行业的外贸一直保持高增长的态势。广东云浮、
福建南安作为我国两大石材出口基地,已占到全球石材贸易额的 15% 以
上。随着欧债危机的加剧,欧美等发达国家的石材消费将更加依赖中国石
材。中国石材已经全面超越传统的石材强国意大利和西班牙,成为全世界
最大的石材生产、消费和出口大国。现在,国际上不少从意大利、土耳
其、巴西等国采购石材的客户纷纷转向中国,中国石材在国际石材市场上
所占的份额日益增大。2013 年 1~4 月,我国石材累计出口额达 17.89 亿美
元,同比增长 20.4%。扣除海关代码 25174900(品目 2515 及 2516 所列其
他各种石料的碎粒、碎屑及粉末)项下商品,石材出口额为 17.75 亿美
元,同比增长 20.3%。

2. 国内市场

国内的石材市场需求量同样不容小觑。在经济社会蓬勃发展的背景
下,在城镇化进程加快、国家投资拉动和居民消费升级等多因素的推动
下,尤其是在建筑业增长的推动下,我国的石材产业正迎来新一轮发展大
潮。据相关部门的统计资料显示,2011 年我国规模以上石材企业主营业
务收入达 2414 亿元,比上年增长 20.6%,2012 年 1~9 月,规模以上石材
企业主营业务收入比上年同期增长 25.3%,利润总额增长 29.3%。预计今

后几年石材国内年消费还应当保持在 2.5 亿平方米以上。我国石材资源总体特征是分布范围广泛，石材品种丰富，花色齐全，有红、黑、白、绿、蓝等多种彩色图案花纹系列品种，可以满足各式各样建筑装饰装修、石刻、石雕等工艺的需要，其市场广阔，开发潜力和前景很好。

3. 省内市场

云南省的石材资源非常丰富，其天然建筑石材可分为饰面石材和普通建筑石料（含水泥原料）。饰面石材按岩类又可分为花岗石、大理石、板石、砂石四大类。大理石和花岗石是世界上最早发现和利用的两种建筑石材，而其中的大理石又是云南最具优势的石材资源，目前已发现矿床（点）200 余个，红、白、黑、黄等 7 种颜色 100 余个品种，全省除西双版纳外，其余各州市均有大理石分布。普通建筑石料则主要用于铺面装修、铺路、水利工程等领域，目前已发现矿床（点）374 个，全省大部分地区均有分布。除了优越的资源优势，云南还具有得天独厚的地理优势。它东邻珠三角、长三角经济圈，南达河内、曼谷、新加坡和仰光，西可经缅甸直达孟加拉国吉大港，向北可通四川达中国内陆腹地，上述诸多优势均为云南建筑石材产业创造了良好的发展机遇，可这些资源的开发利用还几乎处于一片"荒芜"之中。

云南虽然独具资源优势和地理优势，但是，由于受到人才和生产技术的限制，目前云南大多数建筑石材生产企业的产品都还处于初级加工阶段，能够投向市场的高端产品非常少。"培养一位专业的建筑石材精加工技术人员至少需要 5 年"，昆明众成爨玉石材有限公司销售业务主管王金成介绍，他们公司几乎所有的工程师和熟练的专业技术工人都是外聘来的，想要留住这些技术人才，公司只能采取提高待遇的方式。

"云南的建筑装饰石材资源排名全国前五，但是由于多种原因，市场影响力不足，云南本地市场对于产自云南的石材也存在信心不足的情况"，一位石材企业负责人说，云南省的石材基本都以原材料的形式向省外出售，而面对省内庞大的市场需求，加工能力不足的省内石材企业只能扼腕叹息。可以说，云南省每年用于建筑装饰的精加工石材，很大一部分都是从省外引进的，这个市场潜力无限，省内企业却没有能力好好把握。所以云南的石材工业还亟待像爨红这样的石材公司把握时代机遇，引领云南的石材企业摆脱下游低端、简单加工，成功转型，走向高水平加工，占领高端市场。

总体而言，砉红的石材开发业务前景非常乐观，市场需求持续增加，公司的营业能力不断增强，所以砉红应该在巩固原有市场份额的基础上，不断拓宽市场，它的主营业务战略应该是立足红河州市场，发展云南市场，开拓全国市场，步入国际市场。

（二）消费前景分析

从石材市场的石材消费种类来看，中国石材的内消费主要分为三大部分，首先是建筑的内外装饰用板材，这是石材使用最大的一部分；其次是建筑用石，包括园林、工程用石；最后就是石雕刻、石艺术品、墓碑石产品等，其中以建筑装饰石材使用量为最多，中国一般的家庭装修没有不用石材的。而公共建筑使用石材也是相当普遍的，而且近些年更是追求高档化和大批量使用。因为其市场容量，建筑用石将是石材行业发展的最重要的领域，建筑用石方面石材开采、加工、销售、服务都应该作为砉红重点发展对象，而且应当侧重于室内外装修用石的开发。

从石材装修市场的发展趋势来看，定制化、环保化、简约化或许是未来石材的主要发展方向。因此，砉红可以从这三个方面进行投资，培养专业人才，购买专门机器，改善工业流程，从而顺应市场趋势。

第一，定制石材依然是一大主流。在个性张扬的年代，按需定制已经逐渐被现代人所接受，以"80后"、"90后"为主的消费群体，也逐渐开始追求按照自己的个性偏好来定制石材。随着消费者对个性化产品的需求不断加大，家居定制行业发展迅速，从石材到整体家居产品，定制化产品和专业化的服务已渐渐得到消费者的认可。2014年的石材市场，能满足个性化设计的定制石材依然还是一大主流，经销商如果能找到坚持走这条道路的企业品牌进行投资，其售卖的产品无疑也将会得到消费者的青睐。

第二，简约石材成为市场的新宠。在家庭装修中，舒适度与文化感逐渐成为人们越来越看重的要素。而简约风格的石材在很大程度上刚好符合了现代人的这些追求，特别是既时尚又奢华、美观又实用的简欧风格，正成为目前石材市场的新宠。

第三，环保石材继续成流行趋势。现在，人们对家居健康越来越重视，消费者在装修时也越来越关注这一点，尤其是老人和小孩居室的装修，消费者对安全健康的要求更为严苛。因此，与装修关联最大的甲醛释放量已经成为人们衡量家居环保的一个重要指标。据介绍，为了给消费者提供健康保障，在众多石材品种中，如果能提供品质优异、环保标准合格甚至达到更高层次的石材产品，必然也会获得众多消费者的青睐，这也就保障了产品销量的增长。环保石材板材的选用在未来将会更为火热，并将继续成为石材的一大流行趋势。

（三）公司未来业务发展规划

1. 政策前景分析

善于利用好产业政策能够省时省力，因势利导地增强公司的实力。从2010年云南省政府正式确定将云石产业列入支柱产业到2012年省工信委下发关于促进云石发展的"212"《通知》；从2012年"石博会"到今年"石促会"，能看到云石发展进入了新局面。省政府出台了《云南省人民政府关于加快石产业发展的意见》，文件中明确提出，将云石列入云南生物产业、林业产业等十个支柱产业后的第十一个支柱产业来规划发展。同时，云南还为此支柱产业制定了"十二五"规划，规划涉及省级部门达18个，按省政府要求，这18个部门还相继制定并出台了扶持措施。近年来，一系列政策与措施的不断出台，为加快推进云石产业发展起到了积极的引擎作用。

关于云石的发展态势，正如云南省石产业发展联席会议办公室主任、云南省国土资源厅副厅长李连举所预见，云石按此前"建立一个机构，制定一部规划，出台一个意见，搭建一个平台，依托一批中介"实施以来，现离"十二五"规划末实现千亿元的目标已近在咫尺。但他曾在一个由行业专家和企业负责人对接的云南石材行业"瓶颈"会上表示要尽快打通制约石材行业的"瓶颈"。有专家对石材的行业"瓶颈"总结为16个字：各自为政、技术"瓶颈"、设备落后、观念不新。李连举对此有相同看法，其实，专家们分析的情况表明了两点：一是自身存在；二是政策引导。这种状况从2010年以来得到了逐步改变，根据产业规划，云南力争2015年让云石总产值突破千亿的布局正发挥效应。云南山区面积达94%以上，山多、石多、奇石多，是石资源大省。因此，和占钧表示，云南不仅要将云石发展成支柱产业，还要将云石发展成像"云花"、"云烟"等一样的特色产业。

也如政府宣传用语所言，云南省正在打造石材企业发展的"千亿布局"，这对于行业内的所有企业来说都是一个绝对利好的消息，"十二五"

期间，砉红正好能够搭乘云石发展的东风，借机扩大投资规模，实现产值翻番。

2. 产业发展战略规划

就产品的前景而言，云南砉红石材开发公司的未来发展应该从加强品牌经营入手，在竞争激烈的市场中进一步细分市场，差异化经营，精准定位，有针对性地服务于高级客户，走高端高档路线，打造品牌影响力。

差异化对于现在的石材企业来说虽然很重要，但为了减少同质化竞争，只有满足消费者的需求，才是产品生产的根本。现在，有些石材企业就陷入了为差异化而差异化的误区，一心只想尽快走出同质化的泥沼，却忽视了最重要信息——消费者的实际需求，结果生产出来的产品看似标新立异，却依然少有人问津。通过在行业中再细分出一个品类，然后做相关的产品就能实现差异化，这看似是一个很好的想法，然而，实际上一个新品类出现的结果往往是其他企业也蜂拥而至，企业产品很快就又趋于同质，而且就算没有竞争者，细分出来的品类市场也很小，企业盈利的空间也不高，这样的差异化显然无法达到企业的预期效果。为了避免这样的情况，企业必须明白满足消费者需求才是石材企业的根本出发点和归宿。砉红之前专注波斯灰石材，拥有自己的波斯灰主矿，是全球最大的波斯灰供应商，坚持以自己的产品质量取胜。今后，砉红也应该坚持这一路线，打造自的品牌特色，在细分市场中取胜。

就服务的前景而言，砉红在着力发展公司的"一条龙"装饰业务时，应该通过提升艺术设计水平和装修技能增加产品的附加值。众所周知，好的石材装饰工程，除了石材产品本身的质量，整个装修的设计和装修工程的施工质量也是影响石材装饰工程整体效果的重要因素。所以，砉红应该加大人力资本投入，培养高水平设计人才，打造明星装饰设计团队，让设计成为砉红有别于市场上其他装修公司的最大亮点。并且，装修业务也要进一步提高管理水平，让装修流程化、工业化，保证装修质量达到统一的高水准。

此外，学会利用最新的电子商务技术，营销自己的产品和服务也同样重要。在各种电子设备充斥现代人生活的今天，线上购物已经成为我们生活中必不可少的一部分。所以公司应该把握时代机会，顺应时代潮流，积极搭建网络销售平台，不要只局限于在公司网页展示自己的产品服务内容，更要充分利用各种新型的电子商务平台、网络交易软件和媒体营销手段等等，在网络世界向世界敞开大门。相信在不久的将来，耆红正确的网络销售战略将会帮助耆红走向全国，走向世界。

第三节 辅助业务

一、辅助业务简要介绍

2010 年 12 月，云南耆红石材开发有限公司承包了坐落于西三镇马龙村委会马龙小组的 2170.3 亩林地和布王戈小组的 2376.56 亩林地，原林地所有者是弥勒县滇南经济林场，这次承包的使用年限是 49 年，终止日期是 2059 年 12 月 30 日。2010 年底，公司一共承包了位于弥勒县的 4546.86 亩林地，目前，公司用于种植经济作物油橄榄。

云南耆红石材开发有限公司的辅助业务就是油橄榄种植。油橄榄 (Olea europaea) 是木犀科木樨榄属，常绿乔木，是世界著名的木本油料兼果用树种，它具有较高使用价值，含丰富优质食用植物油——油橄榄油。油橄榄的经济性体现在橄榄油、果实以及橄榄油叶的综合利用上，耆红将油橄榄种植作为辅助业务，既能够为公司发展提供资金支持，具有经济价值，同时又能够保护环境，兼具社会价值。

橄榄油是一种优质非干性食用油料，具有很高的食用价值。国际橄榄油理事会 (International Olive Oil Council，IOOC) 及欧盟的资料表明，橄榄油对健康有很大的益处，具体包括促进血液循环、改善消化系统功能、保护皮肤、提高内分泌系统功能、有益于骨骼系统、防癌、防辐射、制作婴儿食品、抗衰老、预防心脑血管疾病。在工业用途方面，可将第二次从油枯中榨取出来的油用于制肥皂、牲畜饲料和农业有机肥料。此外，它在纺织工业和化妆品工业中也有特殊的用途。橄榄油是一种具有保健与营养价值的高级食用油，大部分为产油国家自己消费。据报道，世界每年供出口的油仅为 10 万吨左右，供需缺口很大，而且出口的橄榄油均为纯正橄榄油（即为使用标准的初榨橄榄油与精炼橄榄油的混合油）。

橄榄油的果实除了榨油之外，还可以用于制备盐渍果品和罐头食品。近十年来世界油橄榄总产量为 130 万~160 万吨，居世界食用植物油第六位。经过提纯和精炼的橄榄果渣油可广泛用于化妆品。另外，国际上研究表明从橄榄果渣油分离的马斯里酸可以抑制丝氨酸蛋白酶的活性，使 HIV 在体内的转移减慢 80%，具有巨大的医药开发前景。剩下的渣含有较高的热量，可以作为生物质，用于加热或小功率发电，欧洲有些国家已建有发电厂，橄榄果渣作为燃料提供车间内热水。利用果渣纤维与有机聚合物进行接枝共聚，再与交联剂进行空间交联而形成具有立体网状结构的保水调节剂。目前保水调节剂全球年需求量已突破 200 万吨，年均增长率为 5%。我国荒漠化土地 262.2 万平方公里，占国土面积 27.3%，尤其是长江上游、黄河中上游水土流失严重地区和干旱地区，对保水调节剂的需求量很大，据权威部门测算，仅西北地区每年就为保水调节剂产品提供 20 万吨的潜在市场。

油橄榄叶富含橄榄苦苷、轻基酪醇、山植酸、黄酮类、木酚素类、咖啡酰苯乙醇苷类等有效抗氧化活性成分，它们清除游离自由基能力强，在治疗和预防心脑血管疾病、肿瘤和抗病毒杀菌方面药效明显。目前，全球食品添加剂市场规模每年 150 亿美元左右，其中美国和日本用于食品的抗氧化剂总量为 2.3 万吨，且年增长率在 10% 以上，发达国家已限量或禁止使用人工合成抗氧化剂，但我国还没有限制。因此，开发高活性油橄榄苦苷提取物及抗氧化制剂，广泛用于我国食品、医药、化妆品等行业，其潜在市场十分广阔，具有较好的经济效益。

油橄榄的成长周期比较长，一般从新建油橄榄园区到进入收益期需要 5 年以上，目前莙红的油橄榄还没有进入收益期，需要等待几年才能见到经济收益。虽然投资收益期较长，但是油橄榄的收益丰厚，是非常具有投资价值的农业项目。

二、辅助业务前景分析

(一) 油橄榄的发展现状分析

从 1959 年开始，在周恩来总理的倡导下，我国开始引种油橄榄树，在湖北、山西、四川、贵州、云南、江西、甘肃等地进行了引种布点试验，经过几十年的试验示范研究，按目前资源分布情况调查看，油橄榄主要分布在我国长江流域一带，北纬 25°~34°、东经 102°~119° 之间，栽培较多的省有四川、湖北、陕西、贵州等。它们垂直分布在海拔 50~2000 米的地区，在海拔 600 米以下的丘陵换皮地建园，油橄榄产量、品质较高。

近几年来，随着国际国内市场的看好，油橄榄的研究和开发利用又掀起了一个新的热潮。特别是一些有实力的公司已经开始介入这一产业。如四川广元成立了油橄榄公司，在北京，中国林业科学研究院于 1988 年成立了北京神州油橄榄技术开发公司，在甘肃陇南、北京分别建立了油橄榄苗圃，并在各地建立了科研联合开发基地，在全国建立了第一个油橄榄专题网站（www.shenzhou-olive.com.cn）。经过二十多年的发展，我国的油橄榄种植产业已经初步建立，但是由于起步较晚，目前的规模不是很大，还有充足的发展空间。

（二）油橄榄的市场需求分析

据国内贸易部公布的国内商品生产情况，全国有缺口的四种产品，其中就有橄榄油，我国在医药上以及日用化工上由于橄榄油尚未得到很好的开发，仅日用化工上我国现有生产的橄榄油就远远不够，所以基本上只能依赖进口。目前，国际橄榄油的产量约 300 万吨，我国现有油橄榄种植面积约 3 万公顷，每年橄榄油产量仅 1000 多吨，存在种植面积大、产油量低、经济效益不显著等问题，我国目前橄榄油的消费仍主要依靠进口。

据《中国海关统计年鉴》报道，我国 2000 年进口橄榄油 330 吨，2009 年进口近 2 万吨，2010 年增加到 24727 吨，2011 年进口 3.5 万吨，由此可见，橄榄油在我国需求量增加迅速。据资料统计，近三四年来，北京、昆明、上海均进口部分纯正橄榄油供应国内市场，北京市场每 500 克橄榄油售价 60~80 元，上海和昆明市场上每 500 克橄榄油为 60 元。预计未来 10~20 年，我国橄榄油消费市场仍将以每年 30% 左右的速度增长。预计到 2020 年，全国橄榄油消费总量将超过 12 万吨，2030 年将达到 30 万吨。到 2020 年，仅甘肃、四川、云南 3 省油橄榄种植面积就可分别达到 3.33 万公顷、5.33 万公顷和 3.67 万公顷，总计 12.33 万公顷，可年均生产橄榄油 12 万吨，相当于 2010 年全国进口量的 5 倍。到 2025 年，我国油橄榄种植总面积可以达到 20 万公顷（约 1 亿株），产油量可达到 20 万吨，可满足国内消费量的 60% 以上。同时，目前我国每年橄榄油加工剩余果渣上万吨，果实采收后修剪下来的油橄榄叶达 60 万吨，这些果渣与叶子目前尚未得到有效的开发利用，这不仅造成了资源的浪费，而且污染了环境。因此，我国在油橄榄开发利用过程中，一方面要改进橄榄油提取分离工艺技术,提高橄榄得油率;另一方面,要提高油橄榄果渣和油橄榄叶的综合开发利用效率,开发多种油橄榄深加工产品,提高经济效益。

(三)油橄榄的政策条件分析

云南省是中国最早引种油橄榄的省份之一。1907 年,油橄榄最早由法国传教士引种于云南省德钦县茨中教堂,现仍存活着,且年年开花结果。1964 年,云南省从阿尔巴尼亚首批引进了 5 个品种共 2200 株油橄榄,1969 年又从阿尔巴尼亚引种 294 株。至 1980 年,油橄榄通过推广已发展到昆明、文山、红河、楚雄、曲靖、大理、保山、丽江、昭通、玉溪10个地州市和 20 多个县(市、区)上百个种植点,种植数量达 20 万株,种植面积约 0.53 万公顷,栽培面积 80%以上的品种为佛朗多依奥(即佛奥)。云南省为全国油橄榄平均单产量最高的省份。1982 年,全国 1200 万株油橄榄收果 115 吨,而云南全省产油橄榄果就有 37.75 吨,占全国油橄榄果总产量的 32.83%,昆明市 3600 株,只占全国的 0.03%,但收果 16.25吨,已占到全国的 14.3%。[①]

为了适应西部大开发战略的需要,充分挖掘与利用森林资源,培植和发展云南省油橄榄种植与加工产业,调整经济结构,培育新的经济增长点,2004 年 4 月到 7 月,由云南省发展和改革委员会、云南省林业厅牵头,云南省林业科学院、云南省林业调查规划院、西南林学院、云南绿原实业发展有限公司组成的调研组,对云南省的油橄榄产业进行了调研。调研组在收集、整理和分析自 1964 年以来云南省 80 多个试验点从国内外引进栽培的 60 多个油橄榄品种的有关资料的基础上,深入现场,采用实地调查、访问农户、与科技人员座谈等方式,了解原来引种栽培的油橄榄品种的生长发育、开花结果、管理技术、主要病虫种类与防治方法,以及人们对发展油橄榄产业的意见和要求,最后在深入研究、综合分析现有材料的基础上,编写了《云南省油橄榄产业规划》。2009 年 4 月,云南省出台了《云南省人民政府关于加快木本油料产业发展的意见》,意见中指出,到2020 年前将油橄榄发展至 6.67 万公顷。文中着重分析了目前云南省油橄榄产业发展的现状及存在的主要问题,并就云南省油橄榄产业进一步发展

---

① 陆斌,杨卫明,张植中,等.云南油橄榄引种四十年 [J].西部林业科学,2005,34(1):62-66.

的问题提出了几点对策与建议。

为了把油橄榄产业做大做强，发挥龙头企业的带动作用，云南省 2004 年编制了《云南省油橄榄产业规划》，2005 年省财政便安排了 300 万元专项发展资金用以扶持油橄榄产业的发展，并对龙头种植企业（如被列为永仁县示范建设工程的云南绿原实业发展有限公司）给予无偿补助及贴息贷款等政策优惠。此后，油橄榄产业发展的各市、县（市、区）积极采取各种措施，为龙头企业的发展创造了宽松、良好的环境，并在资金、信贷、税收、土地征用等方范围给予政策优惠，以吸引社会各界的资金投入，扶持培育实力雄厚、辐射范围广的油橄榄产业龙头企业，使龙头企业得以快速发展壮大，从而促使油橄榄产业实现产业化经营及贸、工林一体化发展。

三、辅助业务发展规划

（一）油橄榄种植难点

作为一种外来引进的经济作物，油橄榄并不先天适应新种植地的自然环境，种植技术也将有别于原产地，要想实现油橄榄的经济产值，种植者会面临许多技术经营难点。

第一，树种的适生性。油橄榄原产地中海，主要分布于地中海国家，希腊、意大利、突尼斯、西班牙为集中产地。其生长有一定的生态条件要求，油橄榄喜温暖，适宜生长发育的年有效积温为 3500℃~4000℃，当气温下降到 8℃~10℃，其生长进入缓慢期，8℃以下生长停止。油橄榄耐旱、喜光、忌涝，要求年日照时数在 1250 小时以上，最好在 1500 小时以上，对土壤要求不严。引入中国之后，现有的油橄榄品种存在单位产量低、产品规模小的问题，还需要农业学科继续培育适应中国环境的优良品种。

第二，对油橄榄园的管理经营上，存在产品加工利用跟不上、栽培管理粗放、产业信息及资源科研情报体系不完善等问题。最大的问题是油橄榄的种植周期长，收益见效慢。油橄榄属于油果兼用的特殊树种，是地中海气候的典型树种，在引种栽培管理上费时、费工，难度较大，投资较多。一般从新建油橄榄园到进入收益期需 5 年以上时间，每亩需投资 2500~3000 元，仅第一年整地、栽种、施肥等就需投资 1200~2000 元；高接换冠每亩需投资 2500 元以上；低产园改造每亩需投资 2000 元以上。如此高的前期投入，一般农户和小企业难以承受。

（二）油橄榄种植规划建议

耆红的油橄榄将要进入收益阶段，目前公司能够进行的业务规划体现在以下几个方面：

第一，建立油橄榄科研信息队伍，提高种植水平，因为已经错过了选择优良品种的时期，所以只能从提高种植技术上改进油橄榄的种植现状，因地制宜研究制订出相应的综合改造技术方案。通过研究年日照时数、树体营养均衡和整形修剪复合技术，总结高产、稳产树形和相应的修剪方式。要充分发挥农业技术在种植业中的技术生产力，尽可能地调研国内成功的种植经验，避免犯前人犯过的错误。

第二，坚持集约化经营方向，加强油橄榄低产园的综合改造技术及油橄榄综合加工关键技术的研究。建设油橄榄综合加工生产线，开展加工利用，充分挖掘油橄榄的经济价值，通过精细加工增加油橄榄的工业附加值，提高资金的投入产出比。另外，利用新兴的电子商务等营销手段，扩大市场份额，打造耆红油橄榄产品的品牌价值。

第三，投资和开发油橄榄基地，坚持主业与副业结合，种植业与养殖业结合，土地开发与生态旅游业结合。在油橄榄种植田的资源优势基础上，结合当地其他的自然和人文旅游资源，因地制宜地建设生态农业观光园，发展时兴的生态观光农业，吸引周边大城市的居民来橄榄园休闲度假。

第四节　新兴业务

一、新兴业务简要介绍

生态观光农业具有农业和旅游业双重产业属性。中国观光农业的快速发展，促进了农业观光园这种综合园区模式的发展。云南耆红石材开发有限公司拥有油橄榄种植园 4500 亩，利用这一现有的农业资源，公司只需要再投入一定的资金，不久的将来，生态观光农业将会是耆红一项经济效益高、非常值得开发的新兴业务。

（一）新兴业务与主营业务的关系

新兴业务——生态观光农业将会成为砉红石材开发这一主营业务之外另一个支柱性产业，它可以用以抗击市场波动的风险，实现公司跨行业综合经营的目的。同时，新兴业务起到了支撑主营业务的作用。因为，如果公司单一经营石材业务，就很容易受到国内外石材市场波动的影响。石材市场的经济周期与农业的经济周期差别很大，不同经济周期的业务能够增强公司在市场低迷时期抵抗风险的能力。

（二）新兴业务与辅助业务的关系

新兴业务——生态观光农业是以辅助业务——油橄榄种植业为基础的。油橄榄种植业是生态观光农业发展的前提，公司现有的4000多亩已经种植成规模的油橄榄田是发展生态观光农业的资源前提，省去了生态观光农业的前期种植投资。只要在现有的油橄榄田的基础上进一步开发即可，可以节约成本，充分利用公司现有资源，实现利益最大化。

（三）生态观光农业的主要特征

生态观光农业是综合了生态特性、农业特性和旅游特性三种产业特性的现代新兴综合产业。

第一，生态观光农业具有生态特性。反映在将生态思想引入园区的各项建设中，促进环境的可持续发展。具体表现在以下几个方面：一是建立在保护自然景观资源和良好的生态农业资源环境基础上；二是注重园内和园外区域环境的衔接和共同发展；三是园区内功能的组成、空间的布局强调对自然环境的保护；四是各项活动的开展以及景点设施的营建，以减少对自然生态的破坏为前提；五是园区的经营管理和游客的观光行为都贯穿了一定的生态保护意识。最终自然生态环境、生态农业生产活动、生态旅游活动三者合为一体，塑造了生态农业观光园的多样性景观和良好的生态环境。

第二，农业资源的开发利用。生态农业观光园具备一定的生产功能，农业资源的开发利用非常重要。除了保留一部分传统农业的生产景观外，还要注重生态农业资源和生态农产品的开发，大力发展生态农业。

第三，生态观光农业的旅游特性体现在丰富的游憩活动中。生态农业观光园的游憩活动，旨在让游客在生态的环境中进行生态旅游，具体活动项目的设置主要结合园区的特色景观和生态产业项目展开，以促进农业与旅游业的共同可持续发展。

由此可见，紧紧围绕生态、农业、旅游这三个方面展开对油橄榄园的开发，并结合旧的已有的资源条件，春红就能发展出一项新的盈利业务。

二、新兴业务建设蓝图

生态观光农业既具有吸引人眼球的新颖形式，又契合了现代人都市生活的需求，同时还具有多重盈利的性质。云南春红石材开发有限公司目前已经承包了4000多亩土地，从2011年开始种植油橄榄农作物，已经栽培了近四年。按照油橄榄平均五年从种植进入收益期来算，春红的油橄榄还有一年左右的时间进入收益期。春红拥有油橄榄田这一农业基础资源，可以充分利用油橄榄已经接近成熟的时间条件，在成熟期到来之前的一年内投入资金，着力打造一个以油橄榄为基础植物类型的生态观光业园，从生态农业园的景观、产业和游憩设计出发，设计和挖掘农业园的多方面的功能。

（一）农业园的生态景观

就农业园的生态景观而言，景观的设计非常重要，因为无论生态农业观光园的类型、分区、布局如何，园内的景观类型是基本不变的，景观类型的规划关系着园区整体景观的风貌和品质。景观类型包括自然景观、生产景观、人工景观和人文景观。

其一，自然景观规划。自然景观包括基地地形、水体和植被景观。规划时要尽量减少对自然景观的破坏，因地制宜地进行改造，适当引入各种活动项目，引导观光活动的开发。其二，生产景观规划。生产景观包括各类生产用地，以及相关的生产方式、生产设施和生产产品等。生产性景观是农业观光园所特有的景观，规划时不仅要合理安排生产用地和生产品种，还要适度开发生产景观的休闲娱乐、文化教育等多种价值。其三，人工景观规划。人工景观包括建筑物、各类景观设施、道路，也包括农田基本建设、农业设施和水利设施等生产景观。人工景观应统一规划、合理布局，和整个园区的风格相协调，并体现一定的特色。其四，人文景观规划。人文景观主要包括历史人文、民俗风情、农耕文化等。规划时应充分了解和挖掘当地的历史人文资源，通过实物展示、图片展示、高科技影像展示、景观小品、模型展示、活动表演、游客体验、参观等方式体现，以满足观赏、体验和科教的需要。

（二）农业园的农业产品

就农业园的农业产品方面而言，应该更加注重油橄榄的生产和加工环节。因为产业的生产和加工过程直接决定了产品的品质，也是产业规划中最重要的环节，它影响着市场销售以及经济收益。需要注意以下几方面：

其一，选择合适的生态生产模式。运用现代科学技术进行生态农业生产设计，选择适合的生态农业生产模式，以此实现农业系统结构的合理布局布局。其二，增加科技含量，提高产品品质。目前消费者对产品的消费需求已由"数量型"转向"质量型"。依靠科技进步提高产品的品质，充分发挥高科技在产品生产、加工过程中的主导作用。例如，农药残留检测与病虫害防治技术、上壤生态肥力与地力维持技术以及产品的加工、运输、包装、保鲜、运输等技术。其三，开发产品的多种价值。在生产和加工油橄榄的过程中，充分开发油橄榄的附加值，可以将其制作成食用橄榄油、精油、工业用油、工艺品等多层次的加工品。其四，制定营销策略，加强产品宣传。在销售阶段，根据市场需求定位，制定合适的营销措施，最终实现产品的价值。在以旅游为主的观光园，最终应该把产品的销售与各项旅游活动的开发充分结合。在以产业生产为主的园区，应该整合产品，树立品牌意识，提高市场竞争力。

（三）农业园的旅游开发

就农业园的旅游开发方面而言，应该充分利用园区内的各种资源，包括生产资源、自然资源和人文资源。

其一，生产资源的运用。生产资源包括油橄榄生产用地类型、劳作方式、生产作物、生产设施等。进入收益期的油橄榄分为采摘期和非采摘期，应该分别规划参观内容。生产用地本身可供观赏、学习。生产作物在游憩机会发展方面能提供食用、加工食品等生活体验，观赏、学习、采摘、采购等活动体验。生产方式呈现出或传统或现代的不同形式，能提供教育以及参与各种耕种活动的体验，同时游客可以欣赏油橄榄的生产过程、采收情景。生产设施可配合不同的耕作活动使用，供人们参观、学习其运用原理、用途，亲自操作，体验劳作，或者可以转化为游具。除了油橄榄，还可以在空余的土地种植葡萄、洋芋、木瓜、野生菌等云南当地的特色农作物或者当季水果、花卉供游客游览。其二，自然资源的运用。自然资源包括地质、地貌、气候、水文、生物、土壤等自然环境。有的自然资源可直接形成景点，如温泉、地热等，弥勒是云南著名的温泉胜地，可开发园区内的温泉资源以供休闲旅游，增加盈利方式。此外，也可结合各种自然现象，进行游览、观察、教育等活动。其三，人文资源的运用。人文资源具有深厚的历史文化内涵，需要进行挖掘，而独特的民俗资源是农业观光园最具魅力的资源。通过整理各种与农业生产和农民生活相关的传说、民间故事等民俗文化，结合相应的景观可形成旅游资源。弥勒是一座与佛同名的城市，也是一座佛教文化、红酒文化、康体休闲文化、少数民族文化齐聚的城市，其少数民族文化"阿细跳月"已被列入国家非物质文化遗产，可以在春红的生态园区内雇用演员定期展示这种独特的彝族舞蹈，还可以在园区内提供使用园内鲜榨橄榄油制作的当地美食，比如弥勒当地有名的风吹豆豉、弥勒卤鸡等。此外，可以举行各种节庆活动、演艺活动，以便在游憩之余，带给游客参观、表演、体验、学习的乐趣。

综合生态、景观、产业、旅游等多个学科需要共同研究生态农业观光园的规划。通过景观规划的研究，可以合理整合景观资源，布局场地；通过产业规划的研究，可以提供适当的生态农业技术和产业项目以及发展的措施；通过游憩规划的研究，可以整合各类游憩资源，开发合理的游憩项目，确定游览路线。"三位一体"的生态农业观光园规划，可以使园区具备生态、生产和生活的复合功能，达到环境、经济和社会效益的协调发展。

三、新兴业务发展规划

（一）投资规划

由于油橄榄种植的特点是前期栽培管理时期投入较大，从 2011 年至 2014 年公司需要在整地、栽种、施肥、高接换冠、低产园改造等方面进行初期投资，每亩每年至少需要 7000 元，总体每年投资不少于 3500 万元。从目前的状况来看，初期投资已见成效，之后的发展阶段，油橄榄种植投资会逐步减少，而生态观光农业的设施投资将会逐渐增大。按照公司的投资规划，在 2015~2019 年这五年内，公司不需要继续扩大油橄榄种植规模，每年的油橄榄种植资金主要运用在林木维护、施肥、杀虫、采摘等方面，每年从 3500 万元逐级递减至 2000 万元左右。未来 5 年内，公司将把投资的重点转向生态观光农业，预计每年投资额从 3000 万元递增至 5000 万元。2020 年之后公司的生态观光农业将会和油橄榄种植业实现完美对接，辅助业务和新兴业务合并成为公司一项盈利额高、风险小、规模大的主要业务。

（二）风险规划

发展生态观光农业的风险主要包括：

其一，资金风险。生态观光农业前期设施投资大，需要公司具备充足的资金，后期每年的投资需要持续跟进，投资不能停滞，公司的应对措施是做好投资规划，预防资金断档。

其二，农业灾害风险。油橄榄种植本身具有风险，其中最大的风险当属农业灾害风险，灾害的原因可能是天气因素或者病虫因素。农业是一个非常依靠外部环境，所谓"靠天吃饭"的行业。因此，公司必须做好灾害应急准备，云南易旱，要在平时加强抗旱设施的建设，公司还可以为自己的业务购买救灾保险。

其三，市场风险。生态观光农业的游客主要来自周边城市，生态观光农业必须迎合周边大中城市市民工作之余对休闲娱乐的需求，所以周边城市的经济发展状况直接影响了这项业务的收益情况。公司的应对措施可以是充分挖掘市场需求，紧跟时代潮流，引进最新的观光游览项目，在新兴媒体如微博、微信上扩大宣传，迎合城市市民猎奇的心理，在园内建设餐饮休闲区域以供游客进行聚餐、会议、集会等多种休闲娱乐。此外，还可以与周边城市的公司团体进行长期合作，建立长期客户关系，承包公司年会、节日聚会等固定项目，以稳定园区的游览量。

（三）模式规划

新业务的盈利模式主要包括三个部分：一是油橄榄农产品出售的收入，包括初级农产品和深加工农产品的销售收入；二是园区的门票收入；三是园区内的服务收费收入，包括餐饮服务、游戏服务、摄影服务等。

（四）战略规划

姜红必须从产业链、规模化和标准化三个方面着手，着力打造公司市场竞争力。

第一，产业链主要通过产业合理链接达到物流循环和能量逐级利用的目的，使生态农业体系整体废弃物最小化，使农业资源利用达到最大化。产业链延伸化主要包括信息共享、技术服务、工艺设计、营销体系、物流网络、观光服务等，针对不同的消费群体制订相应的产品、生产与市场销售计划。

第二，基地规模化生产是生态农业产业化体系的重要内容。公司应该遵循"统一规划，合理布局，相对集中，连片开发"的原则，根据不同自然条件和社会发展基础，围绕农业产业化总体规划，组建富有特色的农产品无公害生产基地，严格控制产地环境质量，发挥品牌效应，拓展增值加工并提升竞争能力。

第三，标准化主要体现在农业产地环境标准、农业生产资料标准、农业生产技术标准和农业产品质量标准四个方面。农业产地环境质量是决定产品质量等级的重要前提和基础保证；农业生产资料标准主要针对化肥、农药等投入物料的产品特性和施用效果等；农业生产技术标准主要是生产过程的技术标准，包括使用方法、加工工艺、保存规范等；农业产品质量标准包括产品外观标准、品质标准、营养标准、安全标准、卫生标准等方面。

从产业链、规模经营和标准化管理三重渠道入手，碧红对未来的生态观光农业项目可以拟订清晰的发展规划，充分利用公司沉积的现有油橄榄林地资源，实现预期的经济收益，以达到公司既定的发展目标。

第五章 企业组织管理

第一节 企业组织结构

一、企业组织结构图

砉红企业组织结构如图 5-1 所示。

二、总经理及各部门职责

云南砉红石材开发有限公司为更好地实现公司经营目标，按现代企业管理模式进行管理，决策层、执行层、监管层分工明确。具体表现为：其一，公司设立股东会，它是公司最高权力机构，决定公司重大事项以及公司成立和重大投资等；其二，总经理是公司的执行层负责人，全权负责公司的一切经营管理工作；其三，公司设立监事会，它是公司的常设监察机构，对公司的执行董事、副执行董事、公司高级职员进行监督。同时，公司按职能划分进行机构设置，目前有生产部门、供应部门、工程部门、财务部门、销售部门、行政部门 6 大部门，分别负责各个方面的工作。

（一）总经理职责

公司的总经理是公司高层管理者，具体职责包括：其一，策划和制订公司近期和远景规划；其二，周密科学地制订企业发展规划，以严格的纪律、更高的标准、新颖的科学管理方法，稳步健康地把企业管理推向更高层次，促使公司的社会效益和经济效益逐年递增；其三，根据石材行业特点，牢牢抓住安全生产和质量优先，增强安全和质量意识，根据"谁主

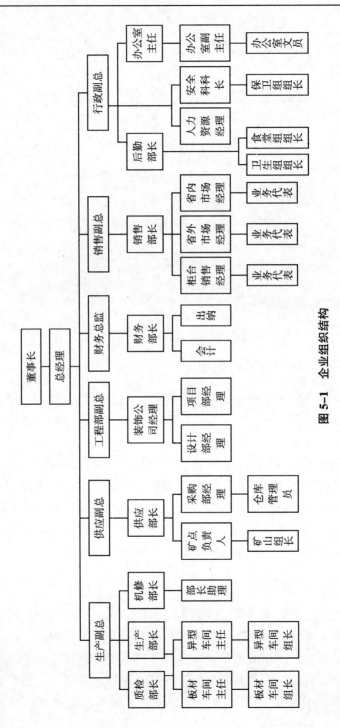

图 5-1 企业组织结构

管，谁负责"的原则，深入扎实地把安全和质量工作落到实处，杜绝安全、质量等重特大事故发生；其四，关心员工，加强员工培训工作，制订长远规划，增强竞争意识，充分挖掘人力资源，按公司方针、目标培养和造就一支作风过硬、工作扎实、技术精湛的员工队伍，以期在实际工作中实现"安全优质，高效低耗"的目标；其五，预测企业发展前景，讲求工作方法，不断总结与纠正工作中的失误，从而提高工作效率和创新能力，在提升自我的同时，塑造良好的外部形象。

（二）生产部门职责

公司的生产部门下辖生产部、质检部和机修部，主要负责产品生产、质量检查和机器维修。具体来讲，生产部职责包括：其一，在公司领导下，依照公司管理制度，结合"安全、优质、高效、低耗"的工作目标，全面负责公司的石材开发及生产工作；其二，加强本部门人员专业技术学习，不断提高自身素质和工作效率，并对所属员工进行考核及评定；其三，制定本部门规章制度，结合厂规严格执行，同时负责解决生产过程中的各种管理问题；其四，定期组织员工进行安全、技术方面的学习并总结工作中的不足，聆听一线职工发表的意见，发现问题定期实现整改；其五，监督车间设备的维护保养及计划的实施，并进行生产总调度；其六，团结职员，经常了解职工的思想动态，将员工的意见及公司的方针政策及时进行上传下达；其七，负责监督生产计划的制订及执行工作，确保市场计划的完成；其八，确保车间的现场符合"5S"（整理、整顿、清扫、清洁、素养）管理的要求，认真执行上级的生产计划，保质、保量、保时完成生产任务。

质检部职责包括：其一，负责监督全公司的进料检验工作、加工过程检验工作、成品检验工作，确保检验工作的全面性和及时性，并进行完整、规范的记录；其二，负责定期向副总经理汇报质检工作情况；其三，负责进行质量策划及质量意识的培训，确保全公司员工提高质量意识，同时组织制订产品的质量计划，并确保实施；其四，负责监督部合格的处置工作，对检验报告进行审核，对不合格品的处置进行批准，同时负责监督计量仪器的管理工作；其五，负责全公司的质量教育培训工作，制订质量培训计划并确保实施；其六，负责监督质量文件的管理、发放、回收工作，确保文件有效；其七，负责制订内审计划，组织进行内审工作，并跟踪内审纠正工作。

机修部职责包括：其一，协助做好技术部日常工作；其二，及时组织抢修设备，保证生产正常运行；其三，对员工所反映的设备问题及时处理；其四，做好设备维修保养记录，建立完善的设备档案；其五，发现设备安全隐患和其他安全隐患必须及时排除，让各种损失降至最低；其六，对设备操作员进行操作指导及技术、安全知识培训；其七，处理好上级领导授权委托的其他工作。

（三）供应部门职责

公司的供应部门下辖采购部，主要负责矿点管理、材料采购和仓库管理。具体职责包括：其一，负责公司生产所需物资的供应跟踪，确保正常生产所需，不得影响生产；其二，负责组织实施采购过程的程序文件，协助质量管理部门组织对供应方的评价并进行控制，以确保所采购的物资符合规定，对采购物资的质量负责；其三，负责组织编制采购质量计划，签订采购合同时应依据采购文件的规定适当进行审核；其四，参与顾客要求评审中的物资供应评审，履行其中的质量职责，负责采购物资报验和紧急放行手续，负责对采购物资中的不合格品进行处置和纠正及预防措施的实施；其五，对采购的大宗物资必须有质量检验的合格文件，并按标准抽样检验或送检，做好检验记录、汇报、存档，不合质量要求的严禁进入生产环节；其六，一般物资按采购控制程序文件实施采购，负责处理采购物资中不合格品及实施纠正与预防措施；其七，监督库房物资，每月清点盘存，负责控制安全库存量和最大限量，控制最佳物资资金占用量，确保仓库账物相符；其八，监督仓库物料的储量、分类、标识、收发工作，做到账目日清日结。

（四）工程部门职责

公司的工程部门现成立了一家装饰公司，主要负责装饰项目的洽谈及装饰设计。具体职责包括：其一，负责组织工程施工、现场管理、工程竣工验收、预算、决算；其二，对各项工程的各个环节严格把关，减少各种成本费用；其三，负责工程安装技术尺寸的确认，并与生产部沟通交流，确保下料单准确无误；其四，定期对工程的进度、质量及工程有关情况向总经理汇报；其五，负责工程技术资料的管理，及时将相关资料收集、整理、归档；其六，配合生产部及销售部做好技术协助工作；其七，处理好上级领导授权委托的其他工作。

（五）财务部门职责

公司财务部门的具体职责包括：其一，建立健全财务制度及核算办法，并组织实施；其二，掌握国家经济法规和财务、税收方面的法律制度，结合公司实际组织建立管理程序，并负责贯彻实施；其三，负责按期编制各种会计报表和会计资料，及时准确地为公司提供有价值的经济信息；其四，严格遵守公司的各项规章制度，正确使用和合理调配资金，保障经营活动正常运行；其五，对每项产品及公司总体的成本进行严格核算，把核算结果通报公司，当好总经理的助手。

（六）销售部门职责

销售部门是公司的龙头，是公司最直接的效益实现者，在企业中具有举足轻重的地位，销售工作的成功与否直接决定着公司的成败。公司的各项工作最终以市场为检验标准。销售是营销管理的重要组成部分，是连接企业与市场的桥梁。公司销售部门的职责包括：其一，制订当年的销售计划、销售目标并按计划负责落实，计划的制订必须以市场为导向，以公司为依托，切实可行，并积极开拓市场，努力达到公司的销售目标；其二，负责销售人员的招聘工作，销售人员筛选和录用；其三，对已售出的产品，做好售后服务工作，接到顾客投诉，必须及时协调、处理，维护好客户关系；其四，协调各部门之间的关系。

（七）行政部门职责

公司的行政部门职责比较多元，既有办公室、后勤部、安全科，还要负责人力资源部分。具体职责包括：其一，沟通协调各部门关系，做好来往人员的接待安排；其二，进行综合调查研究，向总经理反馈各方信息，为经理提供决策依据；其三，做好各种会议的组织准备和会议预定事项的督办、落实工作；其四，根据每个时期的中心任务和要求，制订工作计划和具体措施，改进工作方法，提高工作效率；其五，按照公司的发展思路，做好发展目标的贯彻落实，加强部门的协调配合；其六，维护餐厅卫生，做好员工后勤保障工作，树立公司形象；其七，做好公司日常的安全生产管理工作,并协助矿山部抓好生产管理;其八,协助主管安全副总制定公司安全生产管理规章制度,并在监督、跟踪、管理过程中发现问题,及时提出整改方案;其九,建立健全各项安全检察制度,监督落实日、周、月检查工作,并建立安全检查台账,保证今后有据可查;拟定并做好对员工的安全知识培训;其十,做好公司安全会议记录及月、季度、半年、年终安全工作总结,收集整理归档相关资料;其十一,做好安全生产月上报和其他资料的上报工作;其十二,公司员工的招聘、筛选、录用、培训、管理工作。

三、成立普法领导小组

普法领导小组结构如图5-2所示。

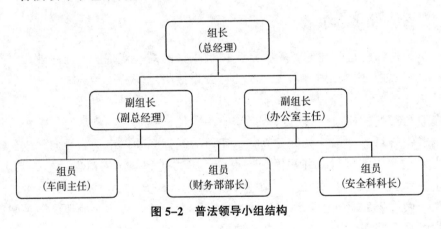

图5-2 普法领导小组结构

为更好地完善公司管理,莙红于2011年成立普法领导小组,对公司进行依法治理,保证公司在遵纪守法的前提下,快速、稳步运营与发展。公司普法领导小组由1名组长、2名副组长、3名组员组成,各成员的职责如下:

(一)组长职责

认真贯彻省委、州委以及县委依法治企实践活动领导小组的要求,组织和指导全局的普法活动,践行依法治企,并及时了解进展情况。对学习实践活动进行调研、检查和具体指导,协调、组织、开展学习实践活动的宣传工作,为企业领导小组的工作提供指导和实施方案。筹备有关工作会议，起草有关文件材料，组织编发学习实践活动板报，及时反映普法实践活动情况。做好学习实践活动的总结工作，完成上级领导小组交办的其他工作。

（二）副组长职责

向组长提出普法依法治企实践活动的安排意见，做好整个活动的筹划工作。负责普法实践活动的总体调度协调，及时了解、掌握活动动态和进展情况，搞好上下沟通。研究制定活动总体实施意见、各阶段工作要点。起草或审核以领导小组和办公室名义印发的有关文件、通知。针对领导小组开展的普法依法治企实践活动中存在的倾向性问题，提出解决问题的意见或建议。统筹配置领导小组工作人员，联络协调与公司各部门组织活动。及时汇总分析普法依法治企实践活动情况，发现和总结实践活动经验。完成领导小组组长及上级交办的其他工作。

（三）组员职责

贯彻实施普法依法治企实践活动宣传工作方案。了解掌握领导小组的实践活动动态和经验做法，做好典型的法制宣传推广。协调做好公司法制宣传活动的宣传报道工作，组织好各种会议、领导视察调研等重大活动的宣传工作。探索采用群众喜闻乐见的宣传引导方式，扩大实践活动影响力，营造良好的舆论氛围。活动专题信息、材料、书籍、图片、资料的收集、整理、保存，以及编发工作简报，及时向上级汇报普法实践活动经验做法，完成领导小组及公司各部门交办的其他工作。

四、成立分公司

为了进一步满足客户的需求，君红于 2007 年成立了专门从事石材安装、保养、清洗为一体的装饰分公司，公司可以为客户提供各种装修方案和效果图设计，真正实现了产、供、销、安装、保养一条龙服务的营销理念。

云南中石石材开发有限公司于 2007 年开始筹建，主要负责再生石材项目。通过近三年的不懈努力，公司于 2011 年取得项目用地的合法手续，并于 2011 年 4 月开始破土动工，2011 年底完成项目一期建设，建成标准化厂房 20000 平方米，投入国际先进生产线一条，并完成了前期设备的安装和调试，各项工作已顺利开展。2012年3月11日公司再生石材项目开始生产。

第二节　公司管理制度

为了加强公司的经营管理，强化管理机制，注重安全、效益，依照国家的有关法律、法规，结合近年来的工作实际，裔红制定了公司管理制度。其任务是保证公司政令畅通，维护公司的整体形象，确保公司坚持安全、优质、高效、低耗原则推动公司持续健康发展。公司的管理制度是公司员工日常工作、生活的行为准则，既适用于本公司全体员工，也适用于到公司范围内承包业务的外单位人员。公司所属各部门须针对本管理制度组织员工进行宣传教育学习，并加以监督和贯彻执行。具体内容如下：[①]

一、员工行为规范

第一，加强自身学习，提高职业素养，爱岗敬业、刻苦钻研本职业务技术，积极投身企业改革，发扬主人翁精神，发挥员工积极性和创造性，完成本职和兼职工作，按时完成领导交办的任务，时刻牢记"厂兴我富，厂衰我贫"。

第二，严格遵守和执行公司管理制度，发挥先锋模范作用，维护公司声誉。

第三，努力学习国家法律法规，增强法制观念，对违法行为自负法律责任，公司也将按情节给予相应的处罚。

第四，端正工作态度，真正发挥出自己能力，保质保量完成各项任务。

第五，认真不断学习与自己岗位有关的知识，不断提高自己的能力，以适应企业发展需要。

二、员工劳动纪律

第一，员工不能有"六害"行为，违反者一经查实，给予严肃处理，

---

① 云南裔红石材开发有限公司. 云南裔红石材开发有限公司管理制度. 公司内部资料，2014.

影响严重者除名，触犯法律者，移交公安机关处理。

第二，管理人员不得以权谋私，违反者一经查实，将给予严肃处理。

第三，离职员工，必须按规定程序做好交接工作，方可办理离职手续。

第四，员工无故离岗 30 分钟以上，按旷工处理，每次旷工罚款 50 元，并写书面检查。

第五，员工连续旷工 15 天或全年累计旷工超过 30 天，除按旷工处理外，情节严重者作除名处理。

第六，员工必须服从管理，员工有权辞去工作，受到不公正待遇，有权向上级反映，各级管理部门务必认真对待，做必要的调查和公正处理。

第七，员工必须珍惜和维护公司的形象和声誉，如有行为不检损坏公司声誉者，视情节给予 100~500 元的处罚，情节严重、影响恶劣的作除名处理。

第八，员工必须接受公司的教育培训，注重自学，提高自身的素质及能力水平，以满足公司的发展需要。

第九，员工必须按时上下班，上班时间必须穿工作服，严禁穿拖鞋。

第十，认真学习业务技能，严格按操作规程操作，若违反操作规程发生人为安全事故的，给予 500~5000 元的处罚，并由肇事者承担经济损失和法律责任。

第十一，员工在厂区或生活区内，无论上下班，严禁打架斗殴，一经发现，视情节轻重给予 500~2000 元处罚。

第十二，员工上班时间，严禁饮酒、酗酒闹事、打架斗殴，不听劝告造成后果的，给予 500~2000 元的处罚，情节严重者除名，触犯法律者，移交公安机关处理。

三、考勤管理规定

第一，考勤必须认真、准确地反映劳动者的工作、学习时间，严禁弄虚作假，一经发现，予以警告，并给予 100~300 元处罚。

第二，请假必须出具假条，说明请假原因，不得委托他人转达，否则一律无效，按旷工处理。

第三，请假审批权限：3 天内由部门领导批准，6 天内由办公室审批，7 天以上上报公司总经理审批。

第四，因病请假 3 天以上者，必须出具县级以上医院的证明，因患急病需及时就诊，当日未与公司取得联系的，次日报告公司领导审批。

四、员工奖惩制度

第一，员工在公司企业管理、劳动生产以及各项活动中成绩显著，有突出贡献的给予精神及物质的奖励。

第二，员工的奖励依据贡献的大小来定，必须有充分的事实依据，卓有实效者，按公司年度奖励办法进行奖励。

第三，公司的行政处分类别有警告、严重警告、记过、记大过、留用察看、除名。

第四，经济处罚的类别包括赔偿经济损失、没收违归所得、罚款。

第五，各部门对员工的奖惩，必须理由充分、实事求是，以书面形式上报公司审批。

五、财产物资管理规定

第一，公司的财产物资属公司所有，员工有监督和被监督权，任何人不得以任何借口损坏、侵占及挪用，一经发现，给予警告，并照价赔偿，盗窃、挪用者，除照价赔偿外，视情节轻重处以 2~5 倍罚款。

第二，因工作需要借出外用，经部门批准后，出示有关证件，门卫方可放行。

第三，废旧物资的处理，必须经审批同意后由公司或部门定价，办清一切付款等手续，方可出厂。

第四，对损坏、盗窃、侵占公司物资财产等行为未进行制止、举报等，与损坏、盗窃、侵占公司物资财产行为同等处罚。

六、生活区管理规定

第一，凡居住在公司生活区内的员工，应提倡社会公德，爱护生活区设施，如有损坏，除照价赔偿外，处以 50~200 元罚款。

第二，对生活区用电进行严格管理，严禁偷电、用电炉烤火，违者处以 100~200 元罚款，并赔偿相应的经济损失，由此造成安全事故的，承担一切法律责任。

第三，自觉维护生活区内良好的秩序，每晚 23:30 必须关灯休息，以免影响他人，违法乱纪者处以 50~100 元罚款。

第四，维护公司内部治安，来客必须到门卫报告登记，发现形迹可疑人员应及时向门卫报告，门卫及时沟通、了解，严禁留宿不了解情况的外来人员，违者处以 50~200 元罚款。

第五，树立防火观念，极积消除火灾隐患。

第六，严禁在生活区聚众赌博、嫖娼，或容留犯罪人员，一经发现处以 200~5000 元罚款，触犯法律者，移交公安机关处理。

七、财务管理规定

财务管理规定见第八章。

八、后勤管理规定

第一，对食品、卫生质量进行严格把关，做到公共物品摆放整齐，餐厅用具干净、食品卫生、严防中毒及肠类疾病的发生。

第二，工作时间勤换衣帽，不得披头散发、蓄长指甲、穿拖鞋。

第三，定期召开民主生活会，虚心听取员工建议和意见，不断改进提高后勤服务质量。

第四，炉房供水应提供时间表，交公司批准，按时供水。

九、门卫管理规定

第一，认真行使保卫职权，对外来人员进行询问，车辆进行登记。

第二，外来车辆要到指定地点有序停放，厂区不准非工作车辆停放。

第三，严禁无关人员擅自进入厂区参观拍照。

第四，认真完成上级领导交办的其他工作。

十、电气、机械管理制度

第一，生产机械、设备应做到专人管理使用，定期在电工组的指导下进行维修保养，若因维修保养不当而发生的设备损坏，此设备的管理使用者除赔偿设备损失外，公司将视情节给予相关人员 100~5000 元的罚款。

第二，生产机械、设备必须严格按照操作规程进行生产，发现问题应及时向主管电气设备的领导汇报，严禁私自处理。电气设备负责人应及时深入生产第一线进行处理，如发现设备严重损坏，必须及时向上级领导反映，若因操作工违反规程造成安全事故的，除赔偿设备损失外，公司将视情节给予 100~5000 元罚款；若因设备负责人接到汇报未及时处理而造成设备和生产损失，由主管设备的负责人赔偿生产及设备损失，并给予 100~5000 元罚款。

十一、生产厂区的卫生制度

第一，生产车间各班组所属卫生区域由各班组按标准负责打扫，生产的产品按要求在指定地点堆放整齐（包括费料的清除），务必保证厂区车间的卫生。

第二，卫生情况由生产部严格按照"5S"现场管理方法具体落实，发现问题及时指出，立即打扫（除岗位人员），并处以 20~50 元罚款。主管生产的部门领导若发现卫生问题不处理，予以岗位人员同等处罚。

十二、矿山生产管理规定

第一，建立健全矿山各项生产管理规章制度，落实各组生产目标任务，保障矿山生产工作的顺利开展。

第二，新招聘的矿山工人，必须进行生产技能、安全知识的教育培训，经培训考核合格后持证上岗。

第三，根据公司生产车间产品加工和销售的年度荒料需求量，对现有矿山进行认真分析研究，摸清现有矿山有用的荒料储存量，寻找新的矿山或新产品开发工作，以满足车间产品加工、销售的需求。

第四，按照公司年度下达的荒料开采供应指标任务，提前做好计划，认真组织矿山工人进行有序开采并结合矿山实际，做好月、年荒料开采计划，将任务分解到各矿点，按质、按量、按时完成公司下达的年度荒料开采供应任务。

第五，认真做好外购荒料的计划工作，熟悉本地区矿山荒料开采市场销售情况以及品种、石质、色差、数量，及时采购公司所需的荒料以解决公司的荒料供应不足问题。

第六，严格落实生产安全隐患排查制度和日安全检查制度，排除各种安全隐患，确保安全，方可生产。

第七，认真做好开采过程中的管理监督工作，严格按开采设计要求采用台阶推进方式开采，防止资源浪费，避免生产安全事故的发生。

第八，矿山工人必须严格遵守生产管理规定、爆破物品的使用管理规定及操作规程，严禁违章操作、冒险作业，必须正确佩戴使用各种安全防护物品，严防生产安全事故的发生。

十三、生产管理规定

生产管理规定见第六章。

十四、销售管理规定

销售管理规定见第九章。

十五、员工宿舍住房管理规定

为了规范公司员工宿舍的住房管理，为员工提供一个好的休息和生活空间，同时保护公司财产免受损失，使公司财产得到合理有效使用，提升公司的形象和整体管理水平，特制定本规定。

第一，本规定所涉及的宿舍住房范围包括：公司内用于居住的房屋及内部相关设施；以公司名义向外承租的用于解决员工住房的房屋及内部相关设施。

第二，入住人必须保证其内部设施的齐全和完好无损（包括照明线路、灯具、门窗、门锁、床、床板、桌子、凳子等房间内一切属于公司的物品和设施）。

第三，严禁随意改变房间内照明线路的结构、走向、用途；严禁不经公司后勤主管同意将床、桌、椅随意改变摆放位置；严禁不经公司后勤主管同意移动床板或改变床板的用途。

第四，入住权的取得由公司统一安排，个人无权擅自决定。

第五，入住人必须自觉遵守公司相关管理规定和要求，如作息时间、用电、取暖、清洁卫生及来客留宿登记等。

第六，入住权的取消：员工自被批准辞职或被批准辞退之日起即取消入住资格，自取消入住资格之日起，限3日内将属于个人的行李和物品从房间内清出，第4日起还未清出，住集体宿舍者每日收费5元，住单间宿舍者每日收费10元，直到将房间钥匙交到公司主管人手中时终止。

第七，住集体宿舍者终止入住权时，需清空不需要的物品。

第八，本规定解释权属于本公司，自发文之日起执行。

其中，财务管理规定、生产管理规定、销售管理规定均在后面的具体章节中予以阐述。

第三节　公司法律顾问工作制度

为了进一步规范公司行为，加强公司对法律事务的管理，防范、化解各类矛盾纠纷，有效降低公司生产经营活动中的风险，切实维护公司合法权益，结合公司实际，特制定本项工作制度。该制度经公司股东会批准后生效。内容如下：

公司办公室通过召开论证会、座谈会的形式，听取法律顾问意见，或直接请法律顾问就有关事务提供书面法律意见。如需委托法律顾问代理案件，由公司法制办代表公司办理有关委托手续。公司法律顾问由公司外聘法律专家、律师和法律事务人员组成。公司聘任的法律顾问，应当具有法律专业知识，并在所从事的法学教学、法学研究、律师、司法、仲裁等专业领域享有较高的社会知名度。具体人选由办公室提出建议，公司办公会审定。

法律顾问的具体工作职责如下：

第一，为公司各部门提供法律咨询和法律信息。

第二，根据需要协助起草、修改、审查合同、协议、章程、声明、函件等法律事务文书，出具法律意见书。

第三，协助聘请方处理各类纠纷，与相关部门交涉、发表声明、代理诉讼、仲裁及申请强制执行案件等。

第四，根据需要办理或协助办理有关非诉讼（仲裁）法律事务。

第五，根据需要对公司职工进行法律培训，协助公司开展法制宣传教育。

第六，协助公司健全合同管理制度。根据需要参加经济、贸易、科技等项目考察、论证、商务谈判、签约。接受委托，参与经济合同及商务谈判，维护公司合法权益。

第七，根据需要参与经营项目的立项、调研、资信调查、可行性法律分析、起草合同等法律文件、商务谈判、调处纠纷等工作。

第八，协助清理公司债权、债务，并提供风险评估及解决方案。

第九，提供最新法律法规信息，并针对国家新颁布法律、修订法律，就公司经营活动中可能涉及的问题出具《法律建议书》。

第十，参与公司兼并与收购、股权转让、资产出售、重组、改制等事务。

第十一，在公司授权范围内，参与有关的涉外法律事务的谈判、签约活动，在授权范围内，参加招标、开标、见证和代理各种商务活动。

第十二，接受公司委托，办理其他法律事务。

公司各部门相关工作人员因工作需要可通过文字或口头（当面或电话）的方式随时向法律顾问提出法律咨询要求，法律顾问提供的解答、咨询意见或法律信息仅供咨询人参考。凡需经法律顾问审查的合同文本或其他文书，均应在该文本签字生效之前送审，除紧急情况外，一般应适当提前，为法律顾问留有必要合理的工作时间。法律顾问办理任何法律事务必须在公司授权范围内进行，不得越权处理。法律顾问的任何审查意见均为参考意见，有关人员应当认真考虑，如认为不妥或不符合实际情况，可以不予采纳，并提出建设性意见共同探讨。法律顾问履行职责应当遵守公司工作纪律，保守公司商业秘密，不得以公司法律顾问名义从事与本规则所定职责无关的活动。对于诉讼、仲裁案件，如因受诉法院或案情等因素，需要另行委托律师担任代理人的，由法律顾问提出人选供办公室有关部门负责人参考，共同协商确定。法律顾问室可根据工作需要购置有关法律、法规、司法解释汇编等法律书籍、资料，订阅相关法律报纸、杂志。法律顾问办理公司法律事务所发生的诉讼、仲裁费、代理费、交通费、住宿费，根据事务的归属、由发生该事务的有关部门审查承办，公司根据实际发生额给予解决。

第六章 企业生产管理

第一节 生产管理与安全生产管理概述

一、生产管理

生产管理（Production Management）是有关企业生产系统的设置和运行的各项管理工作的总称，包括生产组织、生产计划和生产控制。生产管理的任务是通过生产组织工作，按照企业目标的要求，设置技术上可行、经济上合算、物质技术条件和环境条件允许的生产系统；通过生产计划工作，制订生产系统优化运行的方案；通过生产控制工作，及时有效地调节企业生产过程内外的各种关系，使生产系统的运行符合既定生产计划的要求，实现预期生产的品种、质量、产量、出产期限和生产成本的目标。生产管理的目的就在于，做到投入少、产出多，能很快适应市场变化，提供所需的产品和服务，迅速满足用户需要，取得最佳经济效益。

随着信息化技术的不断发展及管理水平的不断提高，信息化生产管理逐渐成为制造企业生产管理的重要手段。通过信息化技术掌握生产环节、生产速度、质量及生产工人的工作绩效，大大提高制造业的生产管理水平。此外，在生产现场使用更多的自动化设备，可以大大提升生产效率、降低生产成本及保证产品质量稳定。

二、安全生产管理

安全生产管理就是针对人们在安全生产过程中的安全问题，运用有效的资源，发挥人们的智慧，通过人们的努力，进行有关决策、计划、组织和控制等活动，实现生产过程中人与机器设备、物料环境的和谐，达到安全生产的目的。安全生产管理的内容包括安全生产管理机构、安全生产管理人员、安全生产责任制、安全生产管理规章制度、安全生产培训等。

　　中国作为制造业大国，为了实现向制造业强国转变，国家一直都在强调产业转型升级，制定和执行产业升级战略。在这一过程中，我们的制造企业一方面需要加大科技投入，另一方面还要面临劳动力、能源成本上升压力，提升在 QHSE（质量、职业健康与安全、环保）体系管理方面的能力，以塑造良好的企业形象。

第二节　公司安全生产管理总体情况

一、生产管理规定

　　为确保公司生产安全有序进行，建立健全生产管理制度，并按照公司的经营目标制订生产计划，组织生产，确保完成公司下达的生产任务。采取各种措施，充分调动车间工人的积极性，吸纳相关的建议和意见，不断改进工作程序，开发新产品，提高生产效率，同时做好人员不足时的应急准备措施。根据生产特点及员工素质状况，生产部应为车间的生产班组配备最佳的生产工人组合，提高生产效率。员工应爱护公司财物，杜绝浪费，严格控制产品的生产成本。严抓安全生产管理，督促员工做好安全保护措施，杜绝安全事故的发生。严格按照公司的质量标准和考核要求进行产品生产，确保产品准时交货率达到98%，产品出货合格率达到100%。

二、安全生产组织与责任体系

　　为贯彻落实国家安全生产的政策、法律、法规及公司的相关规章制度，坚持"安全第一、预防为主、综合治理"的安全生产方针，认真履行好各自的职责，确保安全生产工作有人管、具体工作有人抓、标本兼治、持之以恒，杜绝各种安全生产事故的发生。君红建立和完善了公司及各部门安全生产领导及组织机构，加强安全生产领导，有效地进行安全生产管理。经公司2010年4月2日会议研究决定，重新成立公司安全领导小组，同时分别成立生产车间加工区安全小组、矿山部与采购供应部安全小组、工程部安全小组、销售部安全小组、财务部与后勤部安全小组。此外，关于滇南经济林场的安全管理问题，公司安全领导小组及各部门安全小组，配备了专兼职安全管理人员，做到了安全生产工作有人管，具体工作有人抓，并严格执行各种安全生产政策、法律法规和规章制度。

安全生产的核心是落实安全生产责任制，依据"谁主管，谁负责"的原则，耆红从各级领导、职能部门、各级管理人员到岗位人员都制定了安全生产责任制，上至公司领导，下到岗位人员都细化职权，明确安全生产责任，从管理上形成了公司、各职能部门、基层管理者职责清晰、各负其责、一级对一级负责的责任体系，从而达到了"人人有责，人人尽责，人人负责"。公司要做到安全生产，首先，领导要高度重视，建立健全安全生产责任制，使之不折不扣地得到贯彻落实；其次，各层管理者应切实履行职责，做好安全生产监督管理工作；最后，安全生产人人有责，只有真正做到人人讲安全、事事注意安全，才能消除事故隐患，杜绝各类安全事故的发生。

三、安全生产制度、监督与考核体系

根据《中华人民共和国安全生产法》和国家对企业安全生产的有关政策、法律、法规的要求，坚持"安全第一、预防为主、综合治理"的方针，耆红把安全生产纳入公司的重要议事日程，时刻强调安全生产。公司深刻意识到，只有重视安全生产，不发生安全事故，公司才有效益可言，而忽视安全生产，往往直接危及公司的生存和发展。为此，耆红公司将"以安全生产求效益"写入公司质量管理方针之中。同时，公司制定了各种安全生产规章制度、安全措施和操作规程，并要求各部门、各小组、各位员工认真学习并遵守执行，保障公司安全生产管理有章可循，从而树立以安全生产为荣的观念。

耆红充分认识到安全生产工作的重要性，切实把安全生产作为公司发展的一项重要内容来抓，制定了安全生产管理制度，明确总经理安全生产管理职责，生产部长与生产组长安全生产职责、生产工人安全职责及起重工、电工工作职责等，个人切实履行好工作职责，抓好辖区内的安全生产工作，做到认识到位、工作到位、措施到位。此外，公司制定了机械操作规程与保养方法，操作者须据此严格执行。具体操作规程包括大理石平移

框锯操作规程、四立柱双向切机操作规程、多功能切割机操作规程、单北机操作规程、数控绳锯操作规程、桶锯操作规程、红外线仿形线条机操作规程、柱座柱帽切割机操作规程、全自动大板连续磨抛机操作指南、车床操作规程、电动单梁起重机的使用要求（对操作者和安全技术的要求）、平移式截板机操作规程、SYQ—400型石板材压切成型机操作规程、四刀片圆弧板切边机操作规程、角向磨抛机操作规程、行车操作规程、线条成型机操作规程、红外线桥切机操作规程及用电安全须知等。公司严格执行事故报告制度，发生伤亡事故，必须按规定时限及时上报公司，依法处理。公司的安全生产管理制度尚有不完善的方面，在今后的实际工作中还需不断改进，以更适应安全生产管理工作的需要。

　　每季度召开一次安全生产专题会议，研究解决公司安全生产存在的问题，每年召开一次全公司安全生产工作会议，总结布置工作，兑现奖惩，签订安全生产目标责任书，以推动安全生产管理制度的落实。重点做好老厂、新厂、矿山的生产安全管理和工作，做到合法开采，保障生产安全。同时做好安全生产月报表的上报工作和相关材料上报工作，接受县安监局和有关部门的监督管理。公司本着"分级监督"原则，加强监督管理，每月组织开展一次全面的安全生产大检查，做到有检查记录在案，各部门、班组要做到天天有检查记录，对检查中出现的安全生产隐患和问题进行全面排查整改，督促限期整改完善，同时要求各部门次月2日前将安全生产自检、自查情况上报公司办公室，奖惩按公司的实施细则执行，努力把公司的安全监督检查工作制度化、日常化。与此同时，公司注重安全生产培训，对管理层领导和各部门负责人、矿点负责人每年的安全生产培训不低于2次；分期分批组织各部的员工、特种作业人员进行安全生产知识、法律法规培训和督促安全生产技能、操作规程、上岗前培训，做到持证上岗。此外，公司加大投入，改善安全生产环境，确保安全生产。

　　对于安全生产管理情况的考核，君红将考核内容分为安全管理职责履行情况与安全生产目标完成情况，实行定性与定量考核相结合。公司把安全生产管理纳入到年度薪酬考核体系中，与职务任免、安全奖惩相结合，形成约束激励机制，促进各级管理人员和岗位人员落实安全生产管理责任。公司鼓励并奖励在安全生产中有突出贡献的部门、小组和个人，处罚无视安全生产、违章操作的肇事者。

四、安全检查、隐患报告处理制度①

为了保障公司员工的生命安全和公司财产安全，及时发现和消除事故隐患，莙红制定了日常检查、隐患报告处理制度。具体内容为各部门、各班组均定期、不定期对本部门、本班组进行检查，及时纠正不执行管理制度的行为。各班组要在上班前、下班后例行日常检查，发生重大隐患、重大事故，应立即停机，直接报告主管副总经理，接到报告的领导，应及时安排相关部门处理，对处理结果进行记录；在现场的领导应在保证人身安全的前提下，积极组织抢险、抢救，尽量将人员、财产损失降到最低，对事故处理情况、处理结果进行记录。若检查中发现需对安全措施改进，如改造设备，改造安全保护措施等，由技术部提出解决方案及资金预算，由公司审批。

五、矿山安全生产管理规章制度②

莙红荒料开采经历了剥去土层→凿岩机打炮眼→装填膨胀剂破石→石料移至平地→凿岩机打炮眼→装填膨胀剂整形荒料→吊装荒料→用炸药破碎运走废料及土等9道生产环节，所有环节包括消耗物料管理，如炸药、雷管、导火索膨胀剂、工具管理等工作都要以安全生产为重点，突出以安全为中心，以人身安全为首要任务。具体实施细则包括：

其一，对矿山安全生产进行指挥和监督，由矿点负责人指挥开采施工人员，不能强令施工人员冒险作业，对施工人员违章操作的危险行为，及时责令其整改，若不听劝告，矿山负责人有权将其开除。

其二，矿点负责人应经常检查生产情况，检查炸药、雷管、导火索、膨胀剂等消耗材料的领用、使用情况，建立台账，进行详细记录，对上述物资因管理不善造成物资被盗或遗失者，自行承担经济损失和法律责任。此外，严禁将炸药、雷管、导火索出借或转卖，若发生出借或转卖行为，除给予矿点负责人和保管人员处 1000~5000 元的罚款外，由此造成的经济损失和法律责任自负。

其三，对于炸药、雷管、导火绳的运输和保管，必须分开存放，并远离火种，不得将这些物品置于人群居住地。填装炸药、雷管、导火绳和引爆均由持有爆破证人员实施，其他无证人员不得参与，若用电引爆，被装

---

① 云南莙红石材开发有限公司.公司管理制度.公司内部资料，2014.

② 云南莙红石材开发有限公司.矿山安全生产管理规章制度.公司内部资料，2014.

雷管首先要确认电源已经断开,方可进行。炸药填装、引爆前,首先要清理现场,将可能危及的人员转移到安全地带,在确认现场已无施工和其他人员在场后,方能引爆。每次引爆要记录已爆、未爆的数量,在确认所装填的数量全部引爆后,施工人员方可进入现场施工,若发生未爆情况,人员不得进场施工,也不得即时组织人员排除,最迟也应过几个小时后或次日,才可组织专业人员处理,只有将未爆炸药处理完毕,施工人员方可进场施工。否则,由此带来的安全事故、经济损失和法律责任自负。

其四,注意矿山施工安全,认真检查采石区域是否存在安全隐患,经清除确认无安全隐患后,方能进行正常采石作业,否则安全责任和后果自负。此外,公司在开采方法、吊装荒料、荒料的分割、整形及废料与土的堆放方面,都提出了具体的要求。

其五,及时进行事故报告和抢救。施工过程中,若发生致人伤残、死亡事故,矿点负责人要立即向公司报告并积极组织抢救。严禁不报或少报,违者处 500~1000 元的罚款;若不积极抢救,造成死亡,追究矿点负责人的一切经济和法律责任。对施工现场、吊装设备等例行日常、全面检查,发现问题及时处理,保证施工人员的安全。同时,还要加强对施工人员进行经常化的安全生产教育。此外,依据每年度与公司签订的安全生产目标责任书的规定对各矿点实施奖惩。发生事故的矿点,公司派专人调查处理,矿点负责人应写出详细的事故经过材料。

其六,各矿点应爱护公司的矿山设备,确保其完整、完好,能正常投入生产。与此同时,注意保护树木、爱护环境,力求以最小的环境代价,取得最大的经济利益。矿点工作人员还应树立群体观念,互相关爱,做到人人讲安全,凡事从安全角度出发。在用电安全方面,掌握安全用电知识,严格按照操作规程进行。

第三节　公司生产现状与生产流程

一、生产现状及目标

君红公司的产品主要是根据客户订单采用各种进口或国产的天然荒料

进行生产加工，以满足客户要求。公司产品明细分类太多，每年大约有3000多种。产品主要可以分为两大类：天然石和人造石。其中进行精加工产品可以分为异形产品（含柱子、卫生浴台面、栏杆扶手、线条、工艺品、雕刻等）；各种光板、毛板；麻面石、盲道石、凸包石、梭坡石、导向石、攒路石等；水刀拼花、马赛克等。

　　随着君红规模的不断发展壮大，公司技术设备、厂房不断更新，公司管理也日趋完善。公司奉行"信誉第一、质量第一、客户至上"的宗旨，产品以上乘的质量、优惠的价格、优质的售后服务和良好的信誉，远销国外及国内大部分城市和地区。2009年公司销售额达到1993.23万元，实现利税402.35万元；2010年销售额达到1826.35万元，实现利税281.52万元；2011年销售额达到2751.04万元，实现利税290.42万元，2012年销售额达到2986.72万元，亏损432.79万元，2013年销售额达到3182.22万元，亏损155.85万元。

　　面对市场的旺盛需求与资源枯竭的矛盾，君红通过多方考察，经过周密地准备和筹划，2007年开始筹备云南碧奎天然石材开发有限责任公司再生石材项目。公司的再生石材项目位于弥勒市工业园区，占地71亩，工程投资达2.5亿元，一期投资7000余万元。作为一个新兴项目，公司通过近三年的不懈努力，于2011年取得项目用地的合法手续，并于2011年4月开始破土动工，面对国家金融政策的压力及物价快速上涨的困境，为让项目早日建成投产，公司顶住一切压力，于2011年年底完成项目一期建设，建成标准化厂房20000平方米，投入国际先进生产线一条，并完成了前期设备的安装和调试。项目如今已完成一期建设，各项工作已顺利开展。2012年3月11日公司再生石材项目开始生产。云南中石石材开发有限公司再生石材项目，以天然石材开发中所产生的粉尘、废料石渣为原料，通过系列加工后实现再次开发利用。由于它是以废料为原料，通过"变废为宝"的产业开发，解决了天然石材开发中对环境造成的大量固体废弃物污染，极大地提高了石材矿山开采加工的经济效益，实现了石材加工产业的持续发展，同时它还解决了天然石材开采加工中所存在的资源浪费、成材率低的问题，同时减少了天然石材开采对环境所造成的破坏。该项目刚投产研发出来的50多个再生石材品种，受到了客户的喜爱和欢迎，目前已经有来自全国各地的50多家代理商签订了代理合同。再生石材拥有广阔的市场开发利用前景，它可替代天然石材等装饰材料，市场容量巨大。随着收入的增加，人们对室内外装饰装修的要求也越来越高，再生石材以其品种繁多、无色差、无污染、尺寸精确、韧性好、光洁度高等优点，备受人们青睐。2012 年投产共完成销售 1385 万元，利润 3 万元。2013 年完成销售 3684 万元，利润 8 万元。如果流动资金充足的情况下，公司有能力在 2014 年实现 100 万平方米板材的生产，6000 万元左右的销售额。公司的目标是打造滇南石材精加工中心，成为全国知名的石材精加工企业。①

公司计划总投资达 2.5 亿元，分四期逐步建设推进，已经完成了一期建设。如四期建设完成，它将为弥勒县地方经济的发展、带动地方致富、社会稳定、解决应届毕业生和农村剩余劳动力就业起到一定的作用。再生石材项目全部建成将形成年产 15 万立方米再生石材方料的产业化示范基地，每年加工板材 500 多万平方米。现在一期建成设备满负荷可年产方料 3.5 万立方米，加工板材约 150 万平方米。2015 年达到设备生产能力的最佳状态，人造石 2016 年可增加到 80 家，平均每家销售人造石 150 万元，年销售额最低可以到达 1.2 亿元，可以实现利润 3000 万元。公司在董事长的带领下，有信心、有能力完成这个目标。②

二、生产流程

君红主要生产两大类产品，即人造石和天然石。两类产品在生产过程中，从原材料投入到设备的顺序进行再到成品产出，存在很大差异。两者具体的生产工艺流程如图 6-1、图 6-2 所示：

(一) 人造石工艺流程

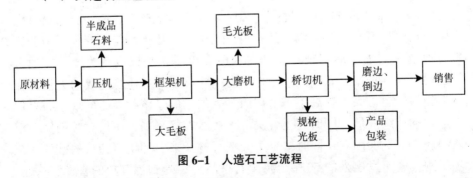

图 6-1　人造石工艺流程

---

① 云南君红石材开发有限公司. 云南君红石材开发有限公司简介. 公司内部资料, 2014.
② 云南君红石材开发有限公司. 云南中石石材开发有限责任公司情况. 公司内部资料, 2014.

（二）天然石工艺流程

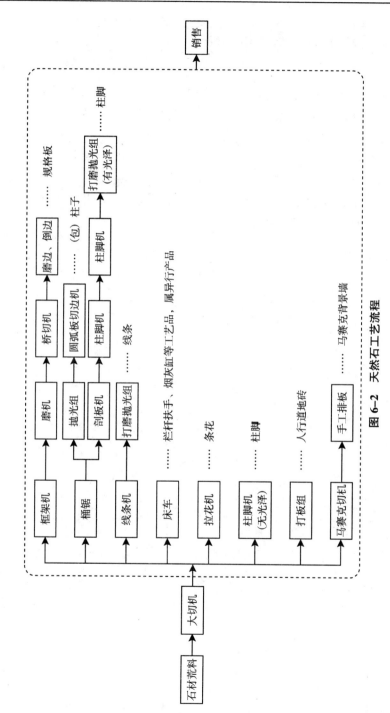

图6-2 天然石工艺流程

(三) 再生石材项目生产流程

云南碧奎石材开发有限公司再生石材项目以天然石材开发中所产生的粉尘、废料石渣为原料，通过系列加工后实现再次开发利用（见图 6-3）。首先，通过研发人员的研发，然后经过压机添加天然树脂真空加压后，形成方料，经过 10~15 天的自然干燥，用框架机进行解锯形成板材，最后根据客户的需求进行加工。再生石材项目是以废料为原料，通过产业开发与创新"变废为宝"，既解决了天然石材开发中对环境造成的污染，提高了石材矿山开采加工的经济效益，又解决了天然石材开采及加工过程中所存在的成材率低、资源浪费问题，从而实现了石材加工产业的持续发展。

图 6-3　再生材项目生产流程

第七章 企业人力资源管理

云南砉红石材开发有限公司成立于 1992 年，是滇南地区最大的石材加工企业之一。公司自成立以来，员工队伍不断壮大，人才队伍素质得到提升，管理体制和机制不断完善，员工薪酬待遇稳步增长，有力地支持了砉红的成功运营和发展。对市场变化，公司还将不断提升管理能力，获取更多竞争优势，推动砉红健康、稳步、快速发展。

第一节 企业人力资源现状

截至 2014 年 7 月，砉红从业人员总数 400 人左右。从员工分布来看，公司用工范围主要分为两大部分，即办公与生产车间用工。从文化程度来看，不同岗位的员工，文化程度有所差异，从事管理岗位和技术岗位的员工，文化程度相对较高，普通员工大都为体力劳动者，对其文化程度要求较低。公司内员工主要分为办公及生产车间两大类，其中，本科学历所占比例为 4.5%，大专学历所占比例为 6.8%，高中学历所占比例为 6%，初中学历所占比例为 56.4%，中专学历所占比例为 9%，小学学历所占比例为 17.3%。在公司所有员工中，农民工占绝大部分，占总人数的 80% 以上。员工整体文化素质需统一加强提升，公司以定期或不定期的方式组织集体培训，内部培训学习及聘请老师进行培训。从性别来看，男员工所占比例为 66.9%，女员工所占比例为 33.1%，男、女员工比例为 2:1。公司女员工较少，根据公司各职位的职能不同，大部分车间工作女性无法适应，女员工以手工加工操作居多。从年龄分布来看，公司员工比较年轻，出生于 1950~1959 年的员工所占比例为 0.7%，出生于 1960~1969 年的员工所占比例为 14.4%，出生于 1970~1979 年的员工所占比例为 35.6%，出生于 1980~1989 年的员工所占比例为 37.9%，出生于 1990~1999 年的员工所占比例为 11.4%。从员工工作氛围来看，公司文化氛围是以打造"家"文化为主，员工主要以农村户口人员居多，他们相对比较淳朴，相处交流比较简单，从而形成了良好的工作氛围。公司一年一度举办的"耆红杯"篮球运动会、冬季运动会及元旦晚会，员工们都能积极踊跃地报名参加，发挥各自的长处，在繁忙的工作之余，积极响应公司的号召，劳逸结合，以保持工作时间精力充沛。

第二节　企业人力资源规划

根据公司 2014 年年度规划及其迅速扩张的现状，为了营造积极向上的文化氛围，打造高效团队，完善人才梯队建设，规范管理，耆红制订了 2014 年度人力资源规划。该项规划包含 9 个方面的内容，具体如下：

一、加强企业文化建设

企业文化是体现企业价值观念、企业精神、行为方式与准则等方面的特有的文化形象。耆红试图通过开辟总经理信箱、员工教育与培训、员工活动（如员工大会、座谈会）等方式建立畅通的沟通渠道和坦诚、愉快的沟通氛围，形成公司特有的企业文化。通过企业文化的建设，逐步清晰公司的价值导向，规范公司的管理行为与员工的工作行为，最终提升公司的经营管理绩效，体现公司理念与价值观，从而营造乐观、积极向上的公司氛围，培养员工良好的团队合作精神，增强员工归属感和使命感。以激情和梦想为核心，激发员工热情和创造力，最终实现公司整体绩效的最大化。

二、建立完整、准确的员工信息库

耆红试图通过建立完整、准确的员工信息库，来明晰各部门组织架构图。公司组织架构决定公司的长期发展战略，决定着公司组织能否高效运作。组织架构的设计应本着简洁、科学、务实的原则。组织架构设计要综合公司的整体发展战略和未来一定时间内公司运营的需要进行设计，要注重可行性和可操作性。公司组织架构是公司运营的基础，也是部门编制、人员配置的基础，应根据公司组织架构，编制各部门组织架构图及人员编制方案。公司各部门应配合公司对本部门职位说明书、工作流程图、作业指导书进行调查、完善工作，人力资源部门负责整理成册，对所有在岗员工进行信息档案的收集和整理，并形成完整准确的员工信息库，为员工调动培养、绩效考核等打好基础。信息库包括完整准确的员工花名册，完整的员工个人档案，完整准确的劳动合同信息，完整准确的员工绩效考核、晋升、降职等信息，完整准确的社保缴纳情况信息，完整准确的员工奖惩信息，用工成本信息，人员流动信息等。组织架构一旦确定，除公司经理批准外，人力资源部门对各部门超出组织架构外增编、增人的请求有权拒绝。

　　建立高效完善的员工信息库，明确各部门组织结构将是 2014 年度的一项重要工作，它的完善可以使公司组织架构一目了然，也便于人力资源部门对各项规章制度做更好的完善和细化。在公司快速发展的过程中，新进员工的增多和管理团队升级的需要，将在很大程度上影响企业薪酬考核机制的建立与完善。

三、完善日常人力资源招聘和内部调配工作

　　人力资源部门要按照既定的组织架构和各部门、各职位的工作性质、工作内容来招聘人才和进行内部调配，以满足公司生产经营的需要。公司应尽可能节约人力资本，合理配置人力资源，做到人尽其才，保证组织高效运转。在达成目标过程中，人力资源部门将对各部门人力需求进行必要的分析和控制。考虑到公司目前正处于发展变革期，人力资源部门对人事招聘与配置工作首先做到的是满足需求，其次是保证储备。为此，公司应积极拓展多种形式的招聘渠道，采取以学校招聘为依托，网络、劳动中介、现场招聘、熟人介绍、推荐等多种渠道并用的方式。与此同时，适当招用一定比例实习生，既可以降低劳动成本，又可以从中择优正式录用。

四、理顺员工晋升通道

　　公司按照专业技术、管理、运营，理顺员工晋升通道，对员工进行职业生涯规划设计。公司各级领导，特别是部门负责人给予配合和支持，关注员工培养，告诫员工不但要重视业务知识、工作技能的学习，更要注意自身软实力（如沟通能力、团队能力等）的提升。通过员工的职业生涯规划，规范基层管理人才的培养、选拔和任用制度，推动基层管理人才水平

不断提高，建立基层管理人员晋升通道，激励基层员工不断提高业务水平，以先进的管理推动公司的发展。此外，树立基层员工学习的标杆（如优秀员工、优秀管理者），不断牵引广大员工持续改进，促进公司发展。

五、完善部门职责与岗位职责

部门职能和人员职责是人力资源管理的基础性工作，在信息收集过程中应力求资料翔实、准确。因此，人力资源部门在开展此项工作时应注意做好员工的思想工作，争取相关部门和员工的通力配合，以期与公司组织架构配合，在实际工作中加以应用，减少人力资源的浪费。完善所有部门和人员职能职责，明确各职位主要工作内容和责任，每项工作内容的绩效考核标准以及各职位对担当此职责人员的全部要求等。人力资源部门要保证职能和职责尽可能细化，做到设计合理有效。明确部门职能、人员岗位职责既能够促使部门和员工熟知本职工作范围，也为公司对部门和员工的工作考核提供了依据。对公司所有部门进行职能分析，重新设计公司各部门的工作分配、工作衔接和工作流程，全面了解各部门、各职位的工作要素，对每个部门和岗位的工作量、贡献值、责任程度等方面进行综合考量，可以为制定科学合理的薪酬制度奠定良好的基础。

六、建立并完善绩效考核体系

公司成立考核领导小组，由公司总经理、相关副总经理和相关部门负责人组成，是公司员工考核政策的最终仲裁机构，限定考核权限。人力资源部对员工考核有政策制度咨询、执行监督、申诉调查等职责。针对公司的特点，将员工划分为管理类、技术类、运营类，对不同种类专门设计考核标准与量化表。在考核实施过程中，需要上至总经理下至一般员工认真对待，予以支持与配合。在整个考核工作中，做到公开、公平、公正，并允许员工对考核结果进行申诉。考核自上而下进行，中高层也可参与进来。根据2014年公司总体规划指示精神，人力资源部门2014年拟在公司实行绩效考核。通过绩效考核，在提升全体员工的工作效率过程中实现员工收入的提升和公司的快速、良性发展。

七、完善公司各项培训工作

目前公司新进员工较多，公司各部门将根据实际需要引入应届大学毕业生和实习生。此外，公司目前基层员工技能水平也处于较低层次。针对上述情况，公司依托讲课训练的力量，有计划、有步骤地开展内训，定期安排有针对性的外训，同时鼓励员工参加各种专业文化学习和各种职业资格考试，制定奖惩办法，对通过业余时间学习获得相关学历和取得相关任职资格的员工给予适当奖励。通过培训和训练，提高员工的综合素质和业务技能水平，打造团结、高效、充满活力的团队，提升管理水平。同时，在培训和训练过程中传承优秀的企业文化。员工培训是一项需要长期坚持的工作，其效果并不能够很快显现。因此，需要总经理、培训负责人及公司各部门负责人的配合与支持，把培训工作当成一种投资，予以充分重视，确保培训效果转化为生产力。

八、建立并完善公司薪酬福利机制

根据公司现状和未来发展趋势，目前的薪酬管理制度将有可能制约公司的人才队伍建设，从而对公司的长远发展带来一定影响。人力资源部门通过对公司各阶层人员现有薪资状况的了解，建议公司尽快建立科学合理的薪酬管理体系。人力资源部门把公司薪酬管理作为本部乃至公司2014年度的重要目标之一，本着"对内体现公平性，对外具有竞争性"的原则，人力资源部门将在公司的大力支持下，完成2014年度的薪酬设计和薪酬管理的规范工作。通过公司现有薪酬状况分析，结合公司组织架构设置和各岗位职位分析，提交公司薪酬设计草案，遵循以下原则：在固定工资部分不变的情况下进行薪资结构调整，以符合劳动法（如最低薪资标准、加班费等），并重点体现内部公平性。此外，人力资源部门将根据公司现有各职位人员薪资状况，提交公司薪资等级表，经相关责任人审议修改后，连同完成的公司薪酬管理制度，呈报公司总经理审核通过。此外，建立健全社会保障制度，完善公司各类保险。通过公司薪酬福利机制的建立与完善，提升人力资源成本收益。

具体要求包括：其一，完善后的薪酬体系，应以能激励员工、留住人才为支撑点，充分体现按劳分配、按贡献分配的原则，因此，前期需要做好扎实的工作。确定固定部分的工资，需要对岗位进行评估；确定绩效工资，需要对工作表现进行评估；确定公司整体工资水平，需要对本地区、本行业的薪资水平和公司盈利情况、支付能力进行评估。每一种评估都需要一套程序和方法，所以说，薪酬体系的设计和薪酬管理制度的制定是一个系统工程。完成此项工程，必须由点到面，由面到体，逐步完成。其二，确立薪资管理体系的目的是规范管理、提高士气，增强员工积极性和稳定性，因此，人力资源部门在工作过程中必须对具体问题具体分析，对个别特例进行个案处理，顾及整体影响，以免因个案而影响全局。如个别岗位需要高薪聘请外来人才时，一般由总经理授权进行特殊处理。公司薪酬等级表和公司薪酬管理制度需经公司总经理确认后方可生效。

九、完善企业的人事管理

劳资关系的处理是一项比较敏感的工作，它既牵涉到企业的整体利益，也关系到每个员工的切身利益。劳资双方是相辅相成的关系，既有共同利益，又有利益冲突，是矛盾中统一的合作关系。人力资源部门必须从公司根本利益出发，站在客观公正的立场上，协调好劳资双方的关系，避免因过多考虑公司方利益而导致员工的不满，也不能因迁就员工的要求而让公司利益受损。根据国家有关规定，公司需要建立完善的劳动保障体系，协调处理好劳资双方关系，促使人员健康、有序流动。劳资关系目标是完善公司合同体系，除劳动合同外，公司也与相关部门一些职员签订配套的保密合同等。劳资双方应该熟悉劳动法规，尽可能避免劳资关系纠纷，争取做到使每一个离职人员没有较大怨言和遗憾，以树立公司良好的形象。具体要求包括：其一，2014 年全年度保证与涉及相关工作的每一位员工签订劳动合同，并做好合同的管理和维护跟进工作。其二，严把用人关。2014 年将对人员招聘工作进行进一步规范管理。一是严格审查预聘人员的资历，不仅要对个人工作能力进行测评，还要对忠诚度、诚信资质、品行进行综合考察。二是任何部门需要补充员工都必须经人力资源部门面试和审查，任何人、任何部门不得擅自招聘人员或者仅和人力资源部门打个招呼、办个手续就自行安排工作。其三，人力资源部门还要及时地掌握员工思想动态，做好员工思想工作，有效预防员工的不正常流动，合理控制人员流动率。过低的流动率不利于公司人才结构的调整与提高，不利于公司增加新鲜血液和引进与公司既有人才的知识面、工作经验、社会认识程度不同的人才，容易形成因循守旧的企业文化，不利于公司的变革和发展，但流动率过高容易造成人心不稳，企业员工忠诚度不高，对工作的熟悉度不高，导致工作效率低下，企业文化的传承无法顺利持续。人力资源部门在日常工作中要时刻注意员工思想动态，并了解每一位辞职员工离职的真正原因，从中做好分析，找出应对方法，避免员工不正常流动。完善合同体系需请公司法律顾问予以协助，控制人员流动率，需要各部门主管配合做好员工思想及思想动态反馈工作。人员招聘过程中，请各部门务必按照工作流程办理，抓重要工作来完成。通过人事管理的完善，建立公司与员工和谐共赢的劳动关系。

第三节　公司人才战略规划

　　畘红根据公司的发展战略和人才需求，制定了人才战略规划。公司预期到 2018 年基本实现专家专业型的人才结构，实现 100%持证上岗，各部门管理层和项目经理实现知识化、职业化。具体内容如下：

一、成立专门的部门及建立相应的机制

　　人力资源不同于企业一般资源，它以知识为基础、以能力为导向。人力资源部是对企业中由各类人员形成的资源进行管理的部门，通过分析掌握现有人力资源状况，进行人力资源的优化配置，发挥人力资源最大潜能，真正做到人尽其才，为企业创造更多的效益。因此，畘红努力建立适合企业战略发展的人力资源部门及机制，成立独立的人力资源部，并充实其力量，配备专业的人力资源管理人员，建立人才激励制度，实现股权奖励和期权激励相结合，管理者工资实行年薪制。

二、健全公司人力资源招聘与储备工作

　　人是公司最基本的构成要素，公司的人员素质决定了公司发展的成败。按照企业经营战略规划的要求，通过招聘需求分析，把优秀、合适的人才招进企业，然后通过工作分析、胜任能力分析，把合适的人放在合适的岗位。在招聘过程中，需要努力降低工作成本，注意提高招聘工作的效率。具体目标包括：其一，公司有计划、有步骤地每年从大中专院校吸收毕业生，根据企业的需要，按照一定的研究生、本科生、专科生比例，科学地收纳人才。其二，积极招聘各类尖端技术人才，争取到 2018 年使公司硕士生达到 5 人，本科生达到 30 人。

人力资源如同物质资源一样，需要投资和储备。随着现代经济、技术的迅速发展，人类社会已经迈入知识经济时代，人力资源在经济生活中的地位越来越凸显出来，做好人力资源的储备与管理，对公司在激烈的市场竞争中发展壮大有着极其重要的意义。因此，公司建立健全人力资源制度，利用微机等现代化工具建立公司人力资源平台，完善人力资源管理，重点建立人力资源储备库，做好公司未来发展的人力资源储备工作。

三、完善公司人力资源培训制度

为满足经营发展需要，公司都要组织各种培训。培训是一种高回报的投资，它可以提升企业竞争力和凝聚力。通过培训，能够使员工获得高水平完成本职工作所需的知识、技能、态度、经验等，从而提高员工的工作能力和知识水平，最大限度使员工的个人素质与工作需求相匹配，进而促进员工工作绩效的提高。碧红努力完善公司人力资源培训制度，争取到2018年完成全公司现有人员技术、专业、管理等方面培训。具体目标如下：

其一，从2015年开始，每年至少对项目经理、技术员、安全员、质检员等进行一次专业培训，对管理人员进行一次现代化管理知识培训。每年对公司员工进行法律知识培训，争取到2015年，公司全体员工都能接受一次法律知识培训。

其二，采取走出去的方式培养人才，将有能力、有抱负的人员，送到国内大、中、专院校、科研单位学习培训。

第四节　公司工资管理制度

按照公司经营理念和管理模式，遵照国家有关劳动人事管理政策和公司其他有关规章制度，特制定本制度。本制度适用于公司全体员工（试用工和临时工除外）。①

---

① 云南碧红石材开发有限公司. 工资管理制度. 公司内部资料，2014.

一、工资结构（见表 3-2）

第一，员工工资由固定工资、工龄工资、绩效工资、技能工资四部分组成。

第二，固定工资是根据员工的职务、资历、学历、能力等因素确定的相对固定的工作报酬。

第三，工龄工资是根据员工在公司的工作年限，由公司按一定标准支付给员工的工资部分。

第四，绩效工资是根据员工的考勤表现、工作绩效及公司经营业绩确定的不固定的工资报酬，每月调整一次。

第五，技能工资是根据员工所掌握的特殊技能而确定的相对固定的特殊报酬。

第六，员工工资总额由部门经理、项目经理每月对员工进行考核，确定绩效工资发放额度并报办公室和人力资源部审核，总经理审批后予以发放。

第七，员工工资扣除项目包括个人所得税、缺勤、扣款（含借钱、罚款等）、代扣社会保险、代扣通信费等。

二、工资系列

第一，公司根据员工不同职务性质、工作能力、工作年限等分别制定五类 20 级工资系列。

第二，此工资系列不适用于营销部门。

三、工资计算方法

第一，工资计算公式：

应发工资 = 固定工资 + 工龄工资 + 绩效工资 + 技能工资

实发工资 = 应发工资 - 扣除项目

第二，工资标准的确定：根据员工所属的岗位、职务，依据《工资结构一览表》（见附录）确定其工资标准。

第三，绩效工资与绩效考核（见表 7-1）结果挂钩，试用期员工与待岗员工不享受绩效工资。

表 7-1 绩效工资考核 (月)

部门：   姓名：

薪级		固定工资		考核绩效工资	
		绩效工资			
部门考核情况 说明				签字：	
主管领导意见				签字：	
总经理意见				签字：	

第四，各职能部门员工绩效工资考核由其部门领导制定考核办法，并将考核办法上报公司办公室和公司人力资源部门，部门领导每月对部门人员进行考核，考核成绩和绩效工资每月 3 日前上报至人力资源部门审核。

四、薪级调整（见表7-2）

表7-2 薪级调整申请表

部门：　　　　　　　　　　　　　　姓名：

原薪级		固定工资		申请级别		固定工资	
		绩效工资				绩效工资	
薪级调整 申请理由 及原因							
						部门领导签字：	
办公室、 人力资源 部意见							
						签字：	
总经理 意见							
						签字：	

第一，原则上公司在每个财务年度结束后，根据当年的经营业绩，并根据年终综合考核成绩，酌情对工资标准予以调整，重新确定各类工资标准及绩效工资额度。

第二，每季度根据部门申请情况，对申请的员工薪级进行考核调整。

五、关于员工工资

第一，员工工资标准的确立、变更：公司员工工资标准经董事长批准，根据公司经营状况，可以变更员工工资标准。

第二，员工工资核定：根据员工本人业绩表现、工作能力、工作态度、聘用的岗位和职务，核定其薪级。

第三，普通员工工资应根据薪酬类别：由用人部门提议，经人力资源部审核，报总经理审批后确定；部门经理、项目经理的薪级由分管副总经理提议报总经理确定；副总经理的薪级由总经理和董事长确定；总经理薪级由董事会确定。

第四，对于特殊人才的工资标准，由总经理提议，报董事长特批。初次从事该岗位的员工，原则上自该岗位薪酬区间下线起薪，经季度终考核后，再调整薪级。

第五，员工工资变更：根据岗动薪变原则，晋升增薪，降级减薪。员工职务、岗位变动，从生效之日起，按新岗位标准调整。

第六，员工工资变更办理：由薪资申报人员填写《工资调整申请表》，由直接主管建议调整薪级，并报办公室和人力资源部按有关审批流程办理。

第七，工资申请调整变更间隔时间最短为一季度。

六、工资发放

第一，员工请假、休假时工资标准，按《考勤管理制度》的相关规定执行。

第二，员工试用期满后的转正工资，均于正式转正之日起计算。

第三，公司集会或经公司同意的培训、教育或外事活动，公司按规定付给员工工资。

七、附则

第一，本制度经公司总经理办公会讨论通报董事会审批，自颁布之日起执行。

第二，本制度由人力资源部负责解释。

第八章 企业财务与风险管理

财务管理是根据相关法律、法规、制度组织企业财务活动（包括投资、融资、资金运营等），处理财务关系的一项经济管理工作。

第一节 公司财务状况

公司的财务状况反映了一定时期的企业经营活动体现在财务上的资金筹集与资金使用情况，它综合反映了企业在一定时间内经济活动的过程及其结果。通过耄红提供的财务数据，对公司财务状况进行分析，其目的在于考察和了解企业财务状况的好坏，促使企业加强资金循环，保证企业经营的顺利发展。

2009 年耄红的资产总额为 4653 余万元，其中固定资产 861 万余元，负债总额 1566 万余元，资产负债率 33.66%，销售收入 1992 万余元，成本及费用花销 1213 万余元，实现毛利润 778 万余元；2010 年资产总额 5297 万余元，其中固定资产 904 万余元，负债总额 2413 万余元，资产负债率 45.55%，销售收入近 2129 万元，成本及费用花销 1232 万余元，实现毛利润 896 万余元；2011 年资产总额 9431 万余元，其中固定资产 962 万余元，负债总额 6321 万余元，资产负债率 67.03%，销售收入 2751 万余元，成本及费用花销 1543 万余元，实现毛利润 1207 万余元；2012 年资产总额 15433 万余元，其中固定资产 3746 万余元，负债总额 10285 万余元，资产负债率 66.64%，销售收入 3456 万余元，成本及费用花销 2368 万余元，实现毛利润 1088 万余元；2013 年资产总额 16021 万余元，其中固定资产 3638 万余元，负债总额 9225 万余元，资产负债率 57.58%，销售收入 4924 万余元，成本及费用花销 3387 万余元，实现毛利润 1536 万余元（详见表8-1）。

表 8-1　耆红财务数据统计表

单位：百万元

序号	项目	2009 年	2010 年	**2011 年**	2012 年	2013 年
1	资产总额:	46.53	52.98	**94.31**	154.34	160.21
1.1	其中：固定资产	8.62	9.04	**9.62**	37.47	36.39
2	负债总额:	15.67	24.13	**63.22**	102.86	92.26
2.1	其中：短期借债		10.00	**10.00**	15.00	25.00
2.2	长期借债	7.34	7.34	**10.34**	34.72	39.27
3	资产负债率（%）	33.66	45.55	**67.03**	66.64	57.58
4	销售收入	19.93	21.29	**27.51**	34.57	49.25
4.1	其中：天然石				29.87	31.82
4.2	人造石				4.70	17.43
5	成本及费用	12.14	12.33	**15.44**	23.68	33.88
6	毛利润	7.79	8.96	**12.07**	10.88	15.37

从上面的表格可以看出，2011 年是公司转折性的一年，公司投资兴建再生石材项目，导致负债倍增，资产负债率达到五年来最大值。自 2012 年，公司负债率有所下降，到 2013 年公司资产负债率下降了近 20%，销售收入得到较大提高，尤其是人造石销售收入增加了近 3 倍，拥有较好的市场前景。

资产负债率即负债与资产的对比关系，它所表现的是在形成企业资产的财务来源中，负债所占的相对规模。按照一般的财务管理理论，企业资产负债率越高，表明企业资源对负债的依赖程度越高。在企业过高的资产负债率的条件下，企业在财务上将面临以下压力，其一，不能正常偿还到期债务的本金和利息；其二，在企业发生亏损的时候，可能会由于所有者权益的比重相对较小而使企业债权人的利益受到侵害；其三，企业债权人利益受到侵害的影响，企业从潜在的债权人那里获得新的资金的难度会大大提高。由此，企业可能在未来进行债务融资以满足企业正常经营与发展需求的难度会因企业较高的资产负债率而增加。

至 2013 年，耆红资产负债为 57.58%，资产负债率较高的企业，其财务风险相对较高。耆红总体财务状况可能存在以下问题，公司总体净资产收益率低，盈利能力不高，不能持续稳定地为公司外部扩张贡献所需的现金流；公司净资产规模小，融资渠道单一，财务结构不合理，以高负债方式进行的快速扩张，加大了财务风险。

第二节　公司投融资情况及还款计划[①]

云南耆红石材开发有限公司于 2011 年 6 月 30 日投资兴建了再生石材项目，该项目位于弥勒县工业园区，占地 70 多亩，主要生产再生石材（人造石），已通过有关部门的审批。再生石材项目以天然石材开发中所产生的粉尘、废料石渣为原料，通过"变废为宝"的产业开发，解决了天然石材开发中对环境造成的大量固体废弃物污染，极大地提高了石材矿山开采加工的经济效益，实现了石材加工产业的持续发展，同时还解决了天然石材开采及加工过程中所存在的资源浪费、成材率低的问题。再生石材拥有广阔的市场开发利用前景，它可替代天然石材等装饰材料，市场容量巨大。随着收入的增加，人们对室内外装饰装修的要求也越来越高，再生石材以其品种繁多、无色差、无污染、尺寸精确、韧性好、光洁度高等优点，备受人们青睐。

再生石材项目计划总投资 2.5 亿元，分四期逐步建设推进。全部建成将形成年产 15 万立方米再生石材方料的产业化示范基地，每年可加工板材 500 多万平方米。耆红公司已投资 8000 万元用于一期建设，并于 2012 年 3 月 11 日开始投产，该项目目前可年产方料 3 万立方米，加工板材约 100 万平方米，年销售额达 8000 万元（项目全部建成投产后，年销售额可达 3 亿元，可实现利税上亿元）。该项目投产到现在生产出来的 54 个再生石材品种，受到了客户的喜爱，目前已经有 50 多家来自全国各地的代理商签订了代理合同。

由于该项目的一期建设投资超出了预算，造成了公司资金困难，没有办法进行扩大再生产，现在设备只能发挥 55% 左右的设计能力。公司在最关键的发展时期遇到了资金不足方面的困难，现在公司需要融资 7000 万元用于人造石二期建设及天然石矿山规模开采。

[①] 云南耆红石材开发有限公司. 融资计划及还款计划. 公司内部资料，2013.

公司在资金充足的情况下，2015 年可达到设备生产能力的最佳状态，人造石明年上半年可以增加到 100 家，平均每家销售人造石 150 万元，年销售额最低可以达到 1.5 亿元，可以实现利润 4500 万元；天然石生产总值可以到 100 万平方米，实现收入 1.5 亿元，实现利润 5000 万元。公司在天然石、人造石产量增加的情况下，能带动装饰分公司的装饰工程发展，也可为我公司创造附加效益。

在资金充足的情况下，公司的产量上升能带来企业的效益，公司完全有能力用上述生产经营产生的效益进行还款，保证安全运营，到期足额归还。

第三节　公司财务及资本运营规划

由资产、资金、财务信息以及财务人员等构成的财务资源是公司未来发展的重要资源之一。君红为适应公司的发展战略，在内外部有效配置、使用及管理财务资源，制定公司财务及资本运营规划，以符合公司价值最大化的目标。具体规划内容如下：

一、加强品牌经营

公司品牌展现了公司的信誉与形象，它是企业的无形资产。企业应从实际出发，充分发挥自己的优势，找到一条适合自己的企业品牌发展之路。公司品牌已成为一个企业实力和地位的象征，代表着一个企业参与市场竞争的能力和市场形象。因此，君红要采取切实可行且有效的思路、方法与对策，加强公司品牌经营，努力树立行业领先、用户满意、群众公认的品牌形象，以品牌形象提升公司核心竞争力，推进公司持续、快速发展。利用本公司的品牌、资质、市场、信誉等进行经营，允许一些施工质量好、信誉高的低资质施工企业有偿使用公司资质，采取联合、联营、吸收合并等方式进行运作，使公司做大做强，增加公司效益。

二、加强资本运作

资本运营是企业发展的关键因素，成为现代企业高速发展的必要手段。公司对自身的资本进行运筹、谋划、决策、理财和投资，使生产要素和资源配置最优化，实现最大限度的资本增值。然而，资本运营是一项系统、复杂的工作，不仅需要企业领导者具有很高的市场分析能力，更需要资本运营者具有完善的知识结构和丰富的财务、法律、税务以及管理知识，财务管理观念需与时俱进，资本运营人员需具有较全面的现代资本运营管理理念。由于我国的现代化资本市场起步较晚，发展还不够完善，健全的资本市场体系还没有真正建立，无法使资本得到最有效的配置，也无法为中小企业的发展提供支持。

资本运营成功的关键在于一切都必须围绕主营业务进行。企业的经营活动必须善于把握主营业务和关键环节，将有效的企业资源集中在核心业务上，这样有利于公司在搞好生产经营的基础上，取得更高的经济效益，不断扩大企业规模，实现企业的更好发展。资本运营的基础是生产经营，一个企业要想通过资本运营赢得市场竞争优势，实现规模经济，就必须通过对宏观经济的趋势、市场变动格局、行业发展前景、产品市场占有率、投入产出效果、自身的生产经营素质条件和发展潜力等进行分析，确定企业发展的战略定位，并在此基础上制定企业生产经营、资本运营发展的中长期发展规划，避免资本经营中的盲目行为。

围绕企业的核心能力（核心技术、核心生产过程）进行资本运作，可以为企业的内部资源整合与外部资本运作提供方向。资本运作是否成功在一定程度上决定了企业的命运，特别是在我国加入 WTO，经济和世界接轨的大环境下，资本运作显得尤为重要。作为企业，要加强资本运作的力度，促进内部资源的合理配置，才能形成合适的内部运作系统，将一般资本变为优良、高效资本，再投入到其他领域，以此来影响和促进其他企业和社会其他领域的发展。

寿红立足于公司实际情况，在承揽工程项目中要选择多种形式的工程，可以采取合作建设、联营建设等办法，在生产施工过程中，科学合理地调配资金，利用远期汇票、银行信用保函、资产抵押等办法缓解资金压力。

三、积极做好公司融资工作

融资是一个企业资金筹集的行为与过程。即公司根据自身的生产经营状况，资金拥有状况及公司未来经营发展需要，通过科学地预测和决策，采用一定的方式，通过一定的渠道向公司的投资者和债权人筹集资金，增加资金的供应，以保证公司正常生产需要、公司经营管理活动需要的理财行为。企业融资前期准备包括真实地说明公司的实际情况，给投资者留下诚实可信的第一印象；了解银行、担保、投资机构对贷款审查的要求之后，制作比较规范的融资计划书和准备辅助资料；预先计划有形的、无形的、经济的、社会的收益等。

企业应积极开拓多元化的融资渠道，降低资本运营风险。其一，要积极与银行联系，以公司的资产、市场、信用等进行抵押，取得银行信用额度；其二，要开阔思路，扩大融资渠道，可以利用项目，通过国际财团、各种基金、信托机构、担保公司等进行筹资。

第四节　公司财务会计制度①

公司应当依照法律、行政法规和国务院财政主管部门的规定建立本公司的财务、会计制度。具体内容为：其一，公司应当在每一会计年度终了时，制作财务会计报告，依法经审查验证，并在制成后十五日内，报送公司全体股东。其二，在分配当年税后利润时，应当提取利润的百分之十列入公司法定公积金，并提取利润的百分之五至百分之十列入公司法定公益金。当公司法定公积金累计为公司注册资本的百分之五十以上的，可不再提取。但法定公积金转为资本时，所留存的该项公积金不得少于注册资本的百分之二十五。公司法定公积金不足以弥补上一年度公司亏损的，在依照前一条规定提取法定公积金和法定公益金之前，先用当年利润弥补亏损。公司弥补亏损和提取法定公积金、法定公益金后所余利润，按照股东出资比例分配。

---

① 云南莙红石材开发有限公司. 云南莙红石材开发有限公司章程. 公司内部资料，2010.

第五节　公司财务管理规定

为更好地组织企业运转，做好资金的筹集、使用和分配，促进企业节约成本、控制费用，君红制定了公司财务管理规定，具体内容如下：

第一，严格、认真做好每天正常财务工作。建立健全财务管理制度，加强公司经营核算管理，分析财务计划的落实情况，实事求是反映公司的经营成果。

第二，积极为公司生产经营服务，促使公司取得较好的经济效益。年初做出财务预算报告，月初组织制订用款计划。做到事前有计划，事中有检查，事后有落实，确保公司经营资金的供应。

第三，定期或不定期进行账务清理，真正做到钱货两清，账实相符。

第四，定期编制和审核会计报表及有关资料，按季编制财务分析报告，及时、准确、真实地向领导提供公司的财务状况和经营状况，协助公司领导作出正确决策。

第五，年末作出公司财务收支结算报告，编制财务分析报告、拟出财务年度工作计划。

企业的兴衰与财务息息相关，财务管理是企业管理的基础。企业的生产、经营、进、销、调、存每一环节都需要通过财务进行反映和调控。企业的经济核算、财务监督，更是对企业经济活动的有效制约和检查。在财务管理方面，君红应更加重视，为公司稳定长远发展提供保障。

第六节　风险管理概述

一、风险管理含义

风险管理是指企业或个人在降低风险的收益与成本之间进行权衡，把风险减至最低的过程，通过风险识别、风险衡量、风险评估和风险决策管理等方式，并在此基础上选择与优化组合各种风险管理技术，对风险实施有效控制和妥善处理风险所致的后果，从而以最小的成本收获最大的安全保障。有效地对各种风险进行管理，作出有利于企业的正确决策，保护企业资产的安全和完整，实现企业的经营活动目标。

二、风险管理目标①

风险管理的目标由损前目标和损后目标两部分组成。损前目标致力于避免或降低风险事故发生的概率，以减少经营成本与忧虑心理；损后目标则致力于恢复到损失前的状态，使之维持企业的生存、收入的稳定、生产与服务的持续增长和社会责任。二者有效结合，构成了完整而系统的风险管理目标。

损前目标：企业应对安全计划、保险以及防损技术的费用进行财务分析，以最经济、有效的方法预防潜在的损失，从而使风险事故对企业可能造成的损失到最小，达到最大安全保障。通过制定切实可行的损失发生前的管理目标，可减轻和消除风险因素对企业正常生产运营造成的压力，保证企业正常发展。

损后目标：损失发生后的企业风险管理工作的最低目标是在一段合理的时间内能够部分恢复生产或经营，以便使企业有机会减少损失所造成的影响，尽早恢复损失发生之前的生产状态，保持企业经营的连续性，实现稳定收入的目标，从而使企业生产保持持续增长。因此，企业在制定自身的风险管理目标时不仅要考虑到企业本身的需要，还要考虑到企业所担负的社会责任。

三、风险管理程序②

(一) 风险识别

风险识别是对企业面临的显性的和潜在的风险加以判断、归类和对风险性质进行鉴定的过程。即对客观存在的和尚未发生的、潜在的各种风险，系统地进行识别和归类，并分析产生风险事故的原因以及损害发生的

---

① 风险管理基本理论. 百度文库，http://www.wenku.baidu.com.
② 风险管理基本理论. 百度文库，http://www.wenku.baidu.com.

可能性等。

（二）风险评估

风险评估是在风险识别的基础上，通过对所收集的大量资料进行统计分析，利用概率统计理论，预估风险发生的概率和损失程度。风险估测可以使风险管理建立在科学的基础上，通过量化的风险分析，为风险管理者进行风险决策、选择最佳管理技术提供科学依据。

（三）选择风险管理技术

决策者可以根据风险评估结果，选择最佳风险管理技术以实现风险管理目标。而对于风险的处理，需要一定费用，费用与风险损失之间的比例关系直接影响风险管理的效益。通过对风险的定性、定量分析和比较处理风险所支出的费用，来确定风险是否需要处理和处理程度，进而选择合适的风险管理技术。风险管理技术分为控制型和财务型两类。前者的目的是降低损失频率和缩小损失范围，重点在于改变引起意外事故和扩大损失的各种条件；后者的目的是以提供基金的方式，对无法控制的风险做财务上的安排。

（四）评估风险管理效果

评估风险管理效果是指对风险管理技术适用性及收益性情况的分析、检查、修正和评估，包括风险管理效益的大小，是否能以最小风险成本取得最大安全保障，同时，在实务中还要考虑风险管理与整体管理目标是否一致，是否具有实施的可行性、可操作性和有效性。风险处理对策是否最佳，可通过评估风险管理的效益来判断。

四、内部审计在企业风险管理中的重要性[①]

在全球化、信息化程度不断加深的时代背景下，人才、技术、资本、商品等要素的流动日益加快，经济社会中不确定性因素越来越多，企业面临的风险也越来越大，这些都影响了企业目标的实现。风险是客观存在的，面对这样的环境，企业必须强调风险管理，增强应对风险的能力，从

---

① 风险管理基本理论.百度文库，http://www.wenku.baidu.com.

而掌握主动权，将风险的影响控制在可接受的范围内。风险管理如今已经成为许多国际性大公司管理活动的重点。以内部控制为主要对象的内部审计也成为必然。通过对其进行审查和评价，一方面有助于对企业风险管理状况作出评价并提出可行建议；另一方面也可以系统反映现代风险管理的全过程，对组织的风险管理实务能起到借鉴作用。

风险管理内部审计的责任就是要对企业的风险管理体系进行有效的再监督。负责建立健全内部控制机制并使之有效运行，按照"全面监督，突出重点"的原则，监督的重点是风险管理方面的各项管理制度和工作程序，以及这些管理制度和工作程序的实际运行情况和效果。通过与整个系统的协调一致，达到协调增效的目的。

第七节　企业面临的潜在风险及其防范

企业在运行和发展中，由于外部环境和企业自身经营状况，都会使企业面临各种风险。在此，笔者将碁红可能面临的风险分为三大类：政策风险、市场风险和经营风险。

一、政策风险

政策风险是指政府有关产业、行业、企业的政策发生变化，或者相关的法规、政策出台，引起市场波动，给企业带来的风险。国家政策对企业的行为具有强制约束力。国家在不同时期根据宏观环境的变化而改变政策，这必然会影响到企业的经济利益。例如，政府通过产业政策（优惠信贷、减免税、出口补贴、消费信贷等）来鼓励某些产业的发展，而随着产业结构的变化和政府产业战略重点的转移，原来属于鼓励发展的行业可能会被取消优惠。再如，国家国际贸易政策的变化，如关税的降低，将给国内企业带来价格竞争。因此，国家与企业之间由于政策的调整，在经济利益上会产生矛盾，从而产生政策风险。此外，各级政府间的政策差异也会导致企业政策风险。政策风险的防范主要取决于市场参与者对国家宏观政策的准确理解和把握。

二、市场风险

所谓企业的市场风险，是指在市场经济条件下，市场受价值规律和竞争机制的影响，及相关外部环境的不确定性，各企业争夺市场资源，导致企业市场萎缩，达不到预期的市场效果，乃至影响企业生存与发展的一种可能性。市场风险可以细分如下：市场容量、市场份额、产品竞争力、产品的生命周期、营销策略。在当前信息消费的互联网年代，拥有越多、越准确的市场信息，对于企业来说，就意味着越广泛的潜在客户群和精准的营销手段，随之而来的就是大量的利益。因此，防范市场风险应把握市场发展方向，首先，通过技术创新，在注重满足消费者需求的同时，降低成本，提高产品竞争力，拥有相对稳定的市场份额；其次，通过销售渠道的增多、销售队伍的壮大、销售网络的扩张，充分发掘市场潜力，将潜在市场需求转变为现实市场需求，拓展发展空间，提高市场占有率。

三、经营风险

经营风险是公司的决策人员和管理人员在经营管理中出现失误而导致公司盈利水平变化从而使未来收益下降和成本增加。笔者主要从制度、人力资源、财务、物资财产四个方面阐述公司的经营风险及其防范。

首先，制度是企业赖以生存的基础，也是员工的行为准则，因此，经营风险的防范应首先从公司制度着手。健全完善的制度，有利于明确公司各部门职责权限，也有利于员工明确自身权利义务，更好地实现公司目标。企业领导者应从企业实际出发，制定科学有效的公司管理制度，为公司管理提供依据。

其次，在知识经济时代，人力资源是重要的资源，它是构成企业核心竞争力的关键性战略资源。人力资源管理中的风险管理是指在招聘、工作分析、职业计划、绩效考评、工作评估、薪金管理、福利/激励、员工培训、员工管理等各个环节中进行风险管理，防范人力资源管理中的风险。在员工招聘和任用层面，主动获取求职者更多有价值的真实信息，优选招聘渠道，控制招聘成本，按需用人，人职匹配；在薪酬管理层面，科学衡量企业薪酬水平，制定有效的薪酬管理制度，使薪酬具有竞争性和激励性；在劳动关系管理层面，用工形式合法，签订劳动合同，进行员工培训，完善人力资源管理制度，尤其是绩效考核制度、奖惩制度、考勤制度。

再次，企业财务风险是指由于各种难以预料或控制的因素影响，财务状况具有不确定性，从而使企业可能蒙受损失。通过财务表格分析法对企业的资产负债表、损益表、营业报告书及其他有关资料进行分析，从而识别和发现企业现有的财产、责任等面临的风险。企业面临的财务风险有流动性风险、信用风险、筹资风险等。企业财务风险客观存在，企业不可能消除，只能采取措施将财务风险对企业的危害降到最低。充分认识财务风险形成的原因，是采取有效措施的前提。宏观经济运行和经济政策的变化会给企业带来财务风险。行业发展环境，即行业本身在国民经济发展中所处的地位，以及行业所处生命周期的不同发展阶段，会对企业融资产生影响，从而可能导致财务风险。当企业资金中的自有资金和借入资金比例不恰当，就会造成企业资本结构不合理，举债规模过大，会加重企业支付利息的负担，影响企业的偿债能力，容易产生财务风险。此外，财务管理制度不完善，财务人员风险意识淡薄，对企业财务风险的预测和预警能力不强以及收益分配制度和分配方法不科学，都可能引发企业财务风险。[①] 因此，在筹资环节，公司筹集资金时，根据资金的不同来源和不同的筹资方式，会有不同的资金成本和相应的风险，必须在风险与成本之间权衡，以选用最佳的筹资方式；在投资环节，公司可投资的流动资产包括现金、可交易性金融资产、应收账款和存货等，公司必须在流动性和获利性之间权衡，做出最佳选择；在资金运营环节，企业流动资产中，加快存货的流动性，一方面可以腾出企业大量资金，另一方面可以节省企业为保管这些存货所支付的大量保管费用，同时还可以避免企业因长期存货而承担市场价格下跌所产生的存货跌价损失及保管不善造成的损失。此外，企业应注重应收账款的控制，了解客户信用等级，及时收回应收账款，保障企业资产的流动性和安全性。[②]

最后，企业物资财产一般包括库存物资（如原材料、工程用料、产品成品等）、固定资产（如厂房、机械设备、运输设备、山林树木等）及办公用品。物资财产是企业正常生产和运行的物质基础，是保证企业各项生产经营活动及行政事务活动顺利进行的必要条件。做好物资财产的保管和使用，达到供应好、消耗低、费用省的目标，为企业服务，促进企业行政

---

① 企业财务风险形成的内外部原因. 长松咨询，http：//bj.cs360.cn/caiw/93364.html.
② 浅析企业财务风险的主要表现形式. 长松咨询，http：//bj.cs360.cn/caiw/93357.html.

任务的完成，保证企业的正常运转和各项事业的顺利发展。企业物资占用资金比较重大、种类繁多，对企业的资产和损益有很大的影响。因此，加强对公司物资财产的管理，完善物资财产管理体系、制度建设，有利于避免或减少企业风险，促进企业持续、健康发展。

总而言之，对于企业经营风险的防范，首先要对企业整个生产经营过程进行全面分析，逐项分析各个环节可能遭遇的风险，找出各种潜在的风险因素，提出相应的风险规避或风险管理办法；其次要建立风险管理制度（企业内部控制制度），从制度上控制和防范风险的发生（互相牵制、协调配合）；最后要建立风险应急机制，一旦发生风险，应采取最有力的措施，将风险控制在最低限度内，减少企业损失，保证企业的根本利益。

对于公司的风险管理，春红制定了员工行为规范，员工劳动纪律，考勤管理规定，员工奖惩制度，财产物资管理规定，生活区管理规定，财务管理规定，后勤管理规定，门卫管理规定，电气、机械管理制度，矿山生产管理制度等，以避免或减少公司可能遇到的风险，从而为公司正常运转提供保障。

第九章 企业营销管理

第一节 市场营销战略及组织架构

一、市场细分

市场细分是指考虑到顾客不同的购买欲望和需求，依据一定的标准将整体市场划分为若干个细分市场，其中不同的细分市场需要不同的产品和营销策略。市场细分是企业确定目标市场和制定市场营销策略的前提和基础。在充分分析顾客需求的基础上，耆红依据地理、人口、心理、行为等标准对市场进行了细分。

（一）市场细分依据

1. 地理细分

地理细分，就是将消费者市场按照地理位置、地理环境、城镇大小、交通条件等变量来划分。通常处于不同地理位置的消费者，有着不同的生活习惯和消费偏好，从而他们对石材产品的需求和市场营销策略的反应也各不相同，同时，市场容量和运输成本等也因地理位置不同而存在差异。鉴于此，耆红按照地理因素，将市场划分为弥勒（当地）市场、云南（省内，弥勒除外）市场、全国（省外）市场、国际市场。

2. 人口细分

人口细分，就是按照年龄、性别、文化程度、职业、收入、宗教信仰、家庭人口、种族等人口因素划分消费者市场。人口因素与消费者需求关系密切，如收入水平将直接影响消费者的消费能力和消费模式，因此，人口因素被视为市场细分过程中不容忽视的一大因素。对此，耈红也给予了高度重视，耈红按照消费者的职业、收入等因素，将消费者市场分为高端、中高端、中端、中低端、低端五个细分市场，然后针对每个细分市场供应不同的产品，并制定相应的销售策略。

3. 心理细分

心理细分，就是依据消费者所处的社会阶层、生活方式、个性等因素来划分市场。同一个社会阶层成员有着类似的价值观、兴趣爱好及行为方式，[1] 因此，对于同一个社会阶层的消费者可以划分为一个细分市场。相应地，对于有着不同生活方式和个性的消费者，也可以划分为不同的细分市场。耈红秉着一切从客户需求出发的理念，在批量加工原石的基础上，接受客户的个性化定制，按照客户不同需求，对产品的品类、规格、图案等进行设计，以最大限度地满足客户需求。

4. 行为细分

行为细分，就是按照消费者购买或使用某种商品的时机、动机、使用频率、使用数量等行为因素划分消费者市场。对于耈红而言，时机、使用频率和使用动机是划分市场时参考的主要行为因素。在仔细揣摩客户消费动机后，耈红会为客户推荐更能满足其心理动机的产品。同时，为了鼓励消费，耈红对经常使用（老客户）和大量使用（大客户）某些商品的顾客给予特殊的优惠。

按照地理、人口、心理、行为等因素对市场细分后，耈红根据可测定性、可接近性、可营利性等原则，初步勾勒出有效细分市场的轮廓。当然，耈红市场细分的标准并非一成不变，例如，随着消费者收入的普遍增加和物价水平的上涨，耈红划分细分市场的收入标准也随之调整。另外，为了更好地服务目标客户，耈红在采用单一变量初步细分市场的基础上，还综合采用多个变量对消费者市场进行"多变数细分"。通常，耈红在依照收入标准找到高端客户群之后，还会针对客户的个性需求进行市场再细分，为高端客户提供量身定做的个性化产品与服务。

（二）市场细分的作用

市场细分对耈红的发展具有如下意义：

---

① 菲利普·科特勒. 营销管理 [M]. 上海人民出版社，1997.

第一，耆红在市场细分过程中，考察了不同消费市场的特点、需求情况和竞争程度，寻找现实和潜在客户，发掘市场机会，然后评估并选择最好的市场机会，根据企业优势，最终选定企业的目标市场。

第二，通过市场细分，分析市场机会，耆红得以将人力、物力、财力集中起来，为目标客户群提供高效、优质的服务，从而比较容易在细分市场上获得竞争优势。

第三，在细分市场上，客户对耆红石材的种类、质量、价格、售后服务等方面的态度和意见容易收集，且指向性较明确，便于耆红改进产品质量和服务，以更好地服务目标市场。

二、选择目标市场

在众多细分市场中，企业会选择市场规模适当、发展前景好、利润空间大且企业有能力和意愿为之服务的市场作为目标市场，在该目标市场上，企业具有相对的市场竞争优势。

（一）分析评价细分市场

耆红在分析各个细分市场在规模和市场吸引力的基础上，结合自身发展目标、资源、能力等，对众多细分市场进行综合评价。

1. 细分市场的规模和增长潜力

企业通常会倾向于规模较大的细分市场，但是大的细分市场，需要企业投入大量的资源，这种能力不是每一个企业都具备的。因此，耆红根据自身实力，挑选了具有适当规模的细分市场。同时，考虑到市场的发展前景，耆红选择进入有增长潜力的市场，以利用不断增长的市场需求扩大产品的生产销售，继而实现盈利。

2. 细分市场结构的吸引力

一个有着适当规模和增长潜力的细分市场并非就一定可以成为企业的目标市场，因为对企业来说，它可能不具备长久的吸引力。为此，耆红管理层运用波特五力模型，对所面对的现有竞争者、潜在进入者、替代品生产者、供应商和顾客进行了综合分析。

3. 企业目标和资源

面对具有适当规模、增长潜力和长久吸引力的细分市场，企业还要结合自身的目标、资源和能力，明确自身的市场定位，以更好地实现企业目标。若市场有足够的吸引力，但不符合企业长期发展的目标，企业也需要舍弃，以免分散精力，阻碍企业目标的实现。若虽符合企业发展目标，但企业没有经营该市场所需的资源和能力，那么该市场对于企业而言也是没有意义的。莙红在考察细分市场的规模、潜力及吸引力的基础上，又认真分析了自身的优势和劣势，进而选择了与自身条件最为契合的目标市场。

（二）目标市场的选择

莙红在分析评价每个细分市场后，理性地选择了发展前景好、符合自身实力且具有竞争优势的细分市场，即立足红河州市场，发展云南市场，开拓全国市场，进军国际市场；服务中高端为主，兼顾低端客户；契合大众需求，满足个性化需求。莙红主要的目标客户群体有房地产公司、建筑公司、装饰公司、私人建筑、公装等。

（三）目标市场的营销策略

石材市场上，不同的顾客群体对石材的品类、规格、质量、价格等有着不同的需求。莙红立足于市场，区别不同客户的需求，采取定制化营销策略，根据客户订单进行生产加工。为了使客户的需求得到最大程度的满足，莙红坚持技术创新与产品创新，目前莙红已拥有众多的产品种类，每年生产的产品明细约达 3000 多种。过硬的技术与众多的产品类别，为莙红以需定产的模式提供了保障。

三、市场定位

市场定位就是根据竞争对手现有产品在市场上所处的位置，对本企业产品和形象进行设计，使其在顾客心目中占有一个独特的、有价值的位置，树立企业及其产品的特定形象，将本企业产品与其他企业区分开来。市场定位是一个寻找、识别和显示差别的过程。面对激烈的市场竞争，莙红高度重视市场定位，从产品到品牌、企业形象，莙红都进行了个性鲜明的设计，努力在消费者心目中塑造独特的形象。

（一）识别竞争优势

莙红在当地面对的主要竞争对手是私挖乱采的小企业石材以及瓷砖生产商。小企业经营不规范，运营成本低，为占领市场份额，不惜以低价竞争，扰乱了市场秩序，而耆红作为当地的明星企业，严格按照政策法规，实施规范化管理，严把产品质量观，走品牌化之路，坚决抵制价格战。在质量上，耆红拥有完善的质量监控体系，产品经过国家相关部门质量认证，切实保证产品质量。在客户心中，耆红对高质量产品与服务的追求，是耆红有别于市场上其他杂牌产品的地方，也是吸引顾客的魅力所在。在家装市场上，瓷砖生产商是耆红的一大劲敌，因为瓷砖较早进入消费者视野，已被广大消费者熟知，而石材作为装饰材料，起步较晚，市场知名度还比较低，消费者甚至对石材的安全性还存在误解。实际上，相较于瓷砖，石材具有许多优点，比如石材的耐用度、独特性、美观性等。另外，经过二十年的发展，耆红已经在业内具备了良好的影响力和口碑。耆红产品在质量、服务、品牌、形象等方面的优势，满足了消费者的利益诉求，成为消费者选购的理由。

（二）定位核心竞争优势

在寻找产品竞争优势之后，耆红进一步比较与竞争对手在管理、技术、产品、资源、采购、营销、服务等方面差距，寻找耆红的核心竞争优势。通过全面地自我剖析与市场分析，耆红总结出本公司的核心竞争优势主要有：

其一，采购方面：拥有矿山开采权及丰富的荒料储备，可以最大限度地满足顾客的需求，形成竞争优势。此外，采购部门每年制订采购计划，按照标准进行对外采购，确保采购的质量与价格。

其二，研发方面：拥有一支专业的研发团队，同时与科研单位、大专院校合作，创办技术研发中心，提高技术创新能力。

其三，生产方面：拥有国内外各种先进的石材加工设备及一套标准的生产管理流程，使耆红得以不断更新产品与技术，也为产品质量奠定了坚实基础。

其四，管理方面：制定了一套较为规范的管理制度，包括车间管理制度、绩效管理制度、矿山管理制度等，规范化的管理保证了企业的稳定发展。

其五，营销方面：组建了覆盖全国的销售渠道网络及专业化的营销团队，方便了产品体验与购买，也有利于扩大企业知名度。

其六，售后服务方面：注重售后服务，包括产品维修、清洗等，并且有专人负责进行定期的客户回访，以便更好地服务客户，减少客户的后顾之忧。

砉红领导认为这些优势是公司战胜竞争者，在市场上获得有利地位的重要原因。

(三) 选择与传递定位

产品竞争优势与企业核心竞争优势的分析，明确了砉红产品差异化与定位，即承接不同层次、不同大小、不同难度的工程，为客户提供高标准、高质量的产品与服务。砉红选定产品的市场定位后，通过设计相应的营销组合，包括产品、定价、分销、渠道等，将公司设定的产品定位传达给顾客。

四、营销组织架构

砉红在总经理的领导下，开展市场营销工作，总经理全权负责公司的销售事宜，但主要工作还是由外部市场开拓。总经理下设销售副总，主管企业内部的销售管理事宜。销售副总管理着柜台经理、石材体验中心经理及区域经理的工作，柜台经理及石材体验中心经理直接领导各自部门的业务员，而区域经理则对各地区的区域经销商进行全面管理。砉红的营销组织架构如图 9-1 所示：

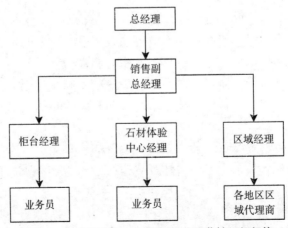

图 9-1 云南砉红石材开发有限公司营销组织架构

第二节 产品策略

云南耆红石材开发有限公司立足于天然石材和人造石材两大主要产品，以技术与产品开发为基础，不断完善、更新、充实公司产品，使其满足市场的需求。耆红采取的产品策略主要包括产品线决策、品牌及新产品开发策略。

一、产品简介

（一）主营产品

云南耆红石材开发有限公司的产品主要分为天然石材和人造石材（再生石材）两个大类，石材精加工后的产品主要包括异型产品（含柱子、卫生浴台面、栏杆扶手、线条、工艺品、雕刻等），各种光板、毛板，麻面石、盲道石、凸包石、梭坡石、导向石、攒路石等，水刀拼花、马赛克等，公司每年生产的明细产品大约有 3000 多种。

（二）产品特点

天然石材作为天地结晶，饱含原生石韵，有着斑斓华美的纹理。天然石材密度和硬度大、耐磨损、花纹自然、市场价格较便宜，可用于公共建筑和家庭装修等，但是天然石材也存在弹性不足、渗透率较高、污渍难清洗、无法无缝拼接等问题。耆红天然石材"与天地，同浩瀚"，将为现代人缔造一个不可复制的美丽世界。

人造石材是一种物填充型高分子复合材料，其主要成分是高性能树脂、天然矿石粉、天然颜料和固化剂等，也被广泛应用于公共建筑和家庭装修等领域。人造石具有无毒、阻燃、不沾油、不渗污、耐磨、易保养、可无缝拼接、可塑性强等特点，作为一种绿色环保型材料颇受欢迎，其主要缺点是色调较单一、缺少自然感，且目前我国人造石材行业还处在摸索发展阶段。

二、产品线

产品线是具有相似功能，出售给同一客户群体，通过相同的渠道销售，或者价格相近的一组产品。砉红主要有两条产品线，一条是天然石材产品线，另一条是人造石材产品线。

（一）天然石材产品线

按照不同风格，砉红将天然石材产品线开发成四个产品系列：

系列一——弥勒风情·低调奢华。款款天然石，涓涓弥勒情。大大小小的石头，勾画着弥勒之线条，于苍穹之中悄然散发出撩人的弥勒风情，而那深深浅浅的色泽，吮吸着万物之精华，于低调之中透露出奢华之气。代表产品有世纪黄玉、红线米黄、波斯灰（又名豆花米黄）。

系列二——古雅幽情·典雅华贵。每一条纹理，都镌刻着最古雅的幽情，如穿越时空的精彩回放；每一寸质感，都呈现出最天然的风貌，似感动天地的深情告白。每一块石头，生动自然的情绪和丰富的细节，塑造了视觉的张力，高贵而不失典雅。代表产品有欧亚木纹、香槟玉芳、雨林啡、莎安娜米黄、木纹洞、新亚米黄、浅啡、青龙玉。

系列三——格调韵味·灵性空间。光影在石材之上划出优美的弧线，色泽明朗而灵动，风格奢华而时尚，无一处不透露着天然石材的立体感与层次感。代表产品有西班牙米黄、法国金花、金碧辉煌、阿富汗青玉、帝皇金、帝皇洞、金世纪、松香玉。

系列四——时尚气韵·臻美绝伦。源自对原始自然的理解，将优美的石质纹理，勾勒成令人惊叹的柔和与动感，让生活空间散发温馨又不失华丽的气息，如一件精美的艺术品，无论整体还是细节，无不体现着追求完美的品质与精神。代表产品有爵士玉、雅士白、法国木纹、金蜘蛛、深啡、法国紫彩、皇家金檀、黑金花。

（二）人造石材产品线

砉红人造石材通过更新理念、改进技术，选用性能高端的原料，创造出纹理独特、品质优异的砉红人造石材产品。再造出黑金花、莎安娜等数十款赫赫有名的新型环保石材产品，完整还原了名石本色与珍貌，成就了世界石材创新新贵。

耆红视人造石材为"与凤凰，同涅槃"，通力打造尚品生活，卓越典范，耆红人造石的产品系列包括：

　　系列一——天然质感·石韵含香。源于天然真意，自有天成。浑厚的天然气息不乏现代的美感，方寸搭配，非凡的自然气质，内外融聚，悠然淡静中内蕴高雅与博大，将岗石材的纯美色泽深度渗透进产品，让自然的印记，呈现别具一格的艺术风采，铺就出颇具自然韵味的现代雅居。主要产品有雅士白、玉玲珑、爵士白、彩云红、红花玉、粉红玫瑰、爵士金啡、白金米黄、圣雅米黄。

　　系列二——纯色之恋。追求一种纯然的韵味，源于对淡雅清新感觉的迷恋。没有过多修饰，只从细节上体现一种纯净淡然的美感，以清纯的外表和纯然的内涵，让新时代的居住空间恣意绽放夺目的盛世清辉。色泽自然、纹理清晰，犹如流水的波纹，清晰、变化不定而自然流畅，又像流纹岩上的自然纹路，细腻天然，毫无重复。主要产品有水晶黄、路易金沙、黑金莎、汉白玉、帝王石纪、龙纹壁、皇家珍珠、银星钻、北极紫星。

　　系列三——布拉格之韵。魅力是一道流动的风景，穿越时空的交织，让空间着了魔。或许，这绝不仅仅是艺术升华，更是对心灵空间的恒久眷恋。肌理丰富，断面如凝脂。表面图案柔和、细腻，体现一种简约、和谐的新美感。时尚优雅的格调，宁静舒适。主要产品有哈德尔迈、新莎安娜、梦幻金、金世纪、世纪莎安娜、紫罗红、黑金花、维纳斯白、阿曼、圣米尔石、莎安娜、珍珠米黄、喜羊羊、灰太狼、浅啡。

　　系列四——飞流叠影。边界清晰、纹理细腻、质感更通透、蜿蜒流畅、大气磅礴，呈现出比天然石材更加丰富多彩的板材效果。

　　系列五——艺术之石·巧夺天工。素淡又不失变化，自然又不失时尚的纹理处理，简洁又富有雅致气质的装饰效果，为现代建筑拼贴出时尚亮丽的空间。主要代表产品有马赛克、马赛克拼花、马赛克腰线、马赛克油画、水刀拼花。

　　耆红人造石材如自然灵动的水彩画卷，赋予空间一种卓越超凡的气质之美，极致考究的精细品质，为生活奉献着一个个经典作品。沉淀醇厚的人文意蕴，无与伦比的智慧哲思，不遗余力地将独特个性卓然展现；将古典艺术的深邃神韵和现代流行的简约风尚统一结合，完美再现耆红人造石材的自然风范。

　　耆红根据公司发展目标与资源、能力制定产品线及产品组合策略，同时依据消费者消费习惯、生活方式、偏好及市场规模等的变化不断更新产品线，如进行产品线扩展、产品线填补、产品线延伸等。

三、品牌策略

品牌是制造商或经销商加在商品上的标志，由名称、符号、象征、设计等组合构成。品牌是一个企业重要的无形资产，也意味着消费者对企业及其产品的感受与认知程度。耄红从一开始便非常重视品牌建设，通过品牌定位、品牌名称、品牌归属及品牌开发建立起耄红品牌，并对此进行谨慎地开发与管理。

（一）品牌定位

耄红根据产品属性，首先，将品牌锁定在与石头相关的领域。其次，分析目标客户的利益与诉求，对品牌进行差异化定位，试图通过制定契合客户心理需求的品牌，在客户心中形成本品牌与其他品牌的强烈差异。最后，提出本品牌的承诺，即"以诚为本，以信立足；以质求存，以德治企；以安全生产求效益，以顾客满意求发展，创云南卓越石材品牌"。

（二）品牌名称

品牌名称是智慧与艺术的结晶，耄红创始人经过反复斟酌与多番研究，将品牌名称定位为"耄红"。汉语字典上讲，"耄"取 hua 音时，是象声词，形容动作迅速，这个层面象征着耄红可以迅速成长。从字形结构来看，"耄"字，上"丰"下"石"，很容易让人联想到"丰收的石头"，这个层面既让消费者对公司的经营项目一目了然，又暗含着对公司未来大丰收的一种美好愿望。另外，"耄"字属于生僻字，当人们查阅该字的音、义时，其实也获得了意外的广告效果。"耄红"二字组合到一起，意味着耄红的事业将红红火火、连年丰收。"耄红"无论从音、形、义上，都寓意深刻，值得玩味，让人一旦认识，便印象深刻。

（三）品牌归属

耄红生产的所有产品（除荒料外）都标明"耄红"品牌字样，即品牌所有权归属于云南耄红石材开发有限公司。经销商销售的产品与耄红的品牌保持一致，不得将耄红产品冠以其他品牌进行销售。

（四）品牌开发

为了便于市场统一推广，目前公司的人造石材延续耉红石材的"耉红"品牌。经过一段时间的推广之后，管理层表示未来公司有可能对其人造石产品冠以新的品牌，将两个公司的两类产品从品牌上予以区分。

在确定品牌之后，耉红通过广告、口碑、网站等多种方式不断地向消费者传递品牌名称及定位，并采取统一包装标识，让消费者了解、识别、接受"耉红"品牌。另外，耉红对员工进行全方位培训，提高员工的顾客服务意识，树立"耉红"品牌的形象，使"耉红"品牌深入消费者内心。

四、新产品开发

在原有天然石材产品的基础上，为了节约资源，开发绿色环保的石材，耉红在屏边、金平等贫困县和弥勒革命老区建立收购点，以保护价的收购方式，带动当地农民收集矿山、石材加工企业废弃的下脚料和自然界中无加工价值的小石材作为原料，采用树脂合成法，生产再生石材荒料，并通过现有的天然石材加工生产线，生产具有天然石材花纹和质感的再生石材建筑与装饰用产品，形成年产 60 万平方米再生石材板材的生产规模，每年可消耗废弃石材 5 万吨。

第三节　定价策略

从企业角度考虑，定价低于成本会亏损，定价越高于成本，利润率就越高，但是价格定得太高，超过消费者对产品价值的感知时，就不会有人购买，因此企业的定价策略要在高利润和市场份额之间做一个平衡。不同企业的定价策略不同，也将面临不同的市场境遇。

一、产品基本价格的制定

（一）影响产品价格的因素

在制定产品基本价格时，既要考虑企业内部的影响因素，又要考虑企业外部的影响因素。内部影响因素包括企业的营销目标、产品定价目标、产品成本等,外部影响因素主要有市场结构、需求价格弹性、竞争者的产品与价格等。

1. 企业营销目标

产品定价在很大程度上取决于企业的营销定位与目标。君红定位于服务中高端客户市场,立足于红河州市场,发展云南市场,开拓全国市场,打入国际市场。其总体的营销目标是市场规模每年增长 40%,2018 年总收入达到 3 亿元以上,到 2020 年达到 10 亿元以上。在这一定位与目标的指导下,君红产品的定价较其他企业的产品也适度偏高。

2. 产品定价目标

为了在激烈的市场竞争中获取有利地位,君红对天然石材和人造石材的定价,一方面考虑到扩大市场份额,增加产品利润的目标;另一方面尽量避免陷入价格战的泥潭,在保证产品和服务质量的基础上,制定合理的价格,努力建立起与消费者之间独特、稳定的关系。

3. 产品成本

消费者对产品价值的感知决定了产品定价的上限,而产品成本则决定了产品定价的下限。定价若低于成本,那么企业无疑会面临亏损。君红产品十分重视产品成本,将产品成本分为直接材料、直接人工、修理费、水电费、折旧费等,并进行核算,在此基础上确定产品价格的底线。世纪黄玉材料成本高于米黄,因此君红的世纪黄玉抛光直线条、粗磨直线条、抛光弧形线条的价格基本上分别是米黄抛光直线条、粗磨直线条、抛光弧形线条的两倍。

4. 市场结构

从全国来看,低端石材市场处于一个近于完全竞争的状态,中高端市场则处于寡头竞争状态。在弥勒当地,从事石材产品加工生产的大大小小企业就达到 1000 多家,低端市场由于进入门槛低,因此小企业、小作坊众多,它们利润低,基本上靠打价格战来生存。君红着眼于长远发展,定位于中高端市场,致力于提供物美价优的石材产品。

5. 需求价格弹性

石材作为一种耐用消费品,总体来讲,其需求价格弹性较小。尤其在高端市场,价格降低幅度小于需求增加幅度,造成总收入减少;而价格的增加带来的需求减少幅度也较小,使总收入增长。把握这个特点,君红中高端石材的价格基本上就能保持稳定或者稳中有升。

6. 竞争者的产品与价格

竞争者的产品与价格是耆红制定产品价格时参照的又一重要因素，对于同竞争者差别较小的产品，耆红的定价也基本上与竞争者保持持平；对于特色产品，耆红定价相对较高。

（二）基本的产品定价策略

石材产品品类繁多，价格也千差万别，在不断地摸索中，耆红形成了一套独特的产品定价模式，其中最基本的三种定价方法分别是：

1. 成本导向定价

成本导向定价是以单位产品成本为依据，再加上预期利润来确定产品价格的方法。成本导向定价法主要包括成本加成定价法和盈亏平衡定价法两部分。

成本加成定价是一种最简单的定价方法，即在产品总成本（固定成本＋变动成本）的基础上加上一定比例的利润率。由于企业对自身产品成本较为了解，且操作起来简单易行、成本较低，所以尽管该方法未考虑到消费者价值和竞争对手价格对需求的影响情况，但是仍颇受欢迎。

盈亏平衡定价（目标利润定价）是指将产品价格定在保证盈亏平衡或能够获得目标利润的水平上，价格定得越高，盈亏平衡点越低。这种方法的优点是可以用盈亏平衡图展现出不同销量下的总成本和总收益。

2. 需求导向定价

需求导向定价是一种根据市场需求及消费者对产品价值的认同和感知来确定产品价格的定价方式。例如，耆红对采用一面浮雕、一面线雕与两面线雕、两面浮雕的价格，需要根据顾客认可的图纸方案来面议。这种方法下的产品价格可以随市场需求状况的变化灵活调整，但是消费者对产品价值的认可和感知程度短时间内往往很难衡量。

3. 竞争导向定价

竞争导向定价是根据市场上竞争对手相同或相似产品的价格确定本企业产品的价格。这种方法考虑到了竞争对手的价格，采用此方法通常可以制定出一个较为合理的、有竞争力的市场价格，但是需要投入一定的资源进行市场调研。

耆红对三种基本定价方法取长补短，综合考虑产品成本、市场需求及竞争对手定价情况来确定本企业产品价格。成本是茜红定价的参考基准，然后再参照市场需求和竞争产品价格，对供不应求的产品制定较高价格，对于供过于求的产品制定有竞争力的价格，最终确定出适当高于或低于竞争对手的产品基本价格。

二、产品价格的调整

在选定基本的定价方法之后，茜红根据运费、购买数量等实际情况对基本的产品定价进行调整，进而确定产品最终价格。茜红采用的产品价格修正方法主要有：

（一）产品价格的修正

1. 折扣定价法

折扣定价是指对产品的基本价格作出一定的让步，以直接或间接的形式降低产品价格，来扩大产品销量。直接折扣有数量折扣、现金折扣、功能折扣、季节折扣，间接折扣包括回扣和津贴。茜红的折扣比较少，而且折扣主要针对人造石材，茜红会对人造石材大客户给予一定的数量折扣。随着茜红品牌竞争力的增强及经营管理的规范化，茜红已基本实现全款订货。

2. 促销定价法

促销定价是指企业暂时性地将产品价格定得低于价目表价格，有时甚至会低于产品成本，让利于消费者，进而达到促进销售的目的。茜红会在店庆、纪念日等特定时间开展促销活动。例如，在 2014 年"淘宝中国行——家具建材惠弥勒"活动中，茜红不同幅度地调低某些产品的价格，吸引了大批购买者。

3. 地区定价法

地区定价法即对于不同地区的产品制定不同的价格。茜红原产地在弥勒市，消费市场却覆盖全国甚至国外，而各地区的经济发展程度各异，运费自然也不尽相同。对此，茜红采取的价格调整策略是运费由客户承担（或由茜红先行垫付，但包含在最终货款之内），相对发达地区与相对落后地区的产品价格会根据当地经济发展情况和消费水平做一些适应性调整。

茜红首先采用成本导向、需求导向及竞争导向定价策略制定产品基本价格，然后再用折扣、促销、地区差别定价等方式进行调整，最后确认一个最优的产品价格。

（二）部分产品价目表

部分产品价目见表9-1。

表9-1 部分产品价格

类 型	品 名	单 位	零售价（元）
再生石材	莎安娜大光板	平方米	320
	爵士白大光板	平方米	696
	路易金沙大光板	平方米	650
	圣雅米黄大光板	平方米	736
进口天然石材	西班牙米黄	平方米	1960
	土耳其玫瑰	平方米	1080
	松香玉	平方米	2640
	挪威彩云	平方米	840
岗石异形	新莎安娜、爵士金啡、红花玉、爵士白、雅士白、梦幻金、白金米黄、玉玲珑、世纪莎安娜、紫罗红、黑金花、金世纪、哈德尔迈、圣雅米黄、粉红玫瑰、彩云红抛光圆柱板	平方米	1780（罗马柱板每平方米加200元）
	阿曼、芙蓉王、黑金莎、水晶黄、维纳斯白、珍珠米黄、圣米尔石抛光柱脚头	平方米	3120
	新莎安娜、爵士金啡、红花玉、爵士白、雅士白、梦幻金、白金米黄、玉玲珑、世纪莎安娜、紫罗红、黑金花、金世纪、哈德尔迈、圣雅米黄、粉红玫瑰、彩云红抛光线条	米	加工费每公分宽16元，材料费每公分厚2元。弧形线条加工费每公分宽30元（宽度以实际材料宽度为准）。适用于板粘和荒料
	阿曼、芙蓉王、黑金莎、水晶黄、维纳斯白、珍珠米黄、圣米尔石抛光柱脚头	米	加工费每公分宽16元，材料费每公分厚3元。弧形线条加工费每公分宽30元（宽度以实际材料宽度为准）。适用于板粘和荒料

　　君红的产品定价策略相对简单、易操作，所花费的时间、资金、人力等成本较低，价格调整也较为灵活。其缺点是价格调整多是在被动的情况下完成的，缺乏对市场价格变化的前瞻性和敏感性。

第四节　渠道策略

渠道策略是整合营销策略中的又一个重要内容。营销渠道是指产品从生产者向消费者转移过程中取得产品所有权或帮助转移所有权的组织和个人，它决定了何时、何地、由谁向消费者提供产品。对于君红而言，渠道已经成为企业开拓市场、降低成本和提高竞争力的重要手段。

一、营销渠道设计决策

(一) 影响渠道决策的主要因素

1. 产品

石材具有体积大、质量重、易毁坏等特点，而且是消费者定制的非标准化的、技术性较强的产品，为了减少搬运次数，减少产品破损，满足顾客的个性化需求，君红选择使用较短的渠道进行销售。

2. 市场

消费者对石材产品的购买频率低，需求量也相对较小，比较适合较短的渠道。在红河当地，君红拥有较大的市场份额，购买者分布相对较为集中，因此，在红河采用直销方式。对于红河以外的其他地方，因较大规模的零售商较少，竞争者多采用经销的方式销售，由此，君红也采取经销商渠道。

3. 企业自身

经过二十余年的发展，君红已经发展成为一个不仅具有雄厚经济实力，而且也拥有较高的品牌知名度和市场美誉度的企业。雄厚的经济基础，使得君红有能力为经销商提供广告、培训等服务，而较高的品牌知名度和市场美誉度成了君红吸引经销商的强大引力。

(二) 确定渠道结构

通过对以上各种影响因素的分析，君红选择了较短的销售渠道。对于渠道宽度的选择，目前君红在某一地区基本只选择一家经销商来销售自己的产品，即耒红与经销商签订独家分销合同，规定耒红在一个经销区域内只设一家代理商，制定统一的管理目标和价位。同时要求经销商在产品销售过程中，不得混杂其他同类产品，损害耒红利益。

（三）规定渠道成员间的权利和责任

在确定渠道的长度和宽度之后，耒红就价格政策、权利及责任等对经销商做出了规定。价格方面，常规材料根据经销商所需的产品，按照耒红统一批发价供货，经销商须严格执行耒红系列产品的价位政策，确保市场秩序。地区权利方面，耒红承认经销商在销售区域内的销售业绩，不管该业绩是不是其自身努力的结果。经营区域方面，在常规情况下，经销商不得跨区域经营，如需跨区域经营业务，须先报公司核实登记后，按量返利一个百分点给所在城市的代理商，天然石材不作任何返点。合同期限方面，经销商在经销期满前，应提前三个月以书面形式通知甲方，决定是否续约，提出续约申请的经销商可以优先获得该城市的经销权，若经销期满，双方不再续约，则经销合同解除。另外，经销商必须完整保存客户资料，以备耒红查询。

（四）评估渠道设计方案

在选择营销渠道时，耒红设计了多条可供选择的渠道方案，然后根据经济性、可控制性和适应性三个标准，对渠道方案进行评估，最终确定了在红河当地直销、在其他地区采用经销商的渠道方案。从长远来看，该方案也是最有利于实现耒红战略目标的。

二、经销商渠道管理决策

（一）选择渠道成员

为了选择出合适的渠道成员，耒红制定了如下标准：

第一，诚信情况。耒红自成立起，就极为重视企业自身及员工的诚信问题，耒红领导人认为诚信是一个企业的立业之本，如果一个企业没了诚信，它是无法获得社会及市场的认可的。

第二，对耒红的认同。遴选经销商时，是否认同耒红的企业文化、管理制度等因素，也是耒红选择的一大标准。因为只有认同耒红的产品、文化、管理等，才能更好地服从耇红的管理，致力于耇红产品的销售，维护耇红的口碑，并最终形成稳定、融洽的合作关系。

第三，经销经验。经验对于企业来讲是一种难得的资产，拥有一定经验的经销商对耇红来说，可能意味着较小的风险和较大的收益。

第四，经销意愿。耇红会把经销经验作为选择的重要依据，但也不是唯一因素。除经验外，耇红还尤为看中经销商的经销意愿，对于缺乏经验，但是对经销耇红产品表现出极大兴趣的经销商，耇红也非常欢迎，而且会对经销商给予一定的培训和特殊照顾。在耇红的经销商中，就有一些这样的经销商，而且经过一段时间的摸索和发展，他们的市场销售额也很高。

第五，市场影响力。具有较大市场影响力的经销商可以帮助耇红在新的区域更快地开拓市场，树立耇红形象，传播耇红品牌。根据以上标准，经过层层筛选，耇红在全国共遴选出 50 余家经销商作为其渠道成员。

（二）管理渠道成员

为了保证经销商维护耇红的利益，耇红就价格、店面、销售区域、经销期限等方面，与经销商达成一致，以约束经销商的行为，加强对其管理。具体内容如下：

第一，经销商需遵守国家相关政策，合法经营，遵守耇红制定的相关规定，执行价格政策。

第二，合同签订三日内，经销商要向耇红缴纳形象店装修样品保证金，面积在 50 平方米或以上的装修保证金按 1500 元/平方米收取，待装修完成后多退少补。面积不足 50 平方米的，公司一次性收取五万元人民币，如装修超过五万元的由乙方补足差额，如装修不足五万元的客户按五万元收取。公司根据代理商的销售业绩，按每年实际销售额的 5% 比例返还保证金。对于不缴纳保证金的，店面装修所产生的一切费用与耇红无关，经销商可以根据实际情况装修店面。

第三，在产品销售过程中，经销商不得混杂其他同类产品，损害耇红利益。

第四，服从耇红监督、检查和管理，做好代理城市的客户档案。经销商在经销期限内，不得将经销资格转让他人。

第五，在常规情况下，经销商在经销区域内，不得跨区域经营，如需跨区域经营业务，先报耷红核实登记后，按量返利一个百分点给所在城市的代理商，但天然石材不作任何返点。

第六，经销商严格执行耷红系列产品的价位政策，确保市场秩序，并做好产品的售后服务工作，处理消费投诉、突发事件、施工安全等。

第七，经销商必须完整保存客户资料，已备耷红查询。

第八，积极完成双方确定的销售任务，并及时支付耷红的货款。

第九，经销商在经销期满前，提前三个月以书面形式通知耷红，决定是否续约，提出续约申请的经销商可以优先获得该城市的经销权。

（三）激励渠道成员

耷红对渠道成员的激励政策是：第一，对于渠道商进行必要的培训和全面的技术支持。第二，耷红对渠道成员规定统一的进货价格和销售价格（片区之间根据发展情况会略有不同），经销商的利润来源是耷红给予的销售额返点。第三，耷红的经销商可以发展自己的下级代理商，并允许其在合理的框架内进行自行管理，以帮助其更快速、更有效地占领区域市场。第四，对于无法完成合同中规定的销售任务的经销商，耷红有权取消其代理资格。

（四）调整营销渠道

耷红营销渠道包括渠道的结构、渠道成员的数量、渠道的管理制度等，它们都是处于动态调整过程之中的，而调整的依据就是耷红的市场环境、经营目标与发展战略及竞争对手渠道政策的变化等。

三、网络营销渠道

随着互联网、移动互联网技术的发展，网络经济逐渐兴起，越来越多的企业将生意搬到网上，网络自然成为企业打开销售市场的又一渠道。耷红也意识到了网络渠道的重要性，但是鉴于石材产品的特殊性，耷红现在更多的是加强展示型网站的建设，将产品目录、促销活动、联系方式等信息全面、丰富地展现在公司网站上，以供客户参考，有兴趣的客户可以按照网站上的联系方式，通过电话、邮件等方式进行咨询，或者直接到公司亲自参观、体验。耷红将线上与线下销售结合起来，减少了时间、距离给销售带来的不便，开辟了石材销售的新途径。目前，耷红的网络销售还处于摸索阶段，未来，随着经验的积累和营销及管理思路的创新，网络很有可能成为君红开拓国内外市场的一个重要渠道。

第五节 促销策略

促销策略是指企业通过人员推销、广告、公共关系和营业推广等多种促销方式，将产品信息传递给消费者，以引起消费者的兴趣，并激发他们的购买欲望和购买行为，从而实现扩大销售的目的。通常情况下，企业会依据产品特点、经营特征及预算情况，综合运用人员推销、广告、公关和销售促进等方式进行产品销售，即整合营销。

一、人员推销决策

（一）人员推销的步骤

人员推销是企业为达成交易而依靠销售人员说服顾客购买产品或劳务的过程。君红有一支专业的销售队伍，销售人员基本上遵循如下步骤，即寻找潜在客户、做好准备工作、传递产品信息、处理异议、达成交易、客户的维护与开发。

第一，寻找潜在客户，这是推销工作的起点。君红销售人员主要通过老客户介绍和自己挖掘来寻找潜在客户，前者因潜在客户对老客户的信赖而比较容易成交，后者则要靠销售人员主动搜寻，如走访、查找网站招标信息等。

第二，做好准备工作。在找到潜在客户后，君红销售人员会准备向客户提供的产品信息及潜在客户的资料。产品信息包括产品公开目录、价格表、以往销售记录等，潜在客户资料包括购买决策者、可能的购买风格、购买者消费能力等。同时，君红销售员还会就访问方法、时机、注意事项等做好准备工作。

第三，传递产品信息。接下来，按照计划接近客户并将准备好的产品信息递交客户，销售人员会通过展示、案例、讲解等方式，让客户对公司和产品有一个初步的了解，进而激起消费者的购买兴趣和欲望。

第四，处理异议。当客户对耒红产品表现出购买兴趣，通常会就产品质量、安装、使用、售后、价格等问题提出异议。此时耒红销售人员会先揣测客户产生异议的原因，有针对性地予以排解。处理异议是一个很关键的环节，异议处理得当，成交的概率会很大，处理不当则可能前功尽弃。耒红明确规定，在处理异议过程中，销售人员不得与顾客发生争论。

　　第五，达成交易。耒红销售员经过密切观察购买者的言行举止后，选择适当的时机，采取灵活的销售技巧，提出成交要求，促使交易达成。

　　第六，客户的维护与开发。对于达成交易的客户，耒红会及时做好客户维护工作，如向客户提供安装、保养建议，尽量让客户对耒红感到满意，并继续购买耒红产品或从老客户身上开发新客户。

（二）推销队伍的管理

　　在推销过程中，为充分发挥销售人员的主观能动性，规范销售行为，树立良好的企业形象，加大公司产品的销售力度，耒红对销售人员的礼仪形象、销售标准、业务能力等，制定了如下的标准及规范：

　　第一，销售人员必须遵守国家法律、法规和政策；严格执行公司的管理规定及部门的各项管理规定，遵守公司的各项规章制度。

　　第二，销售人员应努力学习，不断提高自身的业务素质，熟悉和掌握各个产品的生产工艺、产品性能（包括产品的品种、规格、质量要求和适用范围），做到针对客户提出的问题对答如流，根据产品的特点提出自己的看法及最佳使用方案。

　　第三，及时了解同行业产品的市场动态及价格情况，发现新产品或客户对公司产品有新的加工要求，应及时向公司反馈，要保证满足客户及市场的需求。

　　第四，销售人员应注重自身的修养，做到言谈文明、举止大方、着装整洁，要将公司利益及形象放在首位。严格防止公司机密及合同内容泄露，不得以公司的名义弄虚作假或违法乱纪，如有违反，当事人将承担由此造成的全部损失，并处以 2~5 倍的罚款，情节严重者，移交司法机关。

　　第五，在销售活动中，应针对不同客户的需求由销售人员灵活把握产品价格，但产品价格不得低于公司规定给销售人员的最低价，若销售人员私自定价，低于公司规定的最低价时，给公司造成的一切损失由销售人员自己承担。如客户出不上价，应及时报销售主管领导，由销售主管决定。

第六，对有业务意向的客户，信息反馈真实，且属大客户，销售人员的运筹确有困难，应及时报销售主管领导决定。

第七，在销售过程中，不允许任何销售人员向客户要回扣，一经发现，追回一切赃款，并扣除全年的工资及所有提成，情节严重者，开除公职。

第八，在市场业务拓展上，要深入细致地了解，以自身产品优势和长处提高市场占有率，挖掘市场潜力，创造潜在客户，提高业务成功率，销售人员必须熟练掌握业务，掌握合同的签订和有关银行支票使用及填写知识，在货款的回收上，做到合同履行完毕后使款项足额收回，避免被客户挪用和拖、占的事情发生。

第九，销售人员不得利用公司的业务之便做与公司无关的事，如出现诈骗及其他非法活动，与公司无任何关系，所发生的经济责任及法律责任，全部由本人负责，公司概不承担，情节严重者由司法机关处理。

第十，销售人员在签订合同时必须了解对方的资金情况，辨别客户的真伪，确保货款能按时收回。若发生合同被骗，导致货款不能收回，由签订合同者承担全部责任。

第十一，签订合同时必须清楚记录客户所需产品的名称、规格、花纹走向、质量要求、单价、交货时间、数量、品种等，核对准确后按客户要求在合同内注明，并在加工单上签字，如合同上没有写清楚，造成的一切经济损失，由合同签订人照价赔偿。

第十二，签订销售合同时，客户的加工要求，以客户提供的加工单尺寸为准，签订带安装合同时，生产加工尺寸以施工人员到现场量取的尺寸为准。销售人员必须配合产品的发货、送货及工程验收。

第十三，公司招聘的销售人员试用期为三个月，试用期内销售人员的工资根据本人的能力制定，在试用期内，视销售业绩，公司有权提前录用或辞退销售人员，被辞退的人员必须归还公司的一切物资。

第十四，货款追收遵循谁销售，谁追回原则，收款一律由公司派专人协同销售人员收回，销售人员一律不允许收款，特殊情况下必须有公司主管领导的批示，销售人员才能收款。

第十五，为了加强销售环节的机动性，销售部配置车辆，由部门主管根据业务需要安排调用，用车原则按公司的用车规定执行。销售人员的电话费，公司按业务量大小报销，每月 50~250 元，超出部分个人承担。销售人员带客户到公司考察的招待费（专指吃饭、住宿）由公司承担，其余所有差旅费用由销售人员承担，公司概不负责。

第十六，被公司正式录用的销售人员，按月领取保底工资，但连续三个月无销售月绩和销售额太少，公司将停发保底工资和其他所有费用，以后的一切销售费用自理，如需恢复，必须有销售月绩，方可恢复。连续五个月没销售月绩的销售人员公司作辞退处理。

第十七，销售过程中，公司把省内市场化分为几个片区，各人负责各自的片区，不允许跨区销售，如出现跨区销售，所跑销售额，全部算为公司。如遇特殊情况要跨区，必须有销售主管的同意。销售人员要搞好团队协作，共同完成销售任务，树立团队精神。

第十八，销售人员每月都必须做出月拜访表，把拜访的情况及联系电话记录下来，并向公司销售部主管负责人汇报，认真做好一切售前、售后服务工作。销售人员在未签订合同之前，要事先跟销售主管协调交货时间，不能私自定交货时间，如私自定交货时间，到时因跟其他订单冲突，由此造成的一切损失由签订合同人承担。

（三）推销队伍的结构与规模

峉红共有销售人员 16 余人，集中分布在柜台和石材体验中心，有柜台经理和石材体验中心经理分别领导。

二、销售推广决策

销售推广就是为了鼓动消费者（或中间商）在短期内迅速、批量购买企业产品或服务的促销活动。峉红针对消费者的销售推广方式主要有现金折扣、赠品、产品陈列、免费咨询等，针对经销商的销售推广主要通过展销会、价格折扣和折让、赠品、合作广告、销售竞赛、为经销商提供咨询和培训等形式来实现。目前，参加厦门国际石材展成为峉红销售面向国内外市场进行销售推广的重要手段。另外，为扩大对外销售，峉红还积极参与国际展销会，如 2009 年 11 月，峉红参加了由越南工贸部、越南老街省人民委员会及中国云南商务厅、中国云南省红河州人民政府在老街市沿海坊金城商贸工业区展览中心联合举办的越中（老街）贸易旅游交易会，以合作发展贸易、旅游与投资，取得了良好的宣传和销售效果。

三、广告决策

砉红的广告决策制定过程主要包括确定广告对象、广告目标决策、广告媒体决策、广告效果评估等。

(一) 确定广告对象

砉红广告主要针对砉红的目标客户市场，包括房地产公司、建筑公司、装饰公司、私人建筑、公装等。另外，广告主要在红河当地，其他地区的广告由砉红和经销商具体商定。

(二) 广告目标决策

砉红期望通过广告宣传砉红产品，提高砉红的知名度，挖掘潜在客户，增加砉红产品的市场销售。同时，广告也可以为砉红吸引经销商。

(三) 广告媒介决策

砉红石材每年的广告投入相对较少，广告媒介主要有砉红石材体验中心、电视、网络、宣传册、传单等。其中，砉红在电视台所做的广告为"您想到的砉红会为你做到，您想不到的砉红会为你想到!""美化环境，美化家园，留下您的才智给后人无限的敬仰，砉红石材愿满足您无限的需求而努力!"

(四) 广告效果评估

为了评估广告效果，砉红每年会通过问卷、分析销售数据等方法，了解消费者获知砉红产品的途径及广告对增加购买砉红产品及提高砉红知名度的作用，从而不断更新、完善广告决策。

四、公共关系决策

公共关系是指宣传或保护企业或产品形象的一系列活动，企业在处理公共关系的过程中与投资者、消费者、媒体、政府等建立良好的关系。砉红开展公共关系的平台主要有参加研讨会、加入石材协会、发布年度总结报告、慈善捐赠、出版物、特别事件、游说等。公共关系决策为砉红树立了良好的企业形象，激励了销售团队和经销商，并一定程度上降低了促销成本。

第六节　客户关系

客户关系的一个基本要素是保持客户，另一个基本要素是理解客户的价值。客户关系的真正目标是客户的长期满意度，而不是一次性交易。对于要建立起有意义的客户关系的企业来说，它们必须真正理解是什么构成了关系。这种关系并不能通过建立客户数据库、锁定客户或者设立脱离障碍建立起来，也不能依靠增加转换成本，迫使客户别无选择，从而留下来。

一、客户的重要性

在当今竞争激烈的石材市场中，客户与潜在客户是一个企业成败的关键，许多企业都清楚客户是自己最有价值的财产，没有客户就没有企业，客户是企业生存和发展的前提。

（一）失去老客户的损失大

客户是企业的利益之源，是企业得以生存和发展壮大之根本。需要把企业的老客户和新客户区别开来，把企业的老客户当成一个群体。失去一个老客户会给企业带来巨大损失，包括直接损失和隐形损失，这是从负面效应的角度提醒企业经营者对老客户需要给予足够的重视。

企业的销售收入和利润都是客户提供的，但不同的客户对效益的贡献不同。忠诚客户惠顾企业的时间长，购买金额大，因而是企业经济收入的主要提供者。客户重复惠顾所带来的利益是每一个企业赖以生存和发展的源泉，并且企业往往有相当比例的营业额是来自看起来不显眼、占小比例的老客户们。经济学中的巴莱多定律（即二八定律）在企业中也同样适合，综观大大小小的企业，它们80%的营业额基本都是来自20%经常惠顾的客户。这足以表明那些对企业忠诚的老客户对企业的重要性。老客户是企业得以存在的命脉。这是因为企业不但节省了开发新客户所需的广告和促销费用，而且随着客户对企业产品的信任度和忠诚度的增强，他们对本企业相关产品的购买率也会提高。①

(二) 开发新客户成本高

当今的市场经济条件，决定了开发一个新客户的成本远远大于维护老客户的成本。客户服务方面的研究指出，开发一个新客户的费用（主要是广告费和产品促销费）是留住一个现有客户的费用（包括提供样品、支付退款、更换商品等）的 6 倍。在石材贸易企业，如果留住一个老客户平均要花费 1000 美元，那么吸引一个新客户下订单则需要花费 6000 美元。这就是真正的差距，这种差距也就是企业可能的损失。

(三) 新老客户互动影响深远

假定企业需要扩大规模，那么，我们首先就要确保有足够的客户群。客户群的强大依靠的是什么，当然不能排除企业自身的开拓与挖掘，但是我们绝不能忽视挖掘新客户，即要赢得新客户与留住老客户之间的互动关系。

销售或推销应该被视为双方面的工作，即赢得客户和保持客户的忠诚度。保持客户的忠诚度当然是为了留住老客户。赢得客户这方面很少遇到困难，广告、展销会、网络促销等，通常占公司销售费用预算的绝大部分。但是公司在保持客户的忠诚度这方面却完全没有预算，或只有很少一部分。事实上，这是很多企业高层管理人员都会犯的错误，明明知道留住老客户非常重要，但总要等到客户离开了才后悔没有早点努力留住他们。

二、客户关系的分类

(一) 供应商关系

随着资源在全球范围内调配，越来越多的企业发现彼此的贡献能产生综合效益，因此，各厂商之间开始合作，并且相互之间的依赖性越来越强。企业与供应商之间建立长期良好的关系，有利于保证企业长久、良好的发展。

1. 供应商关系及其重要性

供应商是指那些向企业提供生产要素，包括原材料、机器设备、零部

---

① 郭汉尧. 失去老客户的损失巨大 [EB/OL]. 品牌中国网，www.brand.cn.com2009-12-16.

件、能源、工具、技术和劳动服务的公司和部门。供应商可以通过提高所供给资源的价格，或降低供应产品的质量，或减少产品的数量等方式，直接或间接影响企业的生产、营销过程以及产品的价格、质量和利润。供应商的产品特点以及其他接触能够十分显著地影响企业的成本和标准化。①企业与供应商的关系并非一方受益，另一方受损的关系，而是一种双方受益或双方受损的关系，这种互惠或互损的利益关系取决于双方关系的性质本身，即双方是建立合作关系还是竞争关系。一般较为传统的企业与供应商的关系是一种短期的、竞争对手的关系，这种竞争关系中买方和卖方的交易是一方得而另一方失。因为买方总是试图将价格压到最低，而供应商总是以特殊的质量要求、特殊服务和订货量的变换为理由尽量抬高价格，哪一方取胜主要取决于哪一方在交易中占上风。这种关系是短暂的、松散的，不利于双方的长期利益，所以，很多现代企业都避免这种竞争关系而选择合作关系。尤其是在石材业，因为石材资源是不可再生资源，控制了矿山就等于控制了石材的品质与价格，并能直接创造利益，所以石材企业更应该与供应商建立长期稳固的密切合作关系，有的甚至投资买下开采权，从而控制荒石料，形成自己专有的资源。

随着消费者对石材产品的需求日益增大，石材开发商对于石材供应商的依赖性也逐渐加强。在这种关系中，供应商的地位变得越来越重要。企业与供应商的关系是企业与原材料、零部件及能源等物资供应企业之间的关系。这种关系是因分工产生又由于协作而形成的共同利益关系，这种合作伙伴关系虽然不可避免地会产生矛盾甚至冲突，但相互的依赖性更为明显。重视企业与供应商合作的重要性，必须与供应商广泛建立密切合作的伙伴关系，以获得来自供应方最有力的支持。

2. 供应商关系营销策略在喜红公司的应用

石材企业的竞争在很大程度上是矿产资源的竞争。原材料问题解决不好，就可能成为石材企业发展的"瓶颈"，特别是一些名贵稀缺矿产，在整个地球上的蕴藏量很少，很难找到相同或类似的品种，它们形成了自然的地域专属性。石材企业意识到原材料采购与半成品的重要性，并致力于建立和维护与供应商的关系，企业一般会采用以下两种营销策略，一种是与供应商形成合作伙伴关系，另一种是与供应商合并。合作伙伴关系是一

---

① 张新国等. 关系营销 [M]. 经济管理出版社，2009.

种最常见的方式，也是"双赢"关系模式，它强调相互合作的企业与供应商之间共同分享信息，相互协商与协调。企业与经销商合并关系是一种全新的模式，在条件合适的情况下，直接与供销商合并经营不失为良策，它既可以整合资源、优势互补，也可以实现共赢。君红巧妙地使用了与供应商合并这一策略，并帮助公司向长久、稳定、良好的方向发展。君红始建于1992年，现在是滇南地区最大的石材精加工企业，集矿山开采、生产加工、设计、销售、安装、保养和清洁为一体。该公司原先的经营范围仅限于石材加工，随着市场需求的增加及生产规模的扩大，荒石料的供应无法满足现有的生产，公司决定购买其他石材企业的石料。

实行两家合并并能够结合两者之间的优势，从而对市场进行相应的调整。君红本身在业务及客户资源方面都有相当充足的资源，而依靠另一企业的矿产资源优势，君红可以独自开发一座盛产波斯灰的矿山，市场潜力非常广阔。因此，君红通过联合得到了绝对的支撑和赢得了市场先机，达到了"1+1大于2"的目的。

君红是西南地区有名的石材企业，产品也畅销全国。公司依靠它独特的波斯灰大理石原材料而逐步发展壮大，仅二十年左右的时间，就从一个名不见经传的采矿经营户，慢慢成为西南地区最大的波斯灰石材生产开发企业。君红能生产出优质的波斯灰产品，备受消费者的青睐，经验固然重要，但是最为关键的一条是该厂慷慨投资并管理好了矿山。

(二) 经销商关系

目前，大多数制造商的产品都是通过批发商和零售商销售出去的。而经销商的存在是工业成功的一个重要因素。他们必须看准市场前景，以招徕更多的消费者。当经销商获得成功时，生产制造商的生产线才会保持运转。生产商希望与经销商保持密切的合作，也希望他们的经营获利丰厚并以此去达到相互的最高谅解。由此来看，生产制造商处理好与经销商的关系是十分必要的。

1. 经销商关系及其重要性

经销商是企业生产出来的产品从生产者转移到消费者的过程中，专门从事对这些产品购买和销售的企业。可以说，经销商是连接企业与市场的桥梁，沟通产品与客户的媒介。企业与经销商的关系是密不可分的，众多的经销商构成了企业的销售渠道，销售是企业生存的关键部门，它的重要性甚至高于企业中其他的内部资源。因此，经销商比生产企业更直接面对消费者，特别是零售商，它的营销行为可能直接影响消费者的购买决策。此外，经销商在一定程度上能为制造企业创造空间效应、时间效应和数量效应，他们可以在当地储存产品，也可以自己选择批发还是零售。因此，制造企业若能与经销商保持彼此信赖的关系，会获得更多的竞争优势。

2. 经销商关系营销战略在砉红的应用

传统的营销观点认为，制造商与经销商双方的关系是独立的，是个体的，相互之间只是一种纯粹的商品买卖关系或者说是利益关系。现代企业的营销观点则认为，制造商与经销商之间是一种合作伙伴关系，即所谓的关系营销。这种营销方式强调的是制造商与销售渠道成员是一种相互支持的关系，建立一种关系型渠道，其宗旨是建成更加积极主动的渠道团队、渠道网络或伙伴联盟。关系型渠道在于尽力维护与经销商的长期的、互利的渠道关系，建立一支忠诚的、相互信任的、有效率的一级经销商、二级经销商队伍，从而促进企业自身与经销商的共同发展。

赢得经销商的支持对于石材企业在市场中活动十分重要。因此，对于经销商的态度，企业应从长期利益出发，重视建立、维护与经销商之间长期的密切合作关系。经销商关系提供的利益主要是指经销商在分销过程中发生成本降低与结合企业战略利益而提供的合作和便利。砉红在处理与经销商的关系时，主要从以下几个方面着手：

（1）经销商授权经营

砉红在对自身进行明确定位时，在对自己认定的红河州核心城市采取直营方式，在其他区域采取的是整合经销商资源进行分销的方式。砉红在全国各地的石材市场选择有实力的经销商，进行签约合作经营，将原来仅限于批发、销售的单纯买卖关系变成更加紧密的合作经销关系。在与经销商签订的经销合同中，砉红制定了新的合作形式与激励性的销售政策，对于经销商发展的分销商，可以由砉红负责分销商店面的安装和装修，而且未来 10 年内，砉红致力于在云南建立一个全国石材产品合作平台，利用砉红自身在滇南市场的技术实力和市场影响力，可以对其他地区的石材工程经销商从工程承接到采购、加工、交货全过程，给予资质、资金、设计、生产全过程一体化服务，实现互助互利、合作发展。此外，砉红视经销商为自己的生意伙伴，而非仅仅是批发商的角色。为达到与经销商的进一步合作，公司对经销商实施销售返点的激励措施，根据其年度销售金额及发展分销商的数量，给予一定的返点，销售额度越高，其返点值也越大。君红的这一做法与经销商实现共赢，以争取更大的市场份额。这种保护和兼顾经销商的利益的方法，提高了经销商的积极性，把经销商和企业捆绑成一个利益共同体，提高达到了优化渠道结构和提高渠道效率的结果。

（2）知识反馈

君红为表明对经销商的重视，除了为经销商提供周到的服务，公司每年会请某个领域的专家举办讲座，并邀请各地的经销商到红河州弥勒市考察与学习，一方面是感谢各界人士的信任、关心、支持和厚爱，另一方面也通过知识讲座的形式回馈各位经销商，同时也给企业与经销商之间制造一次面对面沟通与交流的机会。通过这种零距离的沟通，企业能真正了解经销商的实力、需要、问题和困难，加深与经销商之间的理解和合作，更进一步推进企业与经销商之间的合作关系。

现代企业的生产经营活动日益复杂，要维护企业正常的生产经营活动，扩大经营规模，是通过经销商进行分销还是厂家自检分公司直营，不能一概而论，可以从历史经营效果、企业营销战略及行业竞争需求来设定，一般是二者结合的模式更好。这个结构有两个含义：一是在厂家认定的核心城市或地区（一般在最佳辐射范围）最好是直营，这样可以掌握一手资料，形成核心模式，便于指导经销商运作，而在其他区域最好是整合经销商资源进行分销；二是在市场规模和潜力都较大而经销商资源（特别是资金和运作能力）不足的地区，厂家可参股支持做强做大，这样既做到了市场最大化，又兼顾了经销商稳定可控及厂家效益。

（三）消费者关系

现代社会，消费者是至高无上的，没有一个企业敢于蔑视消费者的意见，否则，企业将自取亡。在市场经济社会，顾客就是上帝，是一家企业成败的关键，企业要尊重他们。

1. 消费者关系及重要性

企业与顾客之间的关系主要是一种销售关系、买卖关系，但是这种市场供求关系之中存在着大量的信息交流关系和情感沟通关系，没有充分的信息沟通与融洽的情感沟通，市场商品交换关系就难以建立，更难以稳定和持久。在现代竞争中，企业发展的核心是与消费者之间保持持久的顾客关系。没有顾客，就谈不上企业的生存和发展，企业只有与顾客形成良好且良久的关系，才能确保稳定的顾客群，尤其在商业竞争日益激烈，企业所提供的产品或服务越来越丰富，而其差异越来越小的今天，作为消费的主体，消费者在替代性很强的各种商品之间有很强的自主性和选择性，其购买行为也越来越倾向于感觉、情感甚至关系，如何来争取这些顾客，就成为每个企业营销的主要任务。因此，处理与消费者关系一定要慎重。

2. 消费者关系营销战略在耆红的应用

（1）奉行"客户至上"的宗旨

耆红奉行"信誉第一、质量第一、客户至上"的宗旨，产品以上乘的质量、优惠的价格、优质的售后服务和良好的信誉，远销国外及国内大部分城市和地区。公司得到当地政府和相关部门的认可，并被颁发和赋予了多项相关的荣誉证书和称号。2002 年，公司通过了 ISO2001-9000 质量管理体系认证；同年，公司经 CISE 中国石材业风云榜组委会确认为中国 50强石材加工企业，被中国建筑装饰协会、中国工商业联合会石材业商会评定为"企业信用评价 AAA 级信用企业"。

（2）满足客户的一切需求

公司的服务宗旨：你想不到的耆红会为你想到，你想到的耆红会为你做到！

公司目前拥有各种国内外先进的石材加工设备和 30 多名多年培养出来的专业管理精英团队，400 多名专业的员工队伍，可满足任何层次、大小、难度的工程，为客户提供高标准、高质量的产品服务。为了满足客户的需求，2007 年耆红成立了专门从事石材安装、保养、清洁为一体的装饰分公司，为客户提供各种服务。装修方公司的目标：创云南石材第一品牌。

（四）政府关系

对企业来说，各级政府部门也是一类公众群体。政府是国家的行政管理机构和权力执行机关，是最具经济实力和社会影响力的关系营销对象，对企业有非同一般的影响。[①]

1. 政府关系及其重要性

与石材相关的政府各职能部门有省、市、县政府及所属的司法部门、

---

① 张新国等. 关系营销 [M]. 经济管理出版社，2009.

税务局、财政局、工商管理局、国土资源部、质量及其物价监督部门、环境保护部门、林业局等部门。石材企业与政府各职能部门及工作人员发生的关系构成了企业与政府的关系。

在中国市场经济中，有人认为，企业与政府的关系是企业同外部最为重要的关系之一，这种说法颇有道理。政府的很多权利带有专断性，有些产品只能由政府提供，如仅有工商局有权提供企业合法的工商登记注册印章。之前有报道称石材可能具有放射性，对人们的健康会有一定的影响，这就要求企业与国家质量技术监察局进行沟通，及时了解哪些是超标准的材料，避免盲目开采和采购，以免给企业造成经济和声誉上的损失。

2. 政府关系营销战略在春红公司的应用

企业虽然作为独立的法人，拥有独立的生产经营权，但是仍必须接受政府各种形式的管理、监督、指导和调节。政府的肯定与赞赏、支持与援助，将会使企业获得长足发展，诸如贷款、拨款、经济援助、鼓动各界声援和协作等，对企业来说都是相当有利的条件，而政府的否定与谴责、反对与制裁则往往会给企业造成很大的不利。

（1）遵纪守法，诚实守信

企业的所有经营活动都必须是合法的，这是任何企业经营与发展的前提条件，那种凭经验和直觉，钻政府空子，甚至不惜违法的经营行为，不仅会损害国家和人民的利益，同时也会损害企业自身的利益，而且最终将会败坏企业自身的形象，因为政府对于企业的不正当生产和经营活动不会漠然视之。因此，在经营活动中，企业不仅要从侧面了解政府及相关法律法规，而且要熟悉政府机关的机构设置和职能分工，弄清楚与企业联系密切的政府职能部门的工作范围和办事程序，并且要同有关工作人员保持经常联系，增进友谊，这样就可以减少一些麻烦，提高办事效率。春红从创立至今，在公众心目中一直树立着正面积极的形象，严于律己，没有任何违法行为。

（2）树立良好公众形象

政府是企业强大的后盾，企业的生存和发展都离不开政府的大力支持。企业良好的表现，将会给政府留下良好的印象。政府是公众利益的最高代表，因此会与公众的喜好联系起来，而对企业进行评价的主体是公众，在政府方面，企业树立的良好的形象会通过政府扩大并反馈给广大公众。企业建立良好形象，主要通过一些特殊的公众关系活动，如赞助、庆典与支持福利事业等先树立企业或产品的形象，使企业或产品形象在公众心目中得到确立和接受，并引起情感共鸣，从而使企业或产品直接进入市场。而寿红在获知云南红河州的一些偏远地区有些儿童由于贫困而不能上学后，公司的董事长丁勇云先生希望通过企业设立的基金会来资助这部分学生，帮助他们完成学业，也为社会贡献自己绵薄之力。寿红的这种行为，虽然投资不大，但意义重大，是一种回报社会的行为。而这样的行为，通过公众媒介，不仅为企业树立了良好的公众形象，大大提高了企业信誉度，而且给政府公共机构留下了良好的印象。

（3）承担社会责任

企业是社会的公共成员，为社会制造产品，而社会也为企业提供了各种资源，如原材料、劳动力、购买力等。既然企业从社会中得到了帮助，就理应对社会给予回报。从地方政府的角度来看，政府公共机构为企业提供了消防、治安、公共基础设施与公共事业、高速公路、环境卫生等各项公共服务，为企业创造了良好的生存环境。寿红作为云南石材行业中一家主力石材开采企业，行业自律是必须要承担的社会责任之一，如寿红要维护石材市场秩序，坚决抵制低价倾销及恶意打压其他中小企业等行为。此外，寿红还自觉承担了治污减排的责任。在这方面，寿红通过科技创新、技术改造，把原先的荒料和废料经过新技术加工形成人造石，将原来丢弃的荒料和废角料自觉回收利用，由政府监督，这样不仅解决了环境问题，而且实现了资源的循环利用，创造了新的价值。

第十章 企业未来发展

第一节 石材行业发展前景

　　随着国民经济的持续增长，经济总量不断扩大，工业化和城市化进程也在加快，与此同时，建筑陶瓷、石材、建筑混凝土等与基础设施、建筑装饰相关的产业也迎来了大发展时期。近年来，无论是国内消费还是国际贸易，石材需求每年都以两位数的速度增长。国内建筑行业的发展不断推动石材需求的增长，中国已成为世界上名副其实的石材生产大国、消费大国和贸易大国。

　　国家"十二五"规划提出提高住房保障水平，加大保障性住房供给，未来5年，我国将建设3600万套保障性住房，使保障性住房的覆盖率达到20%。[①] 国家将强化各级政府责任，加大保障性安居工程建设力度，基本解决保障性住房供应不足的问题，同时加快各类棚户区改造，规范发展经济适用房。[②]

　　近年来，内需对经济增长的拉动作用不断增大，经济增长的速度与质量、结构及效益的关系趋于改善，经济与社会发展更加协调，石材产业持续快速发展。与此同时，"节能环保产业"被列为新阶段转变经济发展方式重点发展的战略性新兴产业之一。石材产品是满足居民物质文化需求升级而使用的天然、高档装修材料，是建材行业最具节能、低碳特点的产品之一。随着居民生活水平的提高，越来越多的人开始崇尚自然，追求高品

---

① 发改委解析"十二五"规划热点：未来5年建设3600万套保障房. 凤凰网，news.ifeng.com.
② 中华人民共和国"十二五"规划全文. 百度文库. wenku.baidu.com.

质生活，尝试使用更多的天然、绿色材料构建生活空间。因此，在家庭装修或公共场所商业化装饰行业，人们越来越多地选择大量天然石材铺设地面、墙面，实现绿色装饰，以期获得美观舒适、安全环保的效果。

"十二五"期间，我国石材业将大力推广圆盘锯、金刚石串珠锯、链臂锯等机械化石材矿山开采新工艺，金刚石绳锯、金刚石锯片等需求增长。超硬材料及制品被列入新材料产业项目，国家将在产业政策方面向超硬材料及制品产业倾斜。

在这样的经济、政策背景下，建筑石材行业也必将迎来发展的机遇期和挑战期。如何正确应对市场，探索更加合理的开采、加工、施工技术，也是石材行业必须面对和亟须解决的问题，各环节协调发展才能促进企业乃至整个行业健康成长。

在中国范围内，石材的应用主要集中在三个方面：一是作为房屋内部、外部装饰使用；二是用作房屋的建造及园林、工程使用；三是用来制作石雕艺术和墓碑类物品，其中，建筑装饰是最主要的使用对象。中国对于石材的需求非常大，这无疑促进了石材的进口，国际上很多知名的石材品牌开始进入中国，挤占中国的石材市场，这就迫使国内石材企业不断更新观念、提高技术、调整经营模式，增强自身的竞争力。

第二节　企业发展面临的问题

通过对所回收的调查问卷进行统计、分析，调查人员了解到碧红在以下几个方面尚存在一些问题。

一、人力资源短缺

其一，公司人力资源不足且员工学历不高，高层次人才，尤其是营销、策划、技术人才匮乏，远远达不到公司未来发展要求；

其二，公司对人才开发和重视力度不够，培养出来的人员变动大；

其三，员工培训有待加强；

其四，员工激励制度有待完善，待遇有待改善；

其五，公司员工的思想意识淡薄，工作积极性不高。

二、市场营销薄弱

其一，公司外销人员薄弱；

其二，销售人员缺乏专业的销售业务技能；

其三，业务渠道有待拓宽，市场开发力度有待加强。

三、融资渠道单一

其一，资金短缺，企业依靠自有资本的原始积累已无法满足公司生产对资金的需要；

其二，融资渠道比较单一，暂不能满足公司发展需求。

四、管理创新缓慢

其一，员工缺乏工作主动性、积极性；

其二，公司制度执行力有待加强；

其三，管理不够规范、严谨，有待加强；

其四，公司组织活动偏少。

五、技术创新不足

其一，加工设备有待更新；

其二，生产及加工技术有待加强；

其三，产品创新不足，不能充分满足市场多样化的需求。

第三节　促进耆红发展的建议

一、注重人力资源管理

在企业的发展过程中，人力资源起着至关重要的作用。因此，企业必须要采取有效措施加强人力资源管理，认识到人才是创造更多价值的资源，把注意力放到如何开发人才、合理使用人才、有效管理人才上，要挖掘员工的潜能，使其发挥更大的作用，创造更大的收益。

（一）加强人才储备，注重人才的培养和开发

公司需要制订人才培养计划，通过多种途径广泛吸纳社会上各类优秀人才，加强各部门、各方面人才尤其是专业技术人才的引进、培养和储备，确保公司未来发展的人才需求。同时，企业要加强员工培训，通过训导、鼓励员工学习等方式，提高员工的知识水平、工作能力，充分发挥员工潜能，提高综合素质，进而提高员工工作效率。公司也可以借鉴高时集团的经验，与专业教育机构合作，在专业教育机构的协助下，开办石材工程专业培训班，鼓励员工踊跃参加，提高其工作积极性与主动性，进而提升员工整体工作效率。

（二）完善员工激励机制

根据整个石材行业的工资状况，结合当地工资水平，建立一套对内具有公平性，对外具有竞争性的薪酬体系，保证员工工资与个人业绩挂钩，且不能随意拖欠员工工资。在奖励方面，采取物质激励与精神激励并行。同时，公司应尊重员工的利益，关心员工，重视员工物质和精神需要，为员工创造一个宽松的工作环境，从而留住并吸引更多优秀人才。

对于特别优秀的管理人员、营销人员、技术人员，考虑以适当的方式入股碧红。

（三）设立石材相关专业

从政府层面来讲，政府有必要通过本科、函授、自学等方式开展石材方面的专业教育，由石材界专业人员、研究人员任老师，并结合需要开设各类基础课、专业基础课、企业管理必修课。从理论到实际，从经验到标准，从感觉到理性，使石材从业人员能够得到系统的专业学习，使他们了解石材的基本特性，能看懂加工图纸，懂得材料的规划与合理利用，理解各种安装方式对石材加工的影响等。借此，将石材从业人员的素质提升一个台阶，并定期组织研讨、交流，进一步提高从业人员的技术水平与管理水平，进而促进石材业的良性发展。

二、提高市场营销能力

国内外市场的不断开拓是企业持续发展的源泉和动力。在现代市场经

济条件下，企业必须十分重视市场营销。市场营销不断面向市场组织生产过程和流通过程，解决企业在成长和发展中的基本问题，使企业明确满足消费者哪些方面的需求以及如何满足这些需求，为企业成长提供战略管理原则和完整的策略方案。营销并非企业成功的唯一因素，却是企业成功的关键因素。

（一）壮大营销队伍，提高营销人员水平

公司需要招聘合适的销售人员，壮大营销队伍，加强对销售人员的业务技能培训，提高销售人员销售水平与能力。在市场经济逐步完善的今天，作为独立经济实体的企业，必须有专业的市场营销人才，以科学、诚信、现代化的营销手段不断拓宽业务渠道，通过提高产品产量、质量，增加品种等，增强其影响力，提升社会认知度，通过从4P's到4C's的营销模式转化，从而开发更广阔的市场。

（二）探索与开发商进行合作，拓宽营销渠道

借鉴万里石与开发商精装合作的模式，与开发商开展合作，根据开发商的实际需要提供合适的石材，保证石材最终的安装效果与项目设计效果及实用性的完美结合。同时，及早介入工程，及时做好准备，以保证供应速度与工期的要求一致。此外，提供现场服务，根据现场情况，统筹安排供货的进度和协助监督现场工人对石材进行正确、专业的安装，保证工程与石材质量符合开发商的要求。

做好营销，须做到以下几点：

第一，要对待销售的产品有足够的认识和了解，能够很利索地解答客户的问题。

第二，研究客户的消费心理、消费动机、消费目的，对产品进行准确定位，针对消费者不同的目的和需求制定有针对性的、差异化的营销策略，从而在市场中掌握主动权。

第三，要分析政策。国家制定的相关政策法规，也是营销过程中需要重视的一个方面。张瑞敏曾说过，企业要有三只眼，一只眼紧盯产品，一只眼紧盯市场，另一只眼紧盯政策。盯住国家相关政策，对其迅速做出反应，及时调整产品的生产，以适应由政策导致的市场环境的变化。

随着经济全球化的发展，企业内外部经营环境的变化越来越频繁，竞

争越来越激烈。因此，面临复杂多变的形势，眷红要有创新意识，要展现出灵活性和创造性，以应对消费者需求的多样性、市场细分的差异性以及不同国家与地域风俗文化的差异性，提高企业竞争力和市场占有率。

三、拓宽融资渠道

拓展融资渠道，通过直接、间接融资等方式解决资金供给小于需求的问题。

第一，从公司角度来讲，要提高眷红自身素质，提高融资水平。金融业"嫌贫爱富"，公司的综合素质决定其融资方式和融资能力。因此，提高公司素质是拓展融资渠道的前提和基础。首先，企业要有明确的发展方向和目标，以及实现目标的措施和保障，以增强银行放贷或机构投资的认同感和信心；其次，企业要加强内部管理，提高产品竞争力和盈利水平，这样既可争取国家资金，又可夯实融资平台。

第二，发挥政府职能，改善企业融资环境。融资创新既要坚持市场化原则，也要发挥政府引导作用。其一，要着力于市场的基础建设，重点是担保体系的建设，政府为企业贷款提供连带保证责任，便于企业从银行申请贷款。同时，政府要积极探索建立企业信用体系，解决企业融资中信息不对称问题。其二，着眼于放宽市场准入。鼓励民营资本进入金融服务领域，形成多元化、多层次的市场主体。其三，着力发挥政府的服务功能。通过政府搭台、银企对接、投融资招商等形式，建立融资合作长效机制。

四、加快管理创新

管理是企业永恒的主题，是企业发展的基石。创新是现代企业进步的原动力，是企业增强核心竞争能力、实现持续发展的决定性因素。在当今科学技术和经营环境急剧变化的复杂环境中，企业管理者必须要把握管理创新发展的新趋势、新要求，不断进行管理创新，把创新渗透于管理的整个过程中。在信息化、市场化、一体化日益深化的背景下，企业要在理念、技术、组织及制度上不断创新，从而在变化中求生存，在创新中求发展。

第一，公司要为员工发挥创造性才能提供平台。通过该平台，充分调动员工的积极性和主动性，使每个员工的创造性都能够得到发挥，使他们有机会成为创新者。此外，公司内部要有畅通的沟通交流机制，以便于员工能够及时、有效地表达内心真实想法。

第二，打造好"以企业为家"的公司文化。公司应组织多样化的活动，吸引员工积极参与、主动表现，丰富员工的业余生活。一方面充分体现公司对员工的关心与照顾，另一方面增强员工对公司的认同，从而更加努力工作，提高工作效率。

第三，强化公司管理。公司应该在产品质量的控制、产品加工工艺的指导与标准化、生产设备的改造与更新、企业管理的规范与科学上下功夫，整合各种企业资源，实现标准化、产业化发展，保证与提高产品质量。把强化管理作为公司发展的动力之一，加强公司发展的宏观指导和规范，促进现代化企业管理制度的建立和完善，提高企业战略管理、生产经营管理、市场开拓与品牌建设水平，拓宽投融资渠道，提升资源配置效率。大力推进现有矿山开采改造，改进开采工艺，提高技术装备水平。此外，加强企业信息化管理，将企业的生产过程、物料移动、事务处理、现金流动、客户交互等业务过程数字化，通过各种信息系统网络加工生成新的信息资源，使各层次的人们洞悉、观察各类动态业务中的一切信息，以便做出有利于生产要素优化组合的决策，使企业资源合理配置，以使企业能适应瞬息万变的市场经济竞争环境，从而求得最大的经济效益。

第四，加强公司相关制度的执行力度。以建立现代企业制度为切入点，进行公司管理制度设计的同时，注重制度的执行与效果评估，促进君红走上科学化管理、规范化管理新模式。

第五，从政府层面来讲，建立与完善创新机制。政府应努力推动并建立以企业为主体，产学研结合的创新体制。通过财政、税收等政策，鼓励石材企业与高校、研究机构、科研院所加强合作，提高企业自身创新能力。建立合作创新机制，探索通过石材企业间合作，建立与东部沿海地区及中西部石材资源丰富地区之间的协作联盟，深入研究石材产业对接途径和机制，使合作各方在土地、资源、市场、技术、资金、人才等要素上实现优势互补、利益共享、市场共同开拓的产业合作关系。

五、加强技术创新

针对相对利好的市场，提高企业自身的技术竞争力显得尤为重要。石材企业应积极采用和推广先进成熟的工艺技术，加快企业技术改造，同时加大落后工艺技术与装备淘汰力度，提高企业技术装备水平。[①]

第一，加快技术创新。技术创新是石材企业得以不断发展与延续的动力。大力开发先进、适用的石材开采、加工、应用护理工艺技术和装备，以技术创新作为企业发展的推动力，高度重视企业技术创新，加大科技投入，不断提高石材深加工水平和综合利用水平。借鉴卓远石材插位营销战略，通过详细的市场调查与分析，找到市场缝隙，进行技术研发与创新，进而占领市场。

第二，调整技术结构。积极推广和采用先进、成熟工艺技术，加快对企业现有技术进行改造，加强工艺技术及产品研发，提高企业技术装备水平。石材矿山开采推广采用圆盘锯、金刚石串珠锯、链臂锯等机械化开采新工艺。此外，不断更新加工设备，改善加工工艺，要增加科技含量高的数控绳锯、电脑车床、红外线电子桥切机、水刀机等较先进的机械加工设备，扩大设备生产能力，提高成材率，满足市场对石材产品多样化的需求。

第三，加强石材生产技术开发与应用。石材加工重点发展精细化加工、石制品加工以及节能、节材型新技术，推广大型现代成套技术工艺与装备，包括数控机械、加工中心、计算机辅助设计与加工、智能化控制等，以及超薄板生产、复合板生产、应用护理等新技术。支持石材加工过程中废水、废渣、粉尘、噪声等处理技术开发，推广成熟、高效、环保工艺技术和装备。

第四，加快产品创新。把产品创新作为企业内部产业升级的重要支撑。企业要不断研制出质优价廉的新产品，提高资源利用效率，发展高附加值产品，提高企业经济效益。可以通过对产品进行重新定义，充分实现其功用和审美、技术与艺术的有机结合，给消费者留下深刻印象。借鉴湖北冠泰成功创新经验，研发出不同系列、款式丰富、能够广泛应用于不同场所的新产品。调整产品结构，大力推进石材产品从原材料型产品向高附加值、高技术含量的制品转变，为建筑装饰业提供成套石材产品以及建筑装饰部品。通过产品结构调整，提高石材产品文化艺术内涵，提高高科技含量、高附加值的石材加工制成品与新产品的比例；以创新发展为动力，加大石材产品设计和应用设计的力度，发展石材创意设计产业，推进产品创新。大力发展石文化制品以及异形石材加工制品，提高产品加工精度，

---

① 剖析：2014年石材行业发展状况. 九正建材网，http://new.jc001.cn/14/0530/804061.html.

全面提升产品品质与档次，加快石材产品的标准化、规格化进程，积极开拓民用装饰市场。实施产品差异化发展战略，引导各产业集群根据自身特点，体观各自在主导产品上的特色。

第五，积极发展石材产品创意设计产业。石材产品创新更多体现在石材应用的创意设计方面，创意设计不但能使石材价值成倍甚至几十倍提高，还能使石材具有超出一般产品的独特性，满足市场对装饰石材产品的个性化、时尚化需求。大型企业要建立自己的创意设计或研发中心，在北京、上海、广州等地凭借石材的天然属性及独特感官与视觉效果，通过美术、艺术升华，以及先进加工工艺技术，开发出具有精湛艺术效果的装饰产品、工艺品，以创新型产品引领石材行业进入新的发展阶段。提升产品营销模式，发挥国内市场的主体作用，拓展石材应用领域，引导企业将市场营销策划纳入到企业发展战略管理之中，创新产品营销模式与策略，推动企业从重加工型向销售引领型发展。鼓励针对不同市场需求，引进专业化机构研究市场结构，尤其是细分市场需求，指定营销方案与市场战略，开发差异化产品，延伸销售服务，建立广泛的市场网络与渠道。企业要增强引导市场消费意识，挖掘石材产品特有属性和历史文化内涵，扩大石材产品应用领域。重点在东部地区的上海，华北地区的天津、北京，中部地区的武汉，西部地区的重庆、成都、贵阳，东北地区的沈阳、长春、大连等城市建设直接面向消费的大型专业化石材市场。

第六，推进产业链条延伸。紧紧抓住建筑材料工业由单纯的原材料工业向现代制品工业转变的发展机遇，在进一步促进优质石材加工的同时，延长产业链，开发生产应用于各个领域的标准化、规格化、功能化石制品，重点发展精细化加工、石制品加工以及节能、节材型新技术，推动石材产业向基地化、智能化方向发展，促进石材加工由建筑石材向装饰石材转变，由装饰石材向工艺石材转变，做出特色，做出精品，做出效益。

六、完善基础信息服务和行业宣传工作

第一，组织开展对行业发展的重大问题进行调查研究，如国内外市场发展趋势研究、石材技术创新方向研究等，提出科学合理的建议与对策，为政府宏观管理以及企业经营决策提供参考。

第二，不断完善行业标准化体系，细化产品标准，健全和强化生产过程的环保、安全等标准和规范。

第三，建立行业运行数据统计、分析系统，推动企业构筑信息化平台，加强行业发展和运行的检测分析。

第四，密切关注我国石材出口主要目的国的生产和市场变化，研究相应对策，防止国际贸易保护主义对我国石材出口可能带来的不利影响。

第五，继续加大对石材产品绿色、环保、低碳特点的宣传，深入开展石文化艺术内涵的研究和推广，不断丰富和完善现代石材业的发展，引领石材行业持续、快速、健康发展。

七、聘请外部专家，成立顾问组，定期为春红发展献计献策

聘请 5 名左右的管理、营销、技术、金融方面的专家，定期或不定期地对春红发展中的存在问题进行头脑风暴提出科学、可行的建议，供春红领导班子决策时参考。

八、股权层面适当进行优化

引入战略投资者，增加资金注入，通过战略投资者绑定一些高段客户群。

总之，春红应努力探索一条科技含量高、经济效益好、资源利用率高、环境污染少、安全有保障、人力资源优势得到充分发挥的路子，充分调动企业员工的积极性，加大资源整合力度，在政府和行业协会的共同努力下，取得更好的发展，实现企业战略目标。

附录一 国家石材行业 "十二五"规划

国家石材行业"十二五"规划

一、发展现状

"十一五"期间,在国民经济快速发展的强劲带动及"由大变强、靠新出强"的建材跨世纪发展战略引领下,我国石材工业克服了国际金融危机和国内汶川特大地震等重大自然灾害的不利影响,为北京奥运会、上海世博会和我国的各项重点工程和人民生活提供了又好又快的发展。

据统计,2010 年全国三千多家规模以上(销售收入 500 万元以上)石材企业销售收入达到 2070 亿元,实现利润达 154 亿元,分别是 2005 年的4 倍和 4.4 倍;大理石板材产量达 5477 万平方米,花岗石板材产量达30826 万平方米,分别比 2005 年增长 205% 和 130%;2010 年我国石材出口 2155 万吨,创汇 41.4 亿美元,分别比 2005 年增长 76% 和 86%;2010年我国进口石材 1231 万吨,总汇 22.6 亿美元,分别比 2005 年增长 170%和 175%。中国已成为世界名副其实的石材生产大国、消费大国和贸易大国。

行业结构调整取得较大进展。根据国务院关于矿山开采整顿与规范工作要求,依据《装饰石材露天矿山开采技术规范》,石材矿山开采整顿与规范工作在全国各地全面推开,许多地区已逐步关停不符合规定的小矿山,以矿权整合为手段的矿山开采整合正在有序进行。在扶优扶强和淘汰落后等政策扶持下,培育和壮大了一批石材大型企业或企业集团。一大批落后小企业被淘汰,行业集中度得到一定程度提高。据不完全统计,2010 年销售收入超过 2 亿元的石材企业约 50 家，年销售收入超过 5 亿元的企业约 20 家。部分石材企业走出去开发国外石材资源，一批优势企业还承接国外工程中的石材订单。矿山开采工艺技术由传统的钻孔爆破为主向机械锯切转变，禁止和淘汰了硐室爆破等放大炮的开采方法，石材加工环节的锯、磨、切、抛全过程自动化程度不断提高。在市场消费结构升级的引导下，在传统的花岗石、大理石板材基础上，薄板、超薄板、复合板比例不断上升，石雕石刻、异形石材加工、石材拼花、石材马赛克等装饰艺术性石制品不断翻新，结合环保、资源综合利用而开发的岗石、石英石等人造石得到快速发展。同时，与石材加工、应用配套的辅助产品也形成系列化、专业化开发，石材胶粘剂产品、石材清洗与养护产品、磨具磨料产品也得到较快发展。

行业技术进步迈出坚实步伐。石材专业设备开发与制造取得重大突破，锯石机、全自动抛光机、矿山圆盘锯、荒料装载机等一批具有自主知识产权的技术装备得到开发和应用，石材机械制造不但能够满足国内石材加工业的需求，部分产品还出口到国际市场。石材金刚石串珠绳锯、圆盘锯石机、链臂锯等机械切割开采的先进工艺在矿山开采中得到应用与推广。石材产品加工的自动化、数字化、智能化装备与工艺得到大量应用，在大型石材企业中普遍采用红外线定位切机、数控设备、加工中心、全自动抛光线、自动补胶生产线等高技术含量的机械设备。部分企业引入 CAD 辅助设计，实现了复杂产品的仿形加工和石材艺术装饰品的完美创作。一些企业建立了石材艺术创意设计中心，由此引发石材消费升级而带来的产品品质的飞跃。

产业集群已成为行业发展的支点和载体。石材产业集群式发展是石材产业发展的突出特点，产业集群的数量、规模不断扩大，布局得到一定的优化，福建水头、广东云浮等成为国际石材重要集散中心。据统计，目前我国具有一定规模的石材产业集群超过 30 个，主要分布在福建、山东、广东、湖北、河南、吉林、河北、广西、云南、四川、新疆、内蒙古等地。我国石材产业集群的石材产量已占到全国石材产量的 80%左右。石材产业集群的发展还带动了物流运输、机械维修、施工安装、专业护理等相关配套产业发展，提供了数百万人的就业机会，对区域经济的发展起到了较大的带动作用。

资源综合利用和节能减排取得一定成效。各地区在石材发展中对资源节约、环境保护越来越重视，通过治理整顿、企业整合、关闭小矿山和小加工厂，对资源破坏与浪费、生态环境破坏起到较大的抑制作用。大中型石材加工企业基本实现了废水的循环利用和处理后的达标排放。石材加工产生的边角料、废渣综合利用技术取得突破，以边角料加工制造的人造石、石材马赛克产品成功投放市场，并取得良好的应用效果。以石材锯切及抛光产生的废渣和石粉为原料，开发的建筑砌块、砖等产品已实现规模化生产。云浮等地采用废料定点排放、专业队伍清理，对解决当地石材加工造成的环境污染问题起到重要作用。

在看到我国石材行业发展取得成绩的同时，也应清醒地认识到与意大利、西班牙等国际石材发达国家相比，我们还存在许多差距和不足。我国石材业粗放型发展方式没有得到根本性转变。企业数量多，产业集中度低，小作坊式的生产经营模式占有相当大的比重，多数企业管理薄弱、创新能力不强，行业总体效益不高，产品质量、档次还有差距，在一些国际高端建筑工程中市场占有率不高。部分地区在引导产业发展上存在一定盲目性，缺少科学的总体规划，重视眼前，忽视中长期发展，资源浪费、环境污染、生态破坏等问题还没有根本解决，造成行业形象不佳。石材产品的标准化、系列化水平不够，制约了产品市场开拓。概括而言，我国石材业对资源的控制力不强，技术创新能力不高，与环境的亲和力较差，市场营销能力较低，全行业大而不强，缺少核心竞争力。

二、发展环境

——经济社会发展带来新的发展空间。"十二五"是我国实现全面建设小康社会宏伟目标的关键时期，我国尚处于社会主义初级阶段，以科学发展为主题，经济、社会全面建设任务艰巨，国民经济仍将保持平稳较快发展。

加快转变经济发展方式，形成消费、投资、对外出口协调拉动经济发展局面。积极稳妥推进城市化进程，固定资产投资保持合理增长，挤出设施建设和建筑业发展，市政公共设施及居住条件改善，住房需求的较快增长，消费需求的不断升级，为石材产品需求带来新的发展空间。健康平稳推进建筑房地产业及建筑装饰装修业得发展是保障和改善民生的重要内容，人均住房面积不断增加，消费层次不断提升，装饰装修业快速发展，对具有豪华、高雅、回归自然等属性的建筑装饰石材产品来说，市场前景广阔。

——城市化及区域经济发展将促进行业布局调整。与世界发达国家相比，我国的城市化水平还较低，尤其中西部地区城市化的任务更重。东南沿海地区的福建、广东、山东等地的石材资源开发较早，又有市场、资金、交通、人才优势、石材产业发展处于国内领先地位，随着经济和社会发展，其资源保证程度、建设用地、环境容量、运输成本等方面都发生新的变化，面临一些新的压力。随着中部崛起、西部大开发、东北老工业基地振兴等多项区域振兴规划或战略的实施，全国将形成更多新的增长点。我国中西部地区不仅市场需求潜力巨大，而且具有石材业发展所需要的矿产、土地和人力资源。石材业在我国中西部地区的加快发展已是大势所趋。

——低碳化发展等政策实施带来新机遇。低碳化发展符合世界发展趋势，是实现科学、可持续发展的重要途径。在建材产品中，由于石材生产没有窑炉煅烧的热工过程，相对其他建材产品来说，石材的生产能耗最低，万元工业增加值能耗仅 0.3 吨标准煤，不足建材产品综合能耗的十分之一。以石材产品代替相对高能耗、高碳排放的其他建材产品，用于建筑工程、装饰装修、市政交通建设等，对我国建筑材料的结构调整、节能减碳有重要的意义。随着各项低碳政策的实施，能源成本在生产成本中占的比重增加，低能耗特点将使石材在装饰产品市场更具竞争力，应用领域将得到进一步拓展，市场空间进一步扩大。

——资源、环境约束对行业发展的要求越来越高。资源、环境、能源已成为世界性难题。石材行业发展与资源、环境有着密切关系。过去由于增长方式粗放，一些地区出现了资源破坏与浪费、环境污染等问题。"十二五"期间，我国将大力推进资源节约型、环境友好型社会建设，在这方面的政策导向力度会更大，也将更加明确，对矿产资源开发整顿将进一步加强，对资源性产品开采控制、税率提高、环境监督等要求越来越严格，对企业清洁生产的监管将不断强化，这无疑对石材行业的发展提出了更高的要求。

——国际贸易可能受到不确定因素的影响。我国石材的国际化程度较高，进出口一直保持较快增长，国际市场的变化对我国石材行业的发展影响较大。全球金融危机后，世界经济处于缓慢恢复增长期，经济下滑导致建筑业、房地产业萎缩，对石材的需求将有一个缓慢恢复的过程。随着世界经济逐步复苏，建筑市场将由平缓回复发展至上升期，特别是在东欧、印度、巴西、东盟、俄罗斯等新兴市场需求规模有不断增长的趋势，需求的结构也在不断升级，具有较大的市场开拓空间。但是，我国石材出口的传统市场欧美、日韩等发达国家的石材需求受危机影响增长乏力，可能会对我国石材产品出口产生一定的负面影响。当然，人民币升值又会对我们更好更多地利用国外石材资源产生正面的影响。

三、指导思想和发展目标

（一）指导思想

深入贯彻落实科学发展观，以实现"由大变强"和可持续发展为目标，以促进行业发展方式转变为核心，从以数量型增长为中心转变为以创新效益型增长为中心，从以数量型增长为中心转变为以创新效益型增长为中心，从世界石材大国向石材强国迈进。抓住产生升级与优化布局两个着力点，以产品创新、技术创新、管理创新作为行业发展的推动力，提高资源利用效率，推进清洁生产，发展高附加值产品，努力建设资源节约型、环境友好型、质量效益型的现代石材业。

基本要求是：

把资源的科学有序开发作为行业可持续发展的根本保障。资源是石材行业发展的物质基础，资源开发必须坚持"保护中开发，开发中保护"的原则。要进一步加强石材资源的地质勘查，大力推进资源的有效整合，全面提高石材矿山开采技术水平，禁止对资源的无序开采和破坏性开采，支持企业积极开发和合理利用国外资源，提高资源综合利用率。

把调整结构作为产业升级的重要途径。要加快产品结构调整步伐，提高石材产品文化艺术内涵，提高高科技含量、高附加值的石材加工制成品与新产品的比例；要加快企业组织结构调整的力度，积极开展兼并重组、淘汰落后，培育大企业，大集团，推进行业全面升级。

把创新发展作为产业升级的重要支撑。加大科研投入，提升行业和企业的创新能力，大力开发先进适用的石材开采、加工、应用护理工艺技术和装备，加快技术创新；以创新发展为动力，加大石材产品设计和应用设计的力度，发展石材创意设计产业，推进产品创新和营销模式创新。

把清洁生产作为产业升级的必由之路。加快石材业清洁生产标准的制定，现有产区和企业要加快技术改造和规范治理，新产区建设要将保护生态环境列入规划与设计，全面推行清洁生产，大力发展循环经济，实现与环境的协调发展。

把强化管理作为产业升级的强大动力。加强行业发展的宏观指导和规范，促进建立现代化企业管理制度，提高企业战略管理、生产经营管理、市场开拓与品牌建设水平，拓宽投融资渠道，提升资源配置效率。

把优化布局作为由大变强的重要着力点。要进一步提升东南沿海地区石材产业的发展水平，打造国际先进水平的石材集散中心；支持企业在环渤海区域建设高水平的大型石材集散中心；要在中西部的长江中上游地区谋划新的石材集散中心，以适应中西部地区城市化建设与经济发展的需要。

（二）发展目标

1. 规模目标

到 2015 年达到以下目标：

——全行业规模以上（年销售收入 2000 万元以上）企业销售收入3500 亿~4000 亿元，年均增长 20%以上。

——全行业工业增加值年均增长 20%以上。

——主要产品产量

花岗石板材：6.5 亿~7.0 亿平方米

大理石板材：8500 万~9500 万平方米

——进出口量

出口量：3500 万~4000 万吨

出口额：75 亿~80 亿美元

进口量：2000 万~2500 万吨

进口额：40 亿~45 亿美元

2. 结构调整目标

——石材加工制成品增加值占行业增加值比重达 65%以上。

（加工制品主要指工程板、石制品、石雕石刻品等，初加工指荒料、毛板、大板、条板，应用时需二次加工的）

——内销占全部石材产量的 90%。

全行业生产集中度显著提高，规模以上（年销售收入 20000 万元以上）企业的销售收入比重达 70%。培育一两个年销售收入超过 50 亿元的企业集团，销售收入 10 亿元以上企业 20 家，5 亿~10 亿元企业 30 家，2

亿~5亿元企业 100 家。力争 5~8 家企业在境内外上市。

　　——优化布局，在北方沿海及长江中西段培育 2~3 个年销售收入达百亿元以上的高水平石材加工集散地。

　　3. 技术进步目标

　　——大型重点企业（集团）建立企业技术研发中心，研发设计投入占销售收入的 2% 以上。

　　——福建、山东、广东建立起省级以上石材开发应用中心、设计研发中心、机械装备研发中心以及应用护理材料开发中心。

　　——办好为全国石材业服务的云浮石材技术研究院，创建面向全国招生的福建石材工程学院。

　　——建立行业技术创新体系，形成 3~5 个以产学研为基础的技术联盟。

　　——全面开展行业技能培训和鉴定，培养专业化的技术工人与专业人才，争取在石材行业重要工作逐步实行持证上岗制度。

　　4. 资源综合利用、节能环保目标

　　——矿山开采荒料率达到 40% 以上。

　　——石材矿山开采达标率达到 50% 以上。

　　——石材加工实现工业废水循环利用率达到 95%。

　　——石材加工产生固体废弃物全部实现定点排放，废弃物资源化利用率达到 70%。

　　——推广清洁生产和环保认证，20% 的规模以上（年销售收入 2000 万元以上）企业通过清洁生产审核，大型石材产区内 50% 规模以上（年销售收入 2000 万元以上）企业通过 ISO 14000 认证。

　　——在 2010 年的基础上，实现万元工业增加值能耗降低 10%。

四、主要任务

（一）实施资源的保护性开采

　　——加强石材矿产资源地质勘察工作。针对目前我国石材资源开发现状，必须对资源开发加强管理与控制，做到摸清资源、有效控制和保护资源、合理开发和利用资源。重点支持新疆、内蒙古、湖北、河南、广西、贵州、云南、四川等中西部地区石材资源的勘察，对资源分布、花色品种、地质构造、水文地质、开采条件、目前开采现状进行摸底，提出进一步开展地质工作的任务与目标。利用相关政策，争取国家及地方有关资金，安排重点矿区的公益性勘察项目。

——加快推进资源整合。整合资源是加强资源开发管理和规范开采的当务之急，重点是优化资源配置，并向优势企业倾斜。鼓励和支持主要石材产区做好资源开发利用总体规划，指定资源开发的准入条件，提高准入门槛；推动全国各地石材产区制定资源整合具体方案，结合国家矿山开发整顿工作，对已去的矿权并开采的企业，推进以矿权、资产为纽带的转让、兼并、重组，进一步优化矿权设置。

——规范矿山开采。以贯彻落实《饰面石材矿山开采技术规范》为重点，在全国范围内开展矿山开采达标活动，将矿山开发利用方案、开采设计、土地复垦方案等真正纳入到矿山管理之中。大力推进现有矿山开采改造提升，改进开采工艺，提高技术装备水平，实现规模化开采，提高资源开采荒料率。以矿山开采准入、环境保护、矿山安全等政策为依据，坚决淘汰浪费资源、污染环境、工艺技术落后的小矿山、采矿点。

——鼓励和支持企业走出去开采国外资源。随着我国经济和社会发展水平的提高，国内消费市场对国外名贵石材品种的需求旺盛，石材荒料、板材等进口贸易规模越来越大，因此在国外配置资源成为行业发展的战略问题。鼓励和支持国内企业到国外投资，参与外国石材的地质勘查和矿山开采，从战略上控制资源。同时，以企业为主题，政府及协会等社会组织协调，探索成立石材采购联盟，与国外建立长期稳定的供应关系。

（二）加快结构调整

——调整组织结构。我国石材行业组织结构不合理问题比较突出，也是制约行业健康发展的主要因素之一。以抓大限小和大中小专业写作为方向，支持现有大型骨干企业，做强做大，培育跨国跨地区的大企业或企业集团；鼓励大型企业以资产、矿权、产业链为依托，开展兼并重组，提高行业集中度；引导和支持中小企业根据自身特点，向精、专、特方向发展，提升产品质量水平，提高为大企业专业化配套能力。支持石材产业集群地建设石材工业园区，加快产业集群升级改造，发挥大型企业示范引领作用，淘汰技术、管理落后的小企业，形成专业协作、相互依存、合作发展的良好氛围，最大限度减少恶性竞争。

——调整技术结构。积极推广和采用先进、成熟工艺技术，加快对现有企业技术改造，同时加大行业落后工艺技术与装备淘汰力度，提高全行业技术装备水平。石材矿山开采推广采用圆盘锯、金刚石串珠锯、链臂锯等机械化开采新工艺。石材加工重点发展精细化加工、石制品加工以及节能、节材型新技术，推广大型现代成套技术工艺与装备，包括数控机械、加工中心、计算机辅助设计与加工、智能化控制等，以及超薄板生产、复合板生产、废料综合利用、应用护理等新技术。

——调整产品结构。大力推进石材产品从原材料型产品向高附加值、高技术含量的制品转变，为建筑装饰业提供整体解决方案的石材成套产品以及建筑装饰部品。全面提升石材文化艺术内涵，大力发展石文化制品以及异形石材加工制品。提高产品加工精度，全面提升产品品质与档次，使石材产品的标准化、规格化进程，积极开拓民用装饰市场。实施产品差异化发展战略，引导各产业集群根据自身特点，在主导产品上各具特色。

(三) 优化产业布局

石材生产率布局与经济发展水平、市场需求以及物流运输有着密切关系。根据我国经济和社会发展要求，考虑市场需求以及运输条件，布局调整重点是进一步完善和提升东南沿海石材产区的服务功能和发展水平，打造国际石材贸易集散地；在沿长江中上游地区、环渤海北方沿海地区规划建设全国大型石材贸易集散地；在中西部地区以资源优势建设区域性石材加工集散地。

——东南沿海布局。福建厦门、水头、广东云浮、山东莱州石材产区，进一步发挥资金、技术、人才、交通等方面优势，重点培育"两头在外"的国际化大企业，建立石材科研开发、教育培训机构，高起点、高标准，提升产业结构，充分发挥国际化石材加工贸易基地作用。

——北方沿海地区布局。环渤海地区的天津、大连等地，具有京津冀经济圈、东北振兴、滨海新区等经济发展背景，市场容量较大，同时拥有大型深水港口优势，着力建设面向全国的大型石材集散地。

——中西部地区布局。长江中游地区地处我国中部，人口众多，大中城市密集，正在实施中部崛起战略将使该地区经济发展得到巨大变化，未来市场需求潜力大。以武汉为代表的沿江城市具有优越的港口优势，今年新规划建设的阳罗港具有较好的水运条件，可建设成为辐射中部地区的大型石材加工集散基地。长江上游成渝地区，享有西部大开发战略的政策优惠，又有丰富的石材资源，可发展成为西部地区大型石材加工集散地。

（四）推进创新发展

——加强石材生产技术开发与应用。鼓励企业加大创新投入，加强工艺技术及产品研发。石材设备开发重点在于大型化、智能化、高效率、低能耗，力争在现有的技术基础上取得突破。支持石材加工过程中废水、废渣、粉尘、噪声等处理技术开发，推广成熟、高效、环保工艺技术和装备。加强石材废料二次利用技术开发与应用，大力发展循环经济。

——积极发展石材产品创意设计产业。石材产品创新更多的是体现在石材应用的创意设计方面，创意设计不但能使石材价值成倍甚至几十倍提高，还能使产品具有超出一般产品的独特性，满足市场对装饰石材产品的个性化、时尚化的需求。大型企业要建立企业自己的创意设计或研发中心，通过美术，艺术升华，以及先进加工工艺技术，开发出具有精湛艺术效果的装饰产品、工艺品，以真正创新型产品引领石材行业进入新的发展阶段。

——重视石材产业标准化建设。继续完善石材标准化体系，以产品标准化的细化，推动石材业从材料制造业向制品业的转变，使石材产品更加贴近消费者；以保护资源、保护环境为重点，加快石材矿山勘察、人造石产品、清洁生产、安全生产等标准建设；以石材安装工程安全与资源节约为中心，加大石材应用标准的建设；从基础标准入手，建立石材专用机械和工具的标准；建立与欧、美等石材标准化组织的联系，推进我国石材标准的国际化。

——提升产品营销模式。发挥国内市场的主体作用，拓展石材应用领域，引导企业将市场营销策划纳入到企业发展战略管理之中，创新产品营销模式与策略，推动企业从重加工型向销售引领型发展。鼓励针对不同市场需求，引进专业化机构研究市场结构，尤其是细分市场需求，指定营销方案与市场战略，开发差异化产品，延伸销售服务，建立广泛市场网络与渠道。企业要增强引导市场消费意识，挖掘石材产品特有属性和历史文化内涵，扩大石材产品应用领域。重点在东部地区的上海，华北地区的天津、北京，中部地区的湖北武汉，西部地区的重庆、成都、贵阳，东北地区的沈阳、长春、大连等城市建设直接面向消费者的大型专业化石材市场。

（五）实现清洁生产

——以产业集群为载体，以减量化原则为指导，推动企业环境治理的技术改造升级，从源头上控制"三废"排放。推动石材循环经济示范项目建设，包括以废弃物为原料生产人造石材、石材马赛克、拼花，以及砖、砌块等其他建材产品，实现废物资源化利用。建立企业内部、产业区集中废水站二级处理系统，实现生产用水全部循环使用。争取有 1~2 个产业集群能被列为国家或省级循环经济示范区。

——支持对石材废料再利用的技术开发。推动科研单位与石材加工企业合作，大力推广先进的环保技术，开发使用的产品，为废料的处理找到有效途径。对已经在实践中得到应用的先进成熟技术，加大推广力度，推动更多企业进行技术改造。

——尽快制定并颁布执行石材行业清洁生产标准。组织开展清洁生产标准的宣传贯彻活动，各产业集群地政府有关部门要以清洁生产标准为依据，加强对石材企业清洁生产的指导和管理，督促企业实现清洁生产。

五、保障措施

（一）强化资源保护与开发

全面贯彻执行国家发改委批准发布的《装饰石材露天矿山技术规范》，中国石材协会以此为依据在全国范围内组织开展矿山开采达标活动，促进石材矿山开采向规范化开采迈进。各级政府有关部门应逐步将矿山开采达标评价作为开发开采许可证的重要依据之一。各资源地政府部门要以矿权设置、矿权转让为纽带，大力推动商业化地质勘查工作，指定科学准入条件，选择性招商，将石材资源开发的准入条件作为本地石材产业发展重要内容，引进大企业投资规模化的石材矿山开采。对取得矿权而没有按要求开采的企业，限期整改，仍不达标，依据政策、法规以及准入条件坚决取消其矿权资格。严格矿山开发利用方案、土地复垦方案、矿山地质灾害评价、环保评价、安全评价的管理，坚决禁止乱采乱挖行为。

（二）加大政策支持力度

石材产品是满足人类物质文化日益增长与升级需求的天然、高档装饰装修材料，是建材行业最具节能、低碳特点的重要产品之一。石材产品既不是高耗能产品也不是高污染产品，要研究制定鼓励此类节能、低碳产品的相关配套鼓励政策，支持石材产品的推广应用。加大政策支持力度，鼓励环保、资源综合利用技术的研究、开发，支持以石材加工废渣为原料开发其他产品的项目建设，鼓励各石材产区申报和建设循环经济示范基地。继续支持石材产品的对外加工贸易，鼓励高附加值产品的出口，对石材荒料的进口继续实施零关税。鼓励优势企业组成采购联盟，增强我国石材业对国外优质资源的议价与控制力。

（三）提高创新意识和能力

创新是行业和企业发展的灵魂。石材行业创新发展的空间很大。推动并建立以企业为主体，产学研结合的创新体制，支持石材专业科研、学校、培训机构建设，提高行业自身创新能力。高度重视技术创新，提高全行业研发投入水平，推进战略性、导向性、关键性技术的创新；建立合作创新机制，以政府间协作和企业间合作为途径，建立东部沿海地区与中西部石材资源丰富地区之间的协作联盟，深入研究产业对接有关政策和机制，使合作各方在土地、资源、市场、技术、资金、人才等要素上实现优势互补、利益共享、市场共同开拓的产业合作关系；加强产品和营销模式创新，发挥市场、政府、行业协会的作用，推进行业标准化进程，加强与建筑设计部门的长效合作机制，以创意设计引导消费、开拓市场、培育品牌，开展石材现代化商业模式及国内外新型商业模式的理论与实践研究，努力创新营销模式；以建立现代企业制度为切入点，进行石材企业管理制度重新设计，促进企业发展与资本运作的结合，推进以产权为纽带的股份制改造，走上科学管理、规范化管理的道路。

（四）做好基础信息服务和行业宣传工作

组织开展对行业发展的重大问题进行调查研究，如资源整合的途径研究，如资源整合的途径研究、企业兼并重组研究、国内外市场发展趋势研究、石材技术创新方向研究等，提出科学合理的建设与对策，为政府宏观管理以及企业经营决策提供参考；不断完善行业标准化体系，细化产品标准，健全和强化生产过程的环保、安全等标准和规范；建立行业运行数据统计、分析系统，推动企业构筑信息化平台，加强行业发展和运行的检测分析；密切关注我国石材出口主要目的国的生产和市场变化，研究相应对策，防止国际贸易保护主义可能对我国石材出口带来的不利影响；继续加大对石材产品绿色、环保、低碳特点的宣传，深入开展石文化艺术内涵的研究和推广，不断丰富和完善现代石材业的发展理念，引领行业持续、快速、健康发展。

附录二 云南省人民政府关于加快石产业发展的意见

云南省人民政府关于加快石产业发展的意见

云政发〔2011〕23号

各州、市、县（市、区）人民政府，省直各委、办、厅、局：

为充分发挥我省石产业资源和区位、历史和文化、市场和品牌优势，把石产业建设成为我省重要的特色优势产业，现提出以下意见。

一、发展石产业的重要意义

石产业是一个既古老又新兴的可持续发展产业，具有低能耗、低排放、高就业的特点。加快发展石产业，把宝玉石、观赏石、建筑石材打造成一大产业，对调整产业结构、拉动内需、扩大就业，推动我省经济社会又好又快发展具有重要意义。经过多年努力，我省石产业具备了一定的基础和优势，但在全国仍处于中下游地位，资源优势尚未转化为产业和经济优势，产业发展的主要问题表现在市场定位不明、思路不清、政策缺位、资金缺乏等方面。产业业态还处于大资源、小产业、低层次、少收入的状况，发展潜力未能得到充分发挥。因此，迫切需要进一步明确发展思路，采取有力措施，促进我省石产业加快发展。各地、各部门要以科学发展观为指导，按照政府扶持、协会搭桥、企业主导、市场运作、各方促成的原则，加大资源勘察、人才培养、市场培育等方面的力度，充分发挥和利用国内、国外市场和资源优势，把石产业作为特色优势产业加快培育，力争通过"十二五"期间的努力，把我省建设成为石产业大省。

二、总体思路和发展目标

(一) 总体思路

深入贯彻落实科学发展观,充分发挥云南石材资源丰富、珠宝玉石市场品牌效应突出、观赏奇石种类繁多的优势,紧紧围绕产业结构调整,以市场为导向、技术为支撑、文化为内涵,以资源保障、龙头企业培育、技术升级、市场体系建设、优化产业布局为突破口,创特色、树品牌,促进集约发展、绿色发展、低碳发展,切实提高产业竞争力,具体做强石材产业、做大珠宝产业、稳步发展观赏石产业,使石产业成为我省吸纳农村富余劳动力、促进农民脱贫致富的重要产业和特色优势产业。

(二) 发展目标

通过 5~10 年努力,将石产业培育成为资源特色突出、市场定位鲜明、产业品牌繁多、技术文化交融、集生产、贸易、服务一体化发展的特色优势产业集群。到 2015 年,石产业总产值 970 亿元,年均增长 27%,从业人员 130 万人左右,发展水平迈入全国先进行列;到 2020 年,产业规模和水平显著提升,产业链延伸,辐射能力增强,建成面向全国及东南亚、南亚的石产业基地。

1. 石材产业发展目标

发掘资源,创造名牌,经过 5~10 年努力,形成中国重要的石材加工和贸易基地之一。到 2015 年,产值达 180 亿元以上,年均增长 29%,从业人员超过 30 万人;到 2020 年,形成以制成品销售为主的石产业链,产业发展规模和水平全面提升。

2. 珠宝玉石产业发展目标

用 5~10 年时间,把我省建设成为中国珠宝玉石产业大省和世界重要的珠宝玉石集散、销售和加工中心。到 2015 年,产值达 760 亿元,年均增长 27%,从业人员达到 90 万人左右;到 2020 年,形成"世界玉石云南卖"的市场优势,具备开发不同档次珠宝玉石的能力。

3. 观赏石产业发展目标

争取用 5~10 年时间,把我省建成中国面向东南亚、南亚市场的重要观赏石集散交易中心。到 2015 年,产值达 30 亿元,年均增长 20% ,从业人数达到 10 万人；到 2020 年，建立符合可持续发展要求的观赏石产业体系。

三、优化产业布局

（一）总体布局

按照我省现有石产业分工，在石产业相对聚集区，新建、扩建一批特色鲜明的专业化加工园区、基地、物流交易中心和服务片区，形成以滇中为中心、特色区域为支撑的点线面集聚发展的格局。

（二）石材产业布局

重点布局 1 个中心、2 个基地、2 大特色片区。突出滇中地区中心地位，把昆明市建设成为石材高档产品加工展示交易中心。在楚雄州布局发展砂岩板材、木纹石、苴却石民族工艺制品生产加工基地；在曲靖市布局发展石雕、石画等人造石材生产基地。滇西特色石材产业片区。在保山市布局发展保山米黄、松香玉、珊瑚红、怒江红、火山石等特色石材加工基地；在大理州布局发展大理石板材、异形材、大理石旅游工艺品等产品加工基地和市场交易中心；在德宏州、临沧市结合边境旅游布局发展外向型石材产业基地，适当发展大理石、花岗岩等石材建筑装饰产品。滇东南发展特色石材产业片区。在文山州发展板材、装饰石材等建筑石材，布局石材加工基地和市场交易中心，积极开拓外向型石材产品。

（三）珠宝玉石产业布局

重点建设 1 个中心、3 大特色区域、3 条销售热线。把昆明市建设成为珠宝玉石产品的加工、销售和集散中心，逐步成为具备自主创意设计、生产加工、交易拍卖、技术鉴定、文化博览等功能的综合性珠宝玉石产业发展中心。充分发挥龙陵、潞西、瑞丽、盈江、腾冲的资源优势，发展特色珠宝玉石产业，形成 3 个特色区域。龙陵、潞西突出黄龙玉资源特色，综合发展原料公盘、物流加工、体验馆、地质公园博物馆等项目；瑞丽、盈江突出边境口岸特色，建设成为以原料输入为重点，集设计加工、交易拍卖、技术鉴定、旅游博览、文化交流为一体的边境贸易区；腾冲突出传统玉文化特色，弘扬腾越传统文化，引进现代技艺，逐步打造成为"东方玉都"。与重点旅游区、旅游热线相结合，以昆明为中心，逐步形成玉溪、普洱、西双版纳、大理、丽江、香格里拉、保山、腾冲、瑞丽。条珠宝玉石销售线路。

（四）观赏石产业布局

打造 1 条主干线、5 大市场、9 个名镇。沿昆明、大理、保山、德宏一线，形成特点突出、发展规范的观赏石交易、展示的黄金主干线。在昆明、昭通、大理、保山、德宏 5 个州（市）建设观赏石市场。把东川区新村镇、会泽县金钟镇、大理市古城镇、龙陵县龙山镇、巧家县白鹤滩镇、绥江县中城镇、腾冲县腾越镇、泸水县六库镇、水富县向家坝镇打造成我省观赏石产业发展的特色小镇。

四、建设重点环节

（一）提高资源保障水平

将石材、珠宝玉石资源列入省内找矿行动计划，查明大理石、花岗岩、砂岩等各类石材的矿产资源储量和红宝、蓝宝、祖母绿、黄龙玉等宝玉石资源储量。搭建石产业发展平台，在省内建设 1 至 2 个国内最大的珠宝玉石原料公盘交易中心。发挥边境玉石毛料市场交易优势，促进原料进口由"边贸"向"大贸"转变。积极引导企业参与境外资源开发和玉石原料公盘交易。

（二）培育龙头企业

围绕产业发展方向，引导资源、技术、人才、资金等要素向龙头企业集聚，打造集原料开采、产品加工与销售为一体的企业集团。积极引进国内外大型加工、商贸物流企业来滇落户。

（三）推进技术创新

建设国家级、省级产业技术研发中心和检测检验机构，制定产业技术标准。引导企业、高校、科研院所联合，建立以企业为主体、市场为导向的产学研技术创新体系，不断提升石产业发展的水平和市场竞争力。

(四) 加大品牌培育

大力塑造"云南珠宝"、"云南石材"、"云南观赏石"品牌形象,着力把我省建成石产品品牌汇集地。石材产业重点培育云南米黄、木纹金砂、火山石等特色产品,开发人造石材、石英石等工艺品和多功能产品。珠宝玉石产业要进一步巩固和提升"玉出云南"和"云南珠宝"的名牌效应。观赏石产业重点发展名贵天然奇石特有品牌,利用境外观赏石资源丰富我省观赏石种类,可持续发展大理画面石、会泽(东川)铁胆石、"三江"图纹石、永仁苴却石等名贵天然观赏石特有品种。

(五) 加强市场监管

税务、工商、质监等部门要加强质量监管,严厉打击欺诈、以次充好、以假冒真等违法违规行为;规范税收监管,营造公平竞争的市场环境;完善社会监管,建立市场经营主体违法备案、公示、重点监管、先行赔付制度和行业退出机制。

五、加强政策扶持

(一) 强化财税政策支持

各级财政部门在有关专项资金安排上要向石产业适当倾斜,支持符合产业发展方向的新(扩)建项目,扶持科研机构、行业协会的发展。要用足用好现有税收优惠政策,加大对珠宝玉石和石材资源勘探、加工及技术升级、技术认定与服务、人才培养的支持力度,积极促进石产业发展。

(二) 畅通融资渠道

金融机构要放宽对石产业企业的贷款条件,简化审批手续,扩大对石产业企业贷款规模。支持企业以拥有的原材料、库存产品、采购商品等进行动产抵押、股权质押、仓单质押等方式,申请银行贷款。依托商会信用,建立担保机制。鼓励具备条件的企业上市融资,积极探索符合条件的中小企业发行集合债券,突破产业发展"瓶颈"。

（三）加大产业政策引导

加强采矿权管理，制定矿山和加工行业准入制度，引导优势资源向大企业集团集中。支持企业参与园区（基地）及市场建设，享受标准厂房建设有关优惠政策，并对进入园区、基地、交易市场的企业给予优惠，实施以商招商，缩短项目建设周期，推动产业集聚发展。鼓励石产业企业与旅游、文化、服装、建材、化工、造纸、会展等产业的融合互动发展。

（四）采用便利化通关措施

采用有利于珠宝玉石原料进出口的灵活贸易方式，充分发挥出口加工区珠宝玉石仓储、加工、保税物流的功能和作用，继续推行玉石存入保税仓库的监管办法，为玉石原料保税进口和便利通关提供优良服务。

（五）发展绿色石产业

坚持开发与保护并重，鼓励企业开展废料、废渣综合利用和水循环利用，实行清洁生产。加快中小型石材资源矿山整合改造，建设一批循环经济示范项目和基地。落实节能减排要求，促进石产业可持续发展。

（六）大力培养和引进人才

根据产业发展需要，制定职业技能培训和学历教育计划，利用现有教育资源，积极鼓励和支持省内职业院校开设石产业开采、加工、设计、工艺、美术、鉴定等专业，加快石产业人才培养。加大对民间手工艺人的培养力度。设立名匠工作室，吸引设计师、雕刻师、鉴定师等高技术技能型人才来滇发展，将其纳入我省高层次人才选拔奖励范围。

（七）扩大对外开放

"引进来"和"走出去"相结合，建立与国际国内知名石产业机构、跨国企业以及世界主要石原料产地商会的合作关系。积极发展与缅、老、越等东盟国家的睦邻友好合作关系，支持我省石材企业走出去，互利开发利用周边国家的优质石材资源。搭建石产业交易平台，定期承办或举办国际性"石博会"、玉石毛料公盘和珠宝玉石交易会，扩大我省石材产品出口。

六、转变职能强化服务

（一）积极发挥行业协会作用

充分发挥行业协会、商会的作用，鼓励协会、商会等机构积极开展面向社会的信息咨询、投融资、技术交流、人才引进、人员培训、宣传促销、品牌开拓、对外交流与合作等服务。

（二）加强组织领导

省石产业联席会议办公室要加强与各成员单位、行业协会的联系和沟通，认真落实产业发展规划，统筹协调解决石产业发展中存在的困难和问题。各地、各有关部门要充分认识加快石产业发展在产业结构调整、培育新的经济增长点、扩大就业等方面的重要作用，把发展石产业作为一项重要工作，增强责任感和紧迫感，落实责任、统筹协调、优化配置各种资源，尽快形成加快石产业发展的强大合力。石产业发展任务较重的州（市）可设立石产业发展协调机构。

云南省人民政府

二○一一年一月三十一日

附录三 云南省石产业发展规划

云南省石产业发展规划（2011~2015）

前言

云南地处欧亚板块和印度洋板块碰撞结合带，地质构造复杂，为石资源提供了优越的成矿地质条件，形成了丰富的石类矿藏资源，种类不仅覆盖了目前全球已发现的品种，还有许多品种为云南独有，是石资源大省，也是石产业大省。云南石材产业古已有之，大理石、花岗石、砂石、火山石、板石等资源丰富，品种独特，长期用作建筑装饰材料。我省一直是珠宝玉石的重要集散地和东南亚各国原料的传统贸易市场，长期处于中国与东南亚、南亚地区珠宝玉石产业发展的核心地位，观赏石资源丰富，品种繁多，在全国名列前茅。

石材、珠宝玉石、观赏石都以天然石为原料，通过加工设计和赋予不同的文化内涵，成为满足不同市场需求的建筑材料产品、奢侈消费品、工艺品和文化产品。石产业因物理加工形成低碳生产，循环利用形成低排放，吸纳农村劳动力高就业的"两低一高"特点，在我省产业结构调整中独树一帜。随着国内外市场对石产品需求的不断增长，古老传统的石产业在科技创新和文化艺术挖掘中焕发出新的生机。我省石材、珠宝玉石、观赏石在资源、区位、市场、品牌和历史文化等方面的独特优势和条件，具备了产业加快发展的机遇和条件，但丰富的石资源优势仍未转化为产业和经济优势，石产业发展总体还处于大资源、小产业、低层次、少收入的状况，发展的巨大潜力未能得到充分发挥。

2009 年，省政协主席会议确定"云南石材产业发展调研"为当年省政协的重点调研课题，形成了《政协云南省委员会关于加快我省石产业发展的建议案》，提出了"开展编制云南省石产业发展规划"等建议。根据秦光荣省长和罗正富常务副省长的批示，省发改委高度重视规划编制工作，制定工作方案，深入广东、福建进行调研，学习借鉴沿海地区石材产业发展的经验；深入省内昆明、玉溪、楚雄、大理、保山、德宏等州市数十个企业进行调研，推进三石合一的资源优势转化为经济优势，促进石产业可持续发展，加快我省特色产业培育和产业结构调整步伐，编制具有创新性、指导性的《云南省石产业发展规划》。

《云南省石产业发展规划》以"十二五"（2011~2015 年）为主要规划期，展望 2020 年，涉及产业包括石材产业、珠宝玉石产业、观赏石产业，因三石产业的不同特点，规划采取统分结合的编写方式完成。

一、石产业发展现状分析

（一）我国石产业发展现状分析

1. 石材产业发展迅速，相关产业带动明显

改革开放以来，随着世界石材产业转移和我国工业化、城镇化的不断推进，石材产业发展十分迅速，形成了现代化的石材工业和市场贸易格局，外向型石材产业趋势明显，进出口贸易成绩显著。同时人造石、石雕、石刻、石画、墓碑石、壁炉等石材产品均得到大幅增长。2009 年，全国有石材企业 2 万多家，产业集群 20 多个，形成福建水头、广东云浮、山东莱州 3 个大型石材基地。福建、广东和山东三个省份的石材产量占全国的 85%。2009 年全国规模以上石材企业实现工业增加值 565 亿元，销售收入 1689 亿元；出口 2123 万吨，创汇 36.11 亿美元；进口 811 万吨，用汇 14.5 亿美元。中国目前已成为世界首屈一指的石材生产大国，年生产量居世界第一位，石材产品出口连续十多年位居建材单一产品出口第一，贸易出口额则仅次于意大利，排名世界第二位。在 20 年间，中国的石材行业基本上保持了年均 20% 的增长率，是我国 GDP 增长速度的 2 倍以上。

随着石材产业规模扩大，机械化开采水平和生产技术装备水平不断提高，石材装备制造业接近国际先进水平，带动了石材机械、磨具、锯条、

石材防护用品、石材护理、物流等先关产业的发展，基本形成了满足国内市场需求的石材技术装备与供应体系，石材技术装备出口也逐年上升。

2. 珠宝产业也欣欣向荣，呈现出现代和传统互动发展的局面

我国珠宝产业历史悠久，文化底蕴深厚，有良好的发展基础。改革开放以来，随着市场化进程，我国珠宝产业呈现出明显的规模化、国际化等现代产业特征，形成了现代与传统相结合，规模化批量生产与传统手工单件生产共存的发展局面。2009 年有各类珠宝生产加工企业 2 万多家，产业工人 170 多万人，形成广东揭阳、四会、平洲、河南镇平、云南瑞丽、腾冲、福建莆田、广西梧州等 19 个珠宝玉石首饰特色产地，销售总额2200 亿元，出口 80 亿美元。

3. 观赏石产业与文化产业融合紧密，产业发展初具规模

中国观赏石文化源远流长，博大精深，在儒、佛、道文化的浸染下，历经数千年的发展，形成了独树一帜的观赏石文化和丰富多彩的赏石艺术品种。八十年代后期，随着物质文化生活水平的提高，国内外赏石热潮不断升温，观赏石日益成为人们收藏、投资的重要品种，市场规模不断壮大，逐步成为一个新兴产业，产业规模已超过百亿元。

（二）云南石产业发展现状分析

云南石产业资源、区位、市场、品牌和历史文化等方面具有独特的优势和条件。经过多年发展，石材、珠宝玉石、观赏石已形成 230 亿元的产业规模，从业人员近 80 万人，形成了一批龙头企业、行业协会和质监技术服务机构，搭建了"石博会"等营销平台，具备了一定产业基础和产业规模。

1. 石材产业资源丰富，发展处于振兴阶段

云南地质构造复杂，为石资源提供了优越的成矿地质条件，我省山区面积占国土面积的 94%，蕴含着丰富的石材资源，大理石、花岗岩、砂岩矿产储量位居全国前三位。目前全省已发现各类大理石矿床（点）160 多个，花岗石矿床（点）130 多个，砂、板石矿床（点）50 余个。石材资源类别覆盖了全球已发现的所有品种，其中火山石、云灰大理石、木纹石等为云南的特色品种。

经过多年发展，我省石材产业具备了加快发展的产业基础，生产加工、开采技术取得了一定进步，形成了一批骨干企业。但总体来说，我省

石材产业长期处于"大资源、小产业、低层次、少收入"的状况。2001~2008年，云南石材产量年均增长19%，年出口创汇突破300万美元。据不完全统计，2009年全省有各类石材企业1000多家，从业人员达15万人，全省石材销售收入近40亿元，占全国的3%左右。

2. 珠宝产业资源潜力巨大，品牌优势明显

云南与著名的东南亚宝石矿带相连，是我国五大宝玉石生产地之一，已发现的哀牢山成矿带高黎贡山成矿带、广南—麻栗坡—马关地带、瑞丽—盈江地带4个宝玉石资源富集带，400多个矿床（点），红宝石、海蓝宝石、蓝宝石、祖母绿、黄龙玉等优质宝石矿产资源均有发现。

云南文化底蕴深厚，长期处于中国与东南亚、南亚地区珠宝玉石产业发展的重要地位，"玉出云南"的市场口碑效应蜚声海内外，涌现了昆百大珠宝、七彩云南、地矿珠宝等一批名牌企业，专家认为"云南珠宝"成为全国珠宝第一品牌，商业价值达200亿元。由于历史文化的认同，目前广东加工的翡翠玉器60%以上要回流到云南市场销售，我省一直占据零售市场终端的优势，形成了以昆明、大理、德宏、保山等主要旅游地区为依托的市场分布格局。2009年，云南有珠宝企业及加工户1万多家，从业人员达50多万人，珠宝玉石产业规模达到180亿元，占全国8%以上。

3. 观赏石品种多样，产业发展初具端倪

我省境内观赏石品种繁多，约有400多种，常见石80~100种，少见石200~300种，其中稀有石60~90种，如铁胆石、玛瑙石、锡石、斜长石、菊花石等较为罕见，收藏价值极高，赏石市场发展迅速，展示活动日趋活跃，形成了昆明奇石宠物城，昭通奇石收藏馆等一批展示交易中心。2009年，全省观赏石石馆、商店有3000多家，从业人员达到5万人，年收入10亿元。云南观赏石协会会员已发展至近1000人，产业发展初具基础。

（三）加快石产业发展具有重要意义

1. 有利于促进产业结构优化升级

石产业以天然石资源为原料，具有低碳经济、绿色经济和循环经济的特征。石产业以文化内涵为支撑，具有较高的加工增值空间，是其他产业无法比拟的。加快石产业发展符合我省产业结构的国际化、绿色化发展；有利于带动旅游、文化、建筑、房地产等相关产业发展，提高产业发展的

综合效益。

2. 有利于扩大就业

石产业属于劳动密集型产业，产业链长、辐射面广，对于解决社会就业具有重要作用。石材企业吸纳农村劳动力的特征明显，有利于农村富余劳动力就地转移；珠宝玉石加工业从手工作坊到现在规模加工形式不限，有利于吸纳不同文化和层次的劳动力就业，珠宝玉石销售不受地域限制，吸纳劳动力的地域范围宽泛；观赏石产业是一个群众参与性较强的行业，从拣石、卖石、赏石，参与人员涉及各行各业，各个年龄层次，石产业有望成为我省解决民生、扩大就业的重要力量。

3. 有利于发展特色经济

石产业集资源优势、区位优势、市场优势为一体，具有产业发展的综合优势。我省是玉文化的发祥地之一，具有其他省份不可比拟的独特优势；我省石材资源涵盖了世界上几乎所有的名贵稀有品种，还有众多的特有品种，为石材产业的特色化发展奠定了基础；我省三江流域的奇石资源由于地质形成不同，观赏石产业品种独具一格。随之石产业布局的资源指向发展趋势，将石产业发展成为我省又一特色优势产业。

（四）优势和机遇

1. 区位优势明显

云南处于东亚、东南亚和南亚结合部，是中国面向西南开放的桥头堡。周边国家是世界上主要的珠宝玉石出产地，缅甸是世界高档翡翠的唯一产地。据有关方面信息，从 2010 年开始，缅甸的玉石毛料公盘将从仰光迁至内比都，到云南的陆路距离缩短了近 400 公里。缅甸、越南、老挝、泰国、印度还是红宝石、蓝宝石产地，其中泰国和印度是世界上主要的珠宝首饰加工、贸易中心。印度、伊朗、土耳其等国是世界主要石材产地。由于地缘、区位和人缘的优势，云南自然地融入了世界"三石"产业加工、贸易中心之列。随着泛亚铁路的东、中、西线建设，省级高速公路逐步建成，运输条件的改善和运价的降低都将为云南石产业带来难得的发展机遇。

2. 消费市场巨大

目前，我国 GDP 总量居世界第二，人民群众生活水平大幅提高，城镇化进程不断加快，为石产业发展提供了广阔的市场前景。随着我国区域经济协调发展，社会主义新农村建设、公共基础设施建设速度加快，城市化水平提高，每年将有 1000 万农村人口进城，按户均 3 人计算，需要新增 400 万套住房，面积达 2 亿平方米以上。据有关部分预测，到 2020 年，我国石材需求量将超过 4 亿平方米，世界石材需求量将达 25 亿平方米左右。近年来，随着奢侈品消费和工艺文化品收藏渐成趋势，中国珠宝产业销售总额以年增长率高于 20% 的速度发展，成为世界第三大珠宝市场。2009 年，中国珠宝玉石产业规模达到 1900 亿元，预计到 2020 年，有望达到 4000 亿元，出口将会超过 150 亿美元。我国观赏石交易规模不断扩大，随着中国传统的赏石文化在世界范围的广泛传播，参与人数不断增多，各类展览、展销日益频繁，可以预见观赏石将拥有广阔的市场前景。

3. 符合产业发展导向

随着科学发展观的深入贯彻实施，转变经济发展方式，调整产业结构成为我国经济发展的重要选择。石产业低能耗、低排放、高就业的特点符合我国产业发展导向，石产业发展受到国家政策扶持，如国家将进一步降低石材荒料进口关税税率，提高石材产品出口退税率等，把石产业培育成我省特色优势产业面临良好的发展机遇，有利于我省建设资源节约型、环境友好型社会的发展战略实施。

（五）困难和问题

1. 地质勘查滞后，资源储量不明

我省石资源地质勘探程度低，绝大多数矿点没有经过详细的地质勘探，现有的矿产储量多属经验判断，矿山的地质构造、储量、品种品质等情况不清楚，制约了石产业的可持续发展。2009 年，全省 2721 个石材矿山中，开展过地质工作的大理石矿山仅 20 个左右，花岗石矿山仅 6 个；发现的 40 多种宝玉石的主要分布地资源储量不清楚，珠宝玉石毛料基本依赖境外。

2. 产业发展粗放，价值链有待提升

我省石产业与沿海发达省份相比，企业小、散、弱，产业结构调整和优化升级的压力大。石材产业加工粗放，处于产业链的低端，产品附加值不高，资源综合利用水平低，环境破坏严重。珠宝产业原料保障程度低，传统加工优势逐步丧失，满足现代旅游需要的中低档产品批量加工滞后。观赏石主要取自天然石，具有文化和艺术元素的石工艺品开发不足，而且无序开发对资源和环境造成了一定破坏。

3. 产业支撑不足,发展环境有待改善

一是缺乏产业发展规划,产业布局不合理,发展重点不明确,龙头企业缺乏,长期处于自生自灭的发展状态;二是缺乏现代交易平台,交通运输不便,物流成本较高;三是艺术、创意、设计、技能工匠等人才缺乏,技术装备水平落后,企业研发投入不足;四是缺乏产业发展所需的金融、税收、土地、电价等配套政策。

二、石产业发展思路和目标

(一) 指导思想

适应国内外对石文化、石产品的需求,抓住新一轮全球石产业转移和国家扩大内需、加快产业结构调整、推进城市化进程的机遇,贯彻落实科学发展观,充分发挥云南石材资源丰富、珠宝玉石市场品牌效应突出、观赏奇石种类繁多的优势,科学布局生产力,开发"三石"、打造优势、致富一方,做大做强云南石产业,推动云南旅游、文化等产业发展。力争通过"十二五"的努力,将石产业培育成为我省又一新兴特色产业;用十年时间,把云南建成世界石产业和石文化发展中心之一。

(二) 发展思路

推进资源、环境、产业协调发展,突出资源勘探、低碳生产、特色品牌、石文化体验四大重点,以石为载体、文化为内涵、市场为导向,把资源保障、优化布局、技术升级、市场建设放在突出位置,创特色、树品牌、促进集约发展、绿色发展,提高产业竞争力和发展后劲,做强石材产业,做大珠宝产业,稳步发展观赏石产业,使云南石产业成为我省农民脱贫致富、吸纳农村劳动力转移的特色优势产业。

——石材产业发展思路。从加强资源环境保护入手,以结构调整为主线,以发展低碳经济为契机,促进传统石材产业向现代石材产业发展。充分发掘我省"石林"、"大理石"的历史文化等无形资产价值,利用"石林"、"大理石"的品牌知名度,开发云南特色大理石、花岗岩、木纹石、火山石、板岩。利用天然石材在开采加工过程中产生的边角废料、石渣及其他原料进行人造石材加工,发展石材原料造纸。构建以矿山、工业园区建设为基础，物流园区和石材展销为平台，技术创新和大通道为依托的"两点三层"石材产业发展格局。用十年时间，把云南建成面向东南亚、南亚的石材加工基地。

——珠宝玉石发展思路。继续扩大"云南翡翠"、"云南珠宝"在国内外的知名品牌优势和"玉出云南"的市场优势。按照"广聚原料、促进加工、突出特色、优化市场、荟萃人才、稳定收藏、繁荣贸易"的发展思路，逐步形成"一个产业中心、三大特色区域、三条销售热线"的产业发展布局。

——观赏石发展思路。有序开发天然奇石资源，加强资源环境保护，建立完善观赏石市场，着力打造集科学性、艺术性、思想性与其自然属性融为一体的云南观赏石文化产品品牌。积极开发人造观赏石产品，促进产品结构由单一小件产品向居家、城雕、园林等大件多功能产品延伸，推进我省观赏石产业持续健康发展。

（三）发展原则

1. 坚持市场导向和政府引导相结合

坚持市场导向，突出企业在产业发展中的主体地位，发挥市场配置资源的基础性作用；政府通过规划引导和制定产业政策，优化发展环境，搭建合作平台，提高服务效率，促进石产业持续健康发展。

2. 坚持提升规模和突出特色相结合

培育大企业、大集团，采用先进石材开采和加工技术，开发具有云南特色的建筑石材、装饰石材和石材工艺品，提升产业规模和水平。以新、精、特、奇、美为珠宝玉石和观赏石的发展方向，开发新品、精细工艺、突出特色、荟萃奇石，构建云南石产业科学发展格局。

3. 坚持保护换进和循环利用并重

在充分考虑资源与生态环境承载力的前提下，推进科技进步，加快矿山复垦和结构调整，加强资源综合利用，发展循环经济，重视石产业废渣、废水循环利用，形成节地、节水、节能和减少污染的低碳生产经营模式。

4. 坚持开放发展和创新发展相结合

充分利用国内国际两个市场、两种资源，将沿海的市场、资金、技术优势与我省的资源、区位优势相结合，加大企业引进来与走出去步伐。将石产业的培育和发展与传统产业改造提升相结合，创新发展模式，发挥后发优势，实现石产业跨越式发展。

（四）发展目标

通过 5~10 年的努力，将云南石产业培育成为资源优势突出，特色定位鲜明，市场品牌建立、技术文化融合，生产、贸易、服务一体化发展的特色优势产业集群。到 2015 年，产业规模达到 970 亿元，年均增长 27%，从业人员 130 万人左右，云南石产业发展水平迈入全国先进行列；到 2020 年，产业规模和水平显著提升，产业链前后延伸，辐射能力增强，石产业发展水平跻身世界前列。

——石材产业发展目标。发掘资源，创造名牌，经过 5~10 年的努力，形成产业支撑体系强、自主创新能力优、资源利用效率高、生态环境保护好、品牌名牌逐步建立的中国最重要的石材加工和贸易基地。力争到 2015 年，产值规模达 184 亿元，年均增长 29%，从业人员超过 30 万人；到 2020 年，随着国际大通道的形成，加工、物流园区不断完善，以荒料销售为主的石材产业链向外延伸，以制成品销售为主的石产业链向内整合，产业展规模和水平全面提升。

——珠宝玉石产业发展目标。紧跟市场需求，聚集发展优势，用 5~10 年时间，把珠宝玉石产业培育成云南又一特色优势产业，把云南建成中国珠宝玉石产业大省和世界重要的珠宝集散中心和加工中心。到 2015 年，产业规模达到 756 亿元，年均增长 27%，从业人员达 90 万人左右；到 2020 年，形成"世界玉石云南卖"的市场优势，面向不同消费群体开发不同档次的特色产品，完善工艺技术标准，加强人才储备，引领世界珠宝潮流。

——观赏石产业发展目标。以资源为基础，以构筑市场为重点，争取用 5~10 年的时间，不断提高观赏石文化产品的生产销售规模和水平，把云南建成中国面向南亚、东南亚市场的重要观赏石集散交易平台和石文化研究平台。到 2015 年，全省观赏石产业规模达 30 亿元、年均增长 20%，从业人数达 8 万人；到 2020 年，建立符合可持续发展要求的观赏石发展生态系统和比较完善配套的观赏石产业体系，观赏石产业发展位居全国前列。

三、石产业发展主要任务和重点布局

(一) 石产业发展的主要任务和重点布局

1. 提高资源保障水平

——加强地质勘察工作。结合我省找矿行动计划，将石资源勘察列入找矿计划，实施石材资源勘探工程，对石材资源的分布、品种、地质构造、开采条件、目前的开采现状进行全面摸底，提出进一步开展地质工作的目标与任务。到 2015 年，基本完成全省石材资源预查，重点区域普查，重点矿区详查，确保石材加工原料需要。

——加大资源整合力度。综合运用经济、法律和必要的行政手段，加快中小型石材资源矿山开采的整合改造，实行集约化开发经营。"十二五"期间推动优势资源向优势企业倾斜，鼓励大型企业兼并改造中小型石材矿山。

——规范矿山管理。将矿山开发利用、开采设计、土地复垦等方案纳入行政管理，严格石材开采生态保证金的按期、足额缴纳、专款专用。严格审查石材矿山开采植被恢复方案，力争做到采矿权证、环保方案、植被恢复方案同步审核，采矿权证审批中，没有环保方案、植被恢复方案的不得获批采矿权证。"十二五"期间争取 80% 以上矿山企业达标生产。

——鼓励和支持企业利用境外资源。鼓励和支持企业利用境外投资，参与国外石材资源的地质勘查和矿山开采，从战略上控制资源。以企业为主体，政府和协会等社会组织为协调，与国外建立长期稳定的供应关系。近期重点加强缅甸、老挝等国家的石材资源走出去勘探及其石材资源采购进口，满足国内对高档、名贵石材资源的需求。

2. 加快结构调整和产业升级

——扶持龙头企业。在全省培植一批石材开采、加工、销售以及石材设计、研究、安装、服务的综合性企业集团，扶持 2~3 家石材资源综合利用企业，形成云南石材产业集聚发展的格局。

——打造云南品牌。加强创意设计和新产品研发，走差异化发展路线，大力发展技术含量高、文化特色突出的高附加值产品，重点培育"云南米黄"、"木纹金砂"、"火山石"等特色产品，开发人造石、石英石、工艺品和多功能产品。

——加强技术创新。加快企业技术改造、工艺创新，提高资源综合利用率，淘汰落后工艺技术和装备，鼓励企业采用金刚石串珠锯、高压水射流机械、数控加工机械、自动化雕刻机等高端加工设备，提高产业工艺技术水平，完善石材标准化体系，走循环发展道路，建设一批循环经济示范基地。

——促进产业融合。依托云南大型装备制造集团，发展石材装备业，积极发展石材护理等配套产业，促进石材产业与建材、化工、造纸、旅游、文化、物流等产业的融合发展。

3. 重点布局

——滇中地区。昆明以石林县为重点，建设集加工、销售、科研为一体的石产业工业园区，建设高档产品加工基地和石材展示集散中心。楚雄州以永仁、元谋、武定县为主，建设砂岩板材、木纹石生产加工基地，布局异型材苴却民族工艺制品加工基地。曲靖市以麒麟区、陆良县、罗平县、富源县为主，重点发展石雕、人造石生产基地。

——滇西地区。滇西地区是我省高档大理石、花岗岩、火山石、青石等石材资源富集区域，也是适合我省石材产业集群发展的重点区域，以保山的施甸、龙陵、腾冲、隆阳区为主，重点发展保山米黄、松香玉、珊瑚红、怒江红、火山石等特色品种。大理州以洱源、宾川、古城镇、弥渡、祥云为主，发展大理石板材、异型材、大理石旅游工艺品等产品；丽江市以玉龙、永胜为主，临沧市以永德、镇康、耿马、双江、临翔区等县区为主，并结合边境旅游，以高档石材为原料，发展旅游饰品、纪念品等石材产品，适当发展大理石、花岗岩等石材建筑装饰产品，发展外向型石材产品。

——滇东南地区。利用丰富的石材资源，以文山州为重点，在文山县、丘北、麻栗坡等地建立石材加工基地和市场交易中心，发展板材、装饰石材等建筑石材，积极开拓外向型石材产品。

（二）珠宝玉石产业发展的主要任务和重点布局

1. 提高原料保障

——挖掘本土原料资源。结合我省找矿行动计划，实施云南"探宝"工程，到2015年，基本完成全省宝玉石资源预查，重点区域普查，重点矿区详查，摸清云南红宝、蓝宝、黄龙玉等珠宝玉石资源状况。积极培育龙陵黄龙玉原料公盘交易中心，调控黄龙玉等我省宝玉石原料市场投放强度，开拓新的宝玉石产地。

——扩大境外原料来源。发挥边境玉石毛料市场交易优势，促进原料进口由"边贸"向"大贸"转变。积极参与境外原料公盘交易，在省内建设1~2个国内最大的原料"二次"公盘交易中心，积极开展与全球主要珠宝原料产地、国际机构和跨国企业合作，搭建国际合作平台。

2. 培育综合优势

——发展珠宝加工。秉承传统与现代创新相结合，充分发扬手工加工珠宝玉石高档精品的传统优势，依托旅游热线，推动中低档珠宝玉石旅游纪念品批量加工。发挥昆明经开区和昆明出口加工区珠宝玉石产业集聚发展的优势和作用，建设昆明宝玉石加工销售基地，建设龙陵黄龙玉、腾冲和瑞丽翡翠加工基地，引进国内外珠宝企业赴滇投资，带动和提升我省以翡翠为重点的珠宝玉石加工技艺和水平，培育集毛料开采、加工、市场交易于一体的黄龙玉大型企业集团，创造条件确保云南珠宝玉石加工技艺在国内外领先一筹。

——扩大品牌效益。进一步巩固和提升"天下美玉出云南"和"云南珠宝"的品牌效益。提升腾冲传统市场交易中心，打造腾冲"东方玉都"，提升瑞丽"东方珠宝城"品牌，培育壮大名牌企业，整合珠宝玉石市场，创新营销模式，培育旅游热线新型销售市场，把黄龙玉打造成代表中国传统文化的世界精品。

——促进产业融合。实现珠宝产业与旅游、服装、文化、艺术产业的融合发展，以时尚元素注入我省珠宝产业，努力把我省培育成为全球玉石设计、玉石时尚发布中心，把昆明打造成以玉石为主的东方珠宝时尚之都。在昆明、腾冲、丽江、大理等旅游热点地区选点建设一批宝玉石休闲体验馆。

3. 优化重点布局

——建设一个产业中心。即以昆明为我省珠宝玉石产品的加工、销售和集散中心，逐步成为具备自主创意设计、生产加工、交易拍卖、技术鉴定、文化博览等多向功能齐备的综合性珠宝玉石产业发展中心。

——打造三大特色区域。即以龙陵—潞西、瑞丽—盈江、腾冲为重点并辐射带动周边的三个特色区域。龙陵—潞西突出黄龙玉资源特色，综合发展原料公盘、物流加工、体验馆、地质公园博物馆，创建"东方黄龙玉城"；瑞丽—盈江突出边境口岸特色，建设成为以原料输入为重点，集设计加工、交易拍卖、技术鉴定、旅游博览、文化交流为一体的"东方珠宝城";腾冲突出传统玉文化特色,弘扬腾越文化传统,引进现代技艺,逐步打造成为"东方玉都"。

——形成三条销售热线。按照风景名胜区规划和城乡规划,加强珠宝玉石市场建设与旅游景区建设规划的衔接,完善珠宝玉石产业与旅游产业相支持的运行模式。依托旅游热线,以昆明为中心,逐步形成玉溪—普洱—西双版纳、大理—丽江—香格里拉、保山—腾冲—瑞丽三条宝玉石销售黄金热线,合理设计游、购环节,规范旅游珠宝购物环境。

(三)观赏石产业发展的主要任务和重点布局

1. 合理利用资源

——有序开发自然资源。在保护山体、河道、溶洞等自然环境,保护并合理开发资源的前提下,可持续发展大理画面石、会泽(东川)铁胆石、"三江"图纹石、永仁苴却石等名贵天然观赏石特有品种。有序开发品种丰富的普通古生物化石,发挥区位优势,利用境外观赏石资源,丰富我省观赏石种类,做大观赏石产业规模。

——发展人造观赏石。在挖掘天然奇石基础上,进行适当艺术包装,发展石画、石雕等工艺及园林观赏石,做大产业规模,丰富产业内涵,延伸产业链。

2. 优化市场布局

——形成一条主干线。以昆明、大理、保山、德宏为主要线路,支持和鼓励四州市依托区位优势、资源优势、旅游优势,完善服务体系,形成特点突出、发展规范的观赏石交易、展示的黄金主干线。

——培育五大市场。建设昆明观赏石展销中心、昭通奇石都、大理奇石城、保山奇石城、德宏奇石城五大观赏石市场,提升改造昆明奇石城,使之成为云南观赏石的重要集散地,以此带动全省销售市场,形成大小并举的营销网络,促进观赏石产业与旅游、文化、会展等产业相结合,构筑国际观赏石展示交易中心。

——建设九个名镇、两个加工基地。建设东川区新村镇、会泽县金钟镇、大理市古城镇、龙陵县龙山镇、巧家县白鹤滩镇、绥江县中城镇、腾冲县腾越镇、怒江州六库镇、水富县向家坝镇"九个观赏石名镇",力争把这九镇打造成云南观赏石产业的名片。建设昆明石林和大理古城镇两个人造石工艺品加工基地。

四、促进石产业发展的政策措施

(一) 提高认识，加强领导

充分认识加快石产业发展在产业结构调整、培育新的经济增长点、扩大就业等方面的重要作用。

——健全联席会议制度。联席会议作为全省石产业发展统筹协调机构，由省领导挂帅、省发改委、工信委、财政厅、商务厅、省质监局、教育厅、科技厅、国土资源厅等部门参加组成，联席会议办公室设在省国土资源厅，按照职责任务要求，及时研究解决石产业发展重大问题。定期召开联席会议，加强各部门间及部门与行业协会、企业的联系和沟通，认真落实产业发展规划，协调解决石产业发展的重大问题。重点州市应参照成立或明确相应的组织机构，认真规划本地石产业发展，各相关部门认真制定实施方案。

——落实部门责任。在联席会议的统筹和指导下建立任务分解落实责任制。省发展改革委负责石产业实施发展规划，并会同省财政厅负责专项资金投资计划的分解，具体承担新建、改扩建项目、市场建设方面的资金安排（补助、贴息）。省工信委负责龙头企业认定，并负责企业奖励资金安排及加工园区（基地）建设补助资金的安排。国土资源厅负责落实将石资源纳入三年找矿计划，并编制资源综合利用规划，加强矿山开发管理，制定采矿准入标准。商务厅会同文产办做好对外宣传工作，负责产业发展的内外合作交流，组织行业协会举办石博会、会展和交易会相关资金安排。省质监局负责做好品牌认定、质量检测等工作，并负责名优商标奖励资金安排。省人力资源与劳动保障厅会同省教育厅负责人才培养和津贴安排工作。

——发挥行业协会及中介机构的作用。采取民办官助等方式，鼓励和支持行业协会、商会等机构积极开展面向企业的信息咨询、投资融资、技术交流、人才引进、人员培养、宣传促销、品牌开拓、对外交流与合作等服务。支持开展行业自律、行业统计等工作，对工作成效突出的协会和商会每年安排一定奖励资金。

（二）加大资金支持，引导社会投资

——加大资金支持力度。省级财政在相关专项资金安排上向石产业发展给予适当倾斜，通过贴息、补助等方式，重点支持符合产业发展方向的新（扩）建项目，市场和加工园区（基地）建设，会展平台建设，扶持科研机构、行业协会发展。加大对珠宝玉石和石材资源勘探、加工及技术升级、技术认定与服务、人才培养的支持力度，引导国内外企业和社会投资。

——畅通融资渠道。引导和鼓励金融机构按照产业发展规划调整信贷结构，支持产业发展。在风险可控的前提下，适当放宽信贷条件，简化授信流程。支持企业以其合法拥有的原材料、库存产品、采购商品等动产抵押、股权质押、仓单质押等方式，申请银行贷款。依托商会信用，建立担保机制。鼓励具备条件的企业上市融资，积极探索中小企业进行集合发债，突破产业发展的资金"瓶颈"。

（三）培植龙头企业，促进集聚发展

——培植龙头企业。组织龙头企业的认证工作，引导资源、技术、人才、资金等要素向龙头企业集聚。以增强石产品的文化含量、科技含量为重点，鼓励企业发展科技含量高、产业链条长、资源利用率高、产品附加值高的产品及项目。对其新建及改扩建项目给予土地、税收等优惠政策。引导政府投资及列入省级重点建设工程和项目在同等条件下优先使用本地石材产品，鼓励企业进行资源整合和战略联盟，打造企业群团。用资源换市场、技术，引进广东、福建等省大型石材企业，开发石资源综合利用产品和石资源造纸等新产品。鼓励我省大型水泥企业开发石材产品，扶持现有行业龙头企业整合中小企业。

——集中产业布局。安排省预算内资金支持石产业加工园区（基地）、专业交易市场建设。鼓励企业参与园区（基地）及市场建设，优先安排用地，实施以商招商。对进入园区（基地）、交易市场的企业给予电价、水价优惠。鼓励标准厂房建设，在石产业相对聚集区，新（扩）建一批特色鲜明的专业化加工园区、物流交易中心和服务片区，享受省级标准厂房建设的优惠政策，实现石产业集群发展。

（四）加快人才培养，促进技术创新

——实施人才培养计划。根据产业发展需要，制定职业技能培训和学历教育相结合的人才培养计划，加快加工、设计、工艺、美术、质量鉴定等各方面各层次人才培养，鼓励技艺高超的师傅传、帮、带，大力培养技能人才，由当地政府和企业出资给予奖励。利用现有教育资源，增设与石产业相关专业，扩大招生规模，积极鼓励和支持省内职业院校开办石产业开采、加工、设计、工艺、美术、鉴定等方面的专业，设立名匠工作室，吸引设计师、雕刻师、鉴定师等高级技术人才来滇发展，将其纳入我省高层次人才选拔奖励范围。建立新职业技能鉴定标准，推进资格认证制度。

——推进技术创新。建设国家级、省级产业技术研发中心和检测检验机构，制定产业技术标准。鼓励装备制造企业对国内外先进设备及其制造技术的引进消化吸收。加快石产业资源开发的应用课题研究，促进企业、研究机构和高等院校产学研结合，支持科技攻关项目，开发新产品，给予资金和政策支持。引导企业、高校、科研院所联合构建若干产业技术创新战略联盟，促进石产业技术水平和市场竞争力不断提高。围绕资源综合利用、产业链延伸、高附加值产品研发，鼓励以企业为主体、市场为导向的产学研技术创新体系建设。鼓励企业采用新技术、新工艺、新设备、改进产品设计，提升工艺技术水平。对进口先进机械和设备的企业执行进口设备减免税政策。

（五）加强资源综合利用，发展绿色石产业

——提高资源综合利用水平。加强宏观调控，根据市场情况，有计划地投放黄龙玉、木纹石等矿产品，鼓励企业开展废料、废渣综合利用和水循环利用，实现零排放。按照资源综合利用和循环经济发展的有关政策，在税费、贷款和专项资金等方面给予扶持，适当减免建材矿山的资源使用费；对生产企业以用电量征税；鼓励节约能源，对年度节能达 4000 吨标煤的企业及利用废料物达 30%以上的企业给予电价优惠和所得税减免。

——发展绿色石产业。加快石产业资源整合，加大对全省石产业资源的保护力度，石材开采必须采用科学开采方式，取缔爆破式开采方式。特别是注重加强对具有科学研究价值、珍惜品种与生态和环境景观相协调的石资源的保护，建设石资源博物馆。开展规划的环境影响评价工作，在项

目环评及生态保护、污染防治等方面提前介入，切实加强环境保护监督管理，对爆破采矿、浪费资源、污染环境的落后产能坚决淘汰，推进机械化、规模化开采，促进石产业健康、有序、可持续发展。

——严格行业准入。提高新建石材矿山和石材加工企业的生产规模，由有关部门制定新建石材矿山和石材加工企业的准入标准，走规模化生产、集约化经营道路；对规模化宝玉石加工企业，必须具备专业工艺设计能力和宝玉石的后期处理能力；石产业企业发展要服从当地城乡规划，不得违反风景名胜区管理条例和规划。

（六）优化市场环境，扩大对外开放

——加强市场环境建设。政府引导、市场运作，建立综合服务体系。加强品牌的培育、认定、宣传、保护，对荣获国家名牌、国家驰名商标、省级名牌产品、省级著名商标的企业进行奖励；整合全省的相关信息资源，逐步形成电子商务平台；清理各种乱收费、乱摊派、乱罚款行为；建立从资源到产品的标准或规范体系；加强市场质量检验检测机构建设，提高产品检测能力，保证产品质量，维护市场公平竞争，将珠宝玉石和石材产品列入监督抽查范围，每年开展一次全面的监督抽查检验；对非诚信企业和个人实行"黑名单"制度，规范市场秩序，建立公开、透明、规范的监管制度。建立我省政府项目建筑石材的政府采购制度，突出云南建筑的文化特色。

——加大宣传力度。在主流媒体上，加大我省石产业宣传。巩固提升云南宝玉石名牌的市场地位，提高云南石材产业品牌的市场知名度，扩大云南观赏石产业市场知名度。

——健全信息化服务体系。支持行业协会和商会，依托云南省珠宝玉石质量监督检验研究、国土资源厅昆明矿产资源监督检测中心等专业机构，建立集资讯、交易于一体的综合性网站，打造产业信息和技术支持平台。

——推荐产业国际化。鼓励和引进世界知名石材及珠宝玉石企业落户云南，并对落户云南的石材及珠宝玉石企业聘用当地员工的按有关规定给予适当补助。加强与缅甸宝玉石官方和民间组织的互访与交往，建立互信机制，构建畅通的陆路原料通道。在不违背原料进口关税征管办法的情况下，采取有利于珠宝玉石原料进口的灵活方式进行征税，以降低进口原料

成本。强化宣传，继续巩固和扩大云南原有市场品牌基础。加强国际学术交流，办好"石博会"、玉石毛料公盘和珠宝玉石交易会，积极组织并支持企业、行业协会参加国际国内知名产业展销会。建设国际性的石资源博物馆，扩大我省石文化的国际影响力。

云南省发展和改革委员会
2010 年 9 月

附录四 行业案例研究

本章通过对国内外石材公司成功发展案例进行介绍，总结分析其各自发展模式及成功经验，以便为春红的发展提供经验借鉴。

第一节 国内石材公司案例

一、万里石石材

（一）公司简介

厦门万里石股份有限公司创立于 1996 年 12 月 18 日，是石材石料十大品牌之一、福建省名牌产品、厦门市重点民营企业、国内石材行业最具竞争力品牌之一、中国房地产开发企业 500 强首选供应商、中国石材协会副会长单位、国内石材出口创汇优秀企业。万里石股份有限公司是集采矿、制造和进出口贸易为一体的中国最大、最专业、产业链最完整的石材企业集团，主要产品有建筑装饰石材、景观石材及承接装饰工程施工、安装服务。

（二）发展历程

第一阶段：创业阶段（1996~2000 年）

万里石在这一阶段，以拓展市场、扩大销售、打好基础为工作重点，先后应对了欧盟反倾销诉讼，并获得了欧盟认定的"市场经济地位"待遇；在美国设立了销售网点，开拓了美国市场。万里石还建立了日本、欧美的市场网络。同时，开办了 2 家工厂，收购了 1 座矿山，为下步的发展打下了基础。

第二阶段：实业化发展阶段（2001~2005 年）

万里石在这一阶段，进入了实质性发展阶段。先后收购了 3 座矿山，开办了 5 家工厂，并实现了"走出去"，在南非投资设立了石材加工厂。万里石集团的营业额在 2005 年突破了 5 亿元人民币，获得了"全国石材加工企业 20 强"、厦门市人民政府授予的"重合同守信用企业"、福建省"第一批循环经济示范单位"、思明区"纳税大户"等荣誉。万里石已形成了较为完整的产业链和较稳固的国内外销售网络。2003 年，万里石的注册资本由 300 万元人民币增至 3000 万元人民币。

第三阶段：跨越式发展阶段（2006~2010 年）

在这一阶段，万里石进入了良性发展阶段。2006 年，它成功引进外资，与欧盟某著名石材企业合资，实现了强强联手。2010 年，万里石进行了股份制改造，注册资本增至 1.5 亿元人民币。它收购了 2 座矿山，新建了 2 座工厂，产业链更加完整。面对全球金融危机，万里石实行国际、国内市场并举的战略，在稳定发展国际市场的同时，大力拓展国内市场，在国内 10 座城市设立了子（分）公司。其间，万里石跃居为"中国石材行业最具竞争力品牌"、"中国石材出口创汇优秀企业"、厦门市"100 强企业"、"100 强制造企业"。万里石品牌成为"中国石材企业最具竞争力品牌"，其建材产品成为福建省知名品牌。

第四阶段：以资源带动的产业链发展阶段（2011~2015 年）

万里石已步入新的发展阶段。在这一阶段，公司根据全球经济发展形势，实施新的全球化经营和布局，力求在资源、物流、加工、销售等产业链主要环节上实现更科学、完善的全球化配置，实现石材资源的控制和实际产能全国领先，综合竞争力全球领先，努力实现万里石的愿景：致力于成为全球最具竞争力的、最负责任的、最幸福的综合服务商。

公司以推动祖国发展和人类进步为己任，以提供精品和优质服务为途径，追求人类环境的美化和员工潜能的充分发挥，使万里石成为世界知名品牌。

（三）成功经验

万里石石材公司作为中国的石材巨头，其发展之路值得学习。回首它的成功，可以从三方面来阐述。

1. 天然石材是提升精装修产品档次的关键

装饰石材的特点关系到一个公司为什么要做石材，为什么要说服大家多设计石材，为什么要推动用户多用石材的问题。在建筑装饰工程中大力推动天然石材，利社会、利行业、利大家。装饰石材的特点与天然石材的特性有密切关系，建筑装饰材料的天然石材至少有三个方面的特性，即天然性、永恒性和保值性，此外还有节能性与环保性。

其一，天然性。石材和木材作为最传统的建材，自古以来就因其天然性而备受人们喜爱。天然石材与人一样都是大自然的产物，它的物理、化学性能与人体高度协调，人类的祖先就居住在天然的石洞之中。直到今天，如果人类置于石屋或木屋之中，还会感到无比的自然与祥和。但若把人类置于玻璃屋或水泥屋中，人们会感到莫名的紧张和不安。这就是天然与人工之别。此外，石材的天然性也由于石材加工者独具匠心的艺术处理更带给人们无与伦比的美好效果。

其二，永恒性和保值性。与天然木材相比，石材产品因材质坚硬而使得其更广泛、更持久地被使用于建筑装饰的各个领域，从外装到内装，从庭院到公园，从远古到未来。从建筑物投入使用的那一天开始，其他绝大部分材料天天都在折价，唯有石材装的建筑物在不断保值、增值。从万里长城到巴黎、米兰、罗马，再到圣彼得堡，人类的文明被石材所记忆和传播，建筑的艺术被石材所彰显和传承。尤其是最近几年，人们越来越需要石材这样保值的、能够带给用户和社会永恒的艺术性的商品。

其三，节能性与环保性。说到环保问题，大家一定会首先关心石材的放射性问题，其实这根本就是一种误导和炒作。这是一种很严重的错误看法。曾经为我国第一颗原子弹提供核原料，并为我国铀矿工业做出过巨大贡献的金景福教授指出，大量的检测数据表明，天然石材的平均放射性比活度指标，比陶瓷的砖瓦、玻璃等大宗建材都要低，正常情况下根本不存在对人体有害的放射性污染。此外，国家海关总署也正式取消了对大理石的放射性标准的检测。

2. 国内外市场的不断开拓是万里石持续发展的源泉与动力

世界主流市场过去 20 年来，建筑石材的需求量均以每年两位数稳定增长。同时，石材也是我国所有建材产品中出口金额最大的商品。万里石一路发展的核心业务是三大块：其一，原石的开发、贸易与销售；其二，建筑装饰石材的加工与销售；其三，景观石材。

万里石是全球最具竞争力的、最负责任的、最幸福的石材综合服务商之一，是"中国石材行业最具有竞争力10强企业"、"中国石材出口创汇10强企业"。万里石的商标已被评为"中国驰名商标"。万里石坚持客户至上的理念，以无微不至的服务做到接单前为客户服务，生产中对客户负责，交货后让客户满意。

对于国际市场，在日本，万里石是10%的市场份额和连续十年的行业代言者，年销售额突破5000万美元，是中日石材协商会中方主持人。在美国，万里石是北美石材协会的唯一中国会员。它在美国设有三家分公司，占美国异形石材进口5%以上的份额。在欧洲，从举起反倾销到中意合资，万里石顺利进入欧洲主流市场，意大利某公司已成为万里石的一大股东。在非洲，万里石是第一家中国在海外建厂的中国石材企业。它以南非工厂为依托，业务拓展到北非及中东地区。对于国内市场，万里石产品也销往全国各地。

万里石在国内外做了一千多项工程，国内主要有中央军委"八一"大楼、统战部大楼、中国商务部大楼、中国神华、厦门工商局质监信息综合大楼、厦门第一广场等大型高写字楼项目等。国外主要有阿尔及利亚首都机场、宪法委大楼、外交部大楼、喜来登酒店邮政大楼等、日本生命保险大厦、ADAVN大阪支店、首相官邸、ADAVN株式会社总部大楼、新横滨车展等、南非银行中心、自由公园、英国SOUTH QUAY大街、德国发法兰克福国际机场、韩国城南公园等。

3. 万里石开发商精装合作

精装修的产品开发难度大，工程的完美性和细节非常复杂，尤其是大型房地产开发项目，这对开发商和供应商的操作能力、操作水平是一个极大的考验。因此，目前能供应起精装修项目的石材供应商，仍以国内大型石材企业为主。万里石作为行业的先驱，在与开发商精装合作的过程中总结出了几条成功的经验：

其一，全方位"嵌入式"地与开发商合作。设计师是一个项目的灵魂，所以万里石重视与设计师的交流，从一个项目设计初期就开始参与合作，充分与设计师和开发商沟通，了解对方的需求，并且根据项目的实际情况，结合万里石专业的石材经验推荐合适的石材样品给设计师和开发商。万里石从源头开始参与到开发商供应链过程，这样做有两个好处：一方面保证了石材最终的安装效果与项目设计效果、实用性的完美结合；另一方面及早介入工程，能及时做好准备，保证供应速度与工期的要求一致。例如，在厦门某临海行业地产项目中，最初设计时，设计师选用了摩卡石，在一般界定上，有的人把摩卡石列大理石类石材，它硬度合适，在普通外墙项目中也可使用。但是，公司的专业技术人员在提供样品时根据自己对摩卡石的专业了解，加上之前加工摩卡石的经验，敏锐地提出，摩卡石实际属于砂岩类，本身材质较脆，而且结构较疏松、吸水率高、易风化。该项目位置临海，空气湿度大，摩卡石用于外墙，很可能在几年之内造成大面积的墙面颜色变化及开裂脱落，这在人流量极大的商业项目中会造成安全隐患。后来，项目方经过对摩卡石的专业检验及项目所在地气候、湿度的分析，最终将该项目的外墙改用了硬度、吸水率等更高的花岗岩，从而确保了石材在该项目中使用的安全性和持久性。

其二，万里石有一支优秀的现场服务团队。万里石公司对现场服务团队的要求是所有项目，在确定供货之后，现场服务人员必须到位，提前协调。首先是协调业主和施工方，负责项目现场的具体工作，例如接单、接货、补单、结算等；其次是根据现场情况，统筹安排供货的进度和协助监督现场工人对石材进行正确专业的安装；最后是与业主充分沟通，及时发现问题、解决问题，根据工程的实际情况，安排好工人做好色差、磨边、补胶等工程服务，保证工程与石材质量符合开发商的要求。

二、溪石集团

（一）公司简介

溪石集团发展有限公司是一家集石材开采、加工、工艺雕塑、装饰施工、建材市场运作为一体，多元化、跨地域的大型集团公司。溪石集团以市场为导向，以技术改造为后盾，以质量为根本，以客户为中心，优化企业管理系统，全面提高企业素质，把"创一流企业管理，塑一流企业文化"作为管理理念，秉持"质量第一、信誉第一"的宗旨，锐意进取、稳步发展。现溪石旗下拥有溪石建筑工程有限公司、福建溪石石业有限公司、溪石人造石公司、溪石集团矿业公司等子公司，并且已在北京、上海、杭州、广州、内蒙古、厦门等地设立分公司，在福州、杭州、武汉、成都、贵阳、温州、西安、重庆等30多个城市设立了办事处。此外，在全国部署了60余处售后服务点，在国外成立了迪拜、韩国、俄罗斯、美国等分公司以及其他 20 多个办事处。公司拥有国内外多座矿山的开采权，其产品广销全国，且远销欧美、中东、东南亚、澳大利亚等国家和地区。先后承接了人民大会堂、毛主席纪念堂、五棵松北京奥运会篮球馆、新中央电视台台址、上海国际会展中心、海南博鳌大酒店、世界第一大佛河南鲁山天瑞大佛、哈萨克斯坦和平宫殿和安哥拉司法大楼等近千个国内外知名大中型项目工程。

公司注册资金 1.5 亿元人民币，占地面积 24 万平方米，是全国首家同时拥有异型、平板、薄板、石雕工艺品、人造岗石生产能力的企业，现可年产平板、异型、薄板 260 万平方米。获得了国家"建筑幕墙工程设计与施工一级资质"，以及"建筑装饰工程设计与施工一级资质"的双甲级资质，也是石材行业唯一一家获得双甲级资质的企业。先后荣获中国质量协会颁发的《国家质量检测合格产品》，国家建筑材料工业局颁发的《全国天然花岗岩产品质量统检合格产品》，建筑材料工业局与中国石材协会共同颁发的《石材产品质量信得过企业》，2004 年"溪石 XISHI"被国家工商总局认定为"中国驰名商标"，成为中国石材行业首家获得此荣誉的企业。公司现为中国石材工业协会副会长单位，中华全国工商业联合会石材业商会会长单位，是《天然花岗岩建筑板材》国家标准（GB/T18601—2001）、《超薄型天然石材复合板标准》、《天然石材装饰工程技术规程》起草单位之一。

公司奉行"绽放石材之美，装点建筑之魂，共创美好家园"的企业使命；秉承"尊重、责任、诚信、和谐"的企业精神，凭借全球一体化销售服务网络和两千多名人员的不懈努力，溪石将不断超越客户期望，携手客户，奏响华美的溪石之韵。

（二）发展历程

1990 年溪美材料板材厂成立，1992 年增资重组，成立福建溪石集团发展有限公司。1996 年公司持续迅猛发展，获评"石材产品质量信得过企业"。1997 年公司开行业先河，引进意大利全套异形加工设备。同年，溪石异形板材获评"福建名牌产品"。1998 年成立福建省溪石建筑工程有限公司及溪石上海分公司。1999 年公司通过 ISO 9001 国际质量管理体系认证、英国 UKAS 国际双标准认证。1999 年顺利完成人民大会堂参建项目，并获赠由人民大会堂管理局颁发的"优质的产品，优质的服务"牌區。2000 年成立溪石技术中心。2001 年"溪石 XISHI"被认定为福建省著名商标，2002 年成立溪石北京分公司。2004 年"溪石 XISHI"被国家工商总局认定为中国驰名商标，也是石材行业首家获此殊荣的企业。2004 年投资无锡万健置业有限公司，同年成立矿产部（汉白玉、黑金龙、水晶白麻等）。2005 年"溪石 XISHI"被评为福建省名牌产品，同年通过 ISO 14001 环境管理体系认证，并正式进驻石材重镇水头镇，成立福建省溪石石业有限公司。2006 年合资投建广东新富云岗石有限公司及投资南安龙城房地产开发有限公司。2007 年集团总部迁往水头，实施企业改制，成立福建溪石股份有限公司。同年，福建省溪石建筑工程有限公司被认定为"建筑幕墙工程设计与施工"、"建筑装饰工程设计与施工"双一级资质，并设立韩国办事处。2008 年被评为"改革开放 30 周年海西最具影响力、贡献力品牌"，并设立迪拜办事处。2008 年，全国首家石材标准化管理规范和应用技术及规范办公室设在溪石，办公室可直接起草、修订、主导各项石材国家标准。2009 年，溪石被评为"福建省省级企业技术中心"，顺利发行《世界石材标准图谱》等多种行业工具书，为时共参编各种国家、行业、地方标准 8 套。2009 年，公司启动石材与装饰一体化战略。2010 年，福建省石材协会迁至溪石，同年设立俄罗斯办事处。2010 年，公司被认定为国家级高新技术企业，建成溪石国际石材展销中心和精品展厅，开创了市场经营新格局。与此同时，组建溪石创意研发中心，探索发展石材产品创意设计产业。2011 年，溪石新型综合办公大楼落成并投入使用，并建成石材设计体验展厅。同年，荣获"十一五"中国石材最具价值品牌企业，为时共参编各种国家、行业、地方标准 11 套，并在北京投建溪石工业园区。此外，ERP 全面上线，标志着溪石公司现代化管理模式迈向新台阶。2012 年，溪石成为福建省石材协会会长单位，2013 年荣评为"南安市市长质量奖"，是南安市首批获此殊荣的唯一一家石材企业。2014 年入围第五届（2013~2014 年）500 强开发商首选供应商品牌的石材企业。

（三）成功经验

福建省溪石集团发展有限公司于 1990 年创建，经过十多年的艰苦奋斗，从一个名不见经传的石材加工企业发展成为现在享誉国内外的龙头集团，确立了在国内乃至国际石材行业的品牌龙头地位。公司的产品质量达到国际先进水平，在国内外市场上享有盛誉，赢得广大用户的赞誉与青睐。其成功秘诀包括以下几个方面：

1. 以质量为根本

溪石集团在创业之初就提出了"以质量为根本，以客户为中心"的12字厂风，紧紧围绕质量和效益两个中心，锐意进取，稳步经营。始终以市场为导向，以技术改造为后盾，以质量为根本，以客户为中心，奋力铸就"溪石"金字品牌。为全面优化企业管理体系，提高员工素质，公司将"创一流企业管理，塑一流企业文化"作为管理理念，始终坚持把质量放在第一位。公司先后通过了 ISO 9002 标准质量体系认证、英国 UKAS 国际标准认证和工 ISO 9001；2000 转版认证，是《天然花岗岩建筑板材国家标准》（GB/T 18601—2001）起草单位之一。公司严格执行质量管理体系，国家及行业的相关标准，产品质量达到国际先进水平，先后荣获国家、省、市各有关部门颁发的"国家质量检测合格产品"、"国家产品质量监督抽查历次合格企业"、"全国天然花岗岩产品质量统检合格产品"、"石材产品质量信得过企业"、"中国建材放心产品"、"中国建筑王程鲁班奖"、"质量连续合格及放心品牌"、"用户满意产品"，以及"全国守合同重信用企业"等几十项荣誉证书。

2. 以客户为中心

面对日益多变的市场、日趋复杂的商情、日益激烈的竞争、日趋规范的环境，公司始终把"不断满足客户的要求"和"持续改进服务体系"作为经营宗旨。在服务商，尽力做到至善至美。企业要长久发展，不仅需要生产出优质的产品，还需要提供优质的服务。正是凭借优质的产品和贴心的服务，溪石的圆弧、异形石板材 2002 年在全国市场占有率排名第一，客户遍及大江南北。公司先后承接了人民大会堂、中国卫生部大楼、钓鱼台国宾馆、上海国际会展中心、中国移动通信指挥中心、海南博鳌大酒店、紫江集团研发中心等大中型项目工程，并多次被众多工程指挥中心授予"工程建设先进单位"荣誉称号。1999 年在人民大会堂改造工程中，公司以一流的服务，获得了人民大会堂管理局授予的"优质的产品，优质的服务"荣誉牌匾。

三、高时石材

(一)公司简介

高时石材创立于 1994 年,经过 20 年的发展,已经成为一家大型石材综合企业,其业务遍及全球七十多个国家,涉及了石材行业的所有项目。高时在深化全球市场的同时,也不断加大对国内市场的投资,凭借 20 年的专业经验和对全球石材资源的掌控和整合,为国内外广大客户带来了奢华的家装体验。高时石材公司自 1994 年成立以来,先后引进了各类石材加工设备 1000 多套,其中包括 48 台花岗石砂拉锯、34 台大理石钻石拉锯。高时石材集团始终倡导"以人为本,共同发展"的方针,凭借着一支由 4000 多名各国员工组成的队伍,长期稳定地向世界供应超过 600 种来自世界各地的石材。

(二)发展历程

1994 年高时石材集团在中国香港正式成立,它从欧洲进口大理石、花岗岩大板在国内进行营销。1996 年高时北京分公司成立,1997 年高时石材(上海)有限公司成立,它们均从事国内市场的进口石材批发业务。1998 年集团收购山东荣成中磊石材有限公司,并购买 3 座矿山,从此集团进入花岗岩的矿山开采和工厂制造阶段;同时,高时成立愉天石材(深圳)有限公司,加工进口大理石。1999 年向新加坡公司收购厦门工厂,并成立(厦门)石业有限公司,从事进口花岗岩加工业务。2001 年收购香港历史悠久的联益云石有限公司,正式进入海外大理石和花岗岩供应加工及安装工厂。2003 年收购美国太阳白麻(Solar White)矿山和 ROWAN GRANITE,这是高时集团的第一座海外矿山。2004 年收购美国 Georgia Granite 位于 Elberton,GA 的物业,占地 168 英亩,成立了美国东岸的石材产品销售公司。2005 年,在美国加利福尼亚州洛杉矶的 BEST CHEER STONE INC.成立,在美国西岸市场直接销售石材产品。2006 年购买北欧挪威的蓝麻(Blue Pearl)矿山;同年,成立四川米易县愉天矿业有限公司,购买矿山 3 座,并建立加工基地;此外,成立承德中磊石材有限公司,购买矿山 3 座,并建立加工基地。2007 年,在福建省泉州市水头成立泉州高时物流有限公司,建立了世界规模最大的石材交易中心,占地 30

万平方米。同时，在福建省泉州市水头成立泉州高时新型建材有限公司。2008 年，在山东省荣成市成立高时石材开采机械厂，专业生产矿山机械。2009 年，BEST CHEER STONE INC.搬迁至自置物业，位于 Miraloma Ave，Anaheim，占地 14 英亩。2010 年在西非成立高时石材非洲有限公司，并在纳米比亚收购了 7 座矿山：路易金麻（African Persa）、牛津金麻（Oxford Gold）、冰岛白玉（White Sky）、梦幻白玉（Namibia Fantacy）、蔚蓝白玉（Namibia Sky）、蓝宝石（Blue Solddalite）、盘龙云海（Sage Brush）。

（三）成功经验

作为石材界的巨头，高时石材集团公司原是香港高时发展有限公司在中国大陆独资经营的企业，经过十多年的发展，至今已形成集矿山开发、石材生产加工、进出口贸易、工程石材供应、房地产开发为一体的大型综合性石材企业。公司目前在全球拥有 22 个优质石矿山、7 个大型生产加工基地、多个分公司、一个物流园，以及二十多家办事处，成为目前大陆规模最大、最具影响力的石材专业供应商。2006 年，高时投资 7000 万美元，在南安水头建设石材物流项目、总部项目和石材生产基地项目。

高时石材一步一步地发展壮大，并非靠运气，而是有着自己的一套发展路子，以下从六个方面进行详细阐述。

1. 市场：立足中国，冲向世界

由于经济的长期看好，石材作为建筑材料奢侈品，在中国市场也必将长期利好。2010 年世博会可谓石材盛宴，中国市场成为石材业的主战场。同时，中国市场经过近几年的发展，也更加成熟。从品种上来说，高档市场已回归理性，不再一味追求昂贵的进口石材，采用国产石材将成为趋势，因此，强调加工质量标准的工程大量增多。在加工方式上，采用光面以外加工面的工程也在增多，突出了石材的自然属性和质地感，追求厚重感和实用性。

国际市场近几年因为经济发展良好，石材业发展也十分迅速，中国、印度、巴西三国的花岗岩和中东的大理石发展尤为迅猛。国际市场由于接单和付款完全按市场规律进行，虽然利润低，但仍较适合大型石材公司品种专业的石材去发展、学习和做长期投资。

2. 资源：谨慎开源，科学节流

我国石材资源丰富，蕴含大量的花岗岩、板岩、砂岩以及大理石。然而，石材资源是不可再生资源，如何有效利用有限的资源，是摆在我们面前的严峻问题。

首先是矿山开采的问题。我国数千座荒料矿山，分布在不同的省份、不同的位置。开采的方法与技术的成熟度千差万别，运用先进开采技术，在位置较好的矿山，浪费少、成材率高，而开采技术落后或采用原始的爆破方法进行开采，开采出来的矿料成材率低、浪费严重。多年来，在收购的矿山中，也都发现了过去掠夺性开采的痕迹，对矿山资源破坏严重，不仅影响出材率，也减少了当地税收。从此现象上来看，规范矿山的开采，引进先进的开采技术，将小矿山开采单位纳入统一、规范的管理，整合开采资源与矿山资源，以减少矿山资源的浪费，十分必要。河北承德县、四川米易县、山东荣成市的领导班子采用的市场竞标与规范化开采的方法值得推广，从某种意义上来说，这种方法还有效阻止了国有资产的隐性流失。

3. 人才：系统培训，专才专用

石材加工企业的从业人员85%以上是初中及以下文化程度，他们都是经验型人员，大多靠师傅带徒弟的方式走上工作岗位。过去，大多数石材企业的老板，并不注重人才的培养，一味追求效益，追求利润。多年以前，石材工业还不成规模，利润也较为可观，掩盖了人才素质对本行业影响的程度。近年来，由于石材业发展迅猛，石材产品加工的深度也不再限于规格产品，更多的是工程或是异形产品，同时，利润率也有所下降，因此，技术能力的提高与人员素质的提升就显得尤为重要。此外，企业的所有者完成了原始积累，也愿意用教育的方式回报员工和社会。

虽然石材是中国出口量最大的建材产品，但目前在我国还没有以石材为主题的教育专业，数十万石材从业人员无法得到系统的专业学习，不了解石材的基本特性，不懂得材料的规划合理利用，不会看加工图纸，不理解各种安装方式对石材加工的影响等。这些都将直接影响到产品的质量、生产周期以及产品的使用。因此，有必要开办石材方面的专业学科，由石材界专业人员、研究人员担任老师，并结合需要开设各类基础课、专业课、企业管理必修课等，进而从理论到实际、从经验到标准、从感觉到理性，将石材从业人员的素质提升一个台阶，并定期组织研讨、交流，进一步提高从业人员的技术水平与管理水平。

高时集团下属厦门分公司在厦门同安教育界和紫星专业教育机构的协助下，于2005年开办了我国第一届石材工程专业中专班，工人踊跃报名，

80个名额远远不够，今年将开办第二期。企业的力量毕竟有限，因此，希望国家能开办本科、函授、自学等多类石材专业课程，促进石材业的良性发展。

4. 管理：质量第一，建立标准

石材产品质量标准要求的一致性和合理性是行业生存的关键之一，石材行业也出台了不少质量标准，但是否真正完全起到对产品质量的保证与提升作用还有待考察。现在的绝大部分标准只能作为参考，将来中国的石材要走向全世界更多的地方，我们的标准是否能被世界认可，也有待商榷。更何况，中国石材行业目前还没有行业生产工艺标准，因此，我们更应该在产品质量的控制、产品加工工艺的指导与标准化、生产设备的改造与更新、企业管理的规范与科学上下功夫，整合各种企业、资源，实现标准化、产业化、工业化发展，真正促使产品质量的保证与提高。

5. 产业链：绿色产业，纵深发展

我国石材工业更多的是以纯工厂加工、纯贸易、纯矿山开采等形式存在，只有少数几家大型石材企业采用了集矿山开采、生产加工、销售于一体的一条龙经营模式，但这些都仅限于少数石材企业的"孤军奋战"，还不能构成一个产业链。石材产业链的范围尤其广，涉及矿山开采、石材初加工、石材深加工、石材加工废弃物的再利用、石材的销售、石材加工辅料的生产与销售、石材防护材料的生产与销售、石材安装配套产品的生产与销售、石材开采及生产设备的研制与销售、石材工程装修的设计与施工、石材工程的后期维护与管理以及物流运输等。因此，我国应实现整合生产、整合营销、整合资源、整合经营，加速工业化、产业化、产业链的形成，促进石材工业的壮大与完善。作为石材行业，无论是矿山开采不成形的材料还是企业加工出来的边角余料以及初加工企业产生的污泥等，在没有合理处理的前提下，都会对环境造成极大的破坏。现在，部分矿山或企业已将产生的不成形的材料或边角余料打制成砂子再利用，而初加工企业的污泥还一直得不到彻底的处理，成为加工企业的一块心病。有部分企业尝试用加工石材所产生的污泥制砖，但成果并不明显，因为它在工艺处理上，需要经过多道繁杂的工序，技术还不够成熟，有待进一步改进和完善。

石材加工企业的废水大部分未得的充分的处理而直接排放，对生态造成了极大的破坏，周边的农作物不能生长。此外，产生的噪声对周边居民也造成极大的影响，这些都是石材加工企业充分发展的制约因素。因此，可以考虑依据需要成立更多更大的石材加工园，将石材加工企业合理定位布局，建立起配套的废弃物处理设施，有效地对废弃物进行集中处理，这必将更有利于企业的发展和生态环境的保护。

6.树品牌：规范市场，创立名牌

中国石材工业要走向更快发展的道路，还需要在国外树立标杆企业，创立名牌产品，走精品道路。名牌对一个企业来讲是至关重要的，因此，应该花大力气保护和帮助集团化、规模化的大企业创立名牌，培养和鼓励小企业、还不成规模的企业走联营化、产业化、专业化的发展道路。与此同时，整顿和清除不守信、产品质量低劣、扰乱市场秩序的企业，尤其是部分出口企业，以牺牲环境和超重运输为代价，取得不合理低成本，低价出口，招致国外反倾销，严重影响了整个行业的发展。

石材的需求逐年升级，然而资源却逐年匮乏，产品的创新已经摆在面前。因此，产品结构的合理调整、资源的充分利用、加强管理及提倡和鼓励产品的创新、资源的利用、产业的结构调整、产品的差异化创新等就显得尤为重要。寻求更多的替代品，如人造石、超薄板及其他建筑装饰材料表面处理后有石材的效果并能耐用的材料也十分必要。此外，整合产品的结构，开发新的用途，实现小规格无用材料的再利用，补充资源的逐年匮乏，同时还需要在设备、管理方面加大创新的力度。

四、湖北冠泰集团

（一）公司简介

湖北冠泰实业集团位于举世瞩目的长江三峡枢纽工程所在地的湖北宜昌，位于远安汪家工业园内。湖北冠泰实业集团成立于2012年2月，是集矿山开发、建材加工、商贸投资一体化的集团公司。集团下设4个子公司，职工人数1000多。集团石英板项目首期投资1.9亿元，占地面积66667平方米，具有年产120万平方米石英板和年产30万吨精选硅粉加工生产线，是目前华中地区最大的石英板材专业生产加工基地。

集团拥有国内最先进的石英板全套加工生产线，拥有一流的研发、生产、工程、服务、管理人才队伍，通过引进国际最新技术，不断进行石英石研发创新和技术积累，具有工程设计、产品研发、生产营销等方面深度服务建材行业和广大用户的能力。集团在为社会创造经济效益的同时，努力为广大客户提供实用、集约、高效、周到的服务。集团所生产的石英石产品适用于室内装饰、高档家具和橱柜台面，具有无辐射、无污染、硬度高、耐磨损、耐酸碱、易擦洗、色绚丽等特点，是新一代的绿色环保新型建材产品。

集团一直本着"铸冠军品质、守泰山诚信"的经营理念，采用精细化管理，不断开发和完善新品种和新款式，赢得了市场青睐，冠泰石英板远销欧洲市场，已成为国内石英石制造企业中一颗新星。以磷矿开采、石英石深加工等业务为依托组建的湖北冠泰实业集团，力争通过 3~5 年的努力，将集团打造成税收过亿元的企业集团，真正将"冠泰"品牌做大做强，为建设实力远安、生态远安、幸福远安做出新的更大贡献。

嫘祖故里——远安，矿山资源丰富，这里蕴藏着丰富的硅石资源，长期以来，这种资源藏在深山人未识，随着湖北冠泰建材有限公司石英板项目的投产，这种资源产生了巨大效益，英华绽放。

（二）发展历程

2010 年 1 月，冠泰建材公司注册成立。2010 年 3 月，该公司石英板生产线一期工程开始建设。2010 年 11 月，冠泰公司石英砂岩矿山取得采矿许可证，并开始矿山建设。2011 年 5 月，该公司石英板生产线试产成功，董事长杨发菊同志获得远安县政府授予的"县劳动模范"称号。2011年 6 月，该公司荣获"支持社会公益奖"称号。2011 年 10 月，冠泰公司石英砂选矿厂试产成功，12 月，该公司石英板产品出口至欧洲市场。2012 年 2 月，湖北冠泰实业集团正式注册成立，同年 3 月，集团石材深加工线投入使用。2012 年 7 月，集团机械加工车间破土动工，同年 9 月，集团综合办公楼投入使用，10 月，集团石英板二期工程与广东佛山科达公司正式签约。2012 年 12 月，集团深加工车间投入使用，集团荣获县政府"纳税十强"称号。2013 年 2 月，荣获宜昌市工商局"宜昌市知名商标"称号，同年 3 月，集团产品荣获湖北省工商局"远安县消费者满意商品"及"湖北省消费满意者商品"称号。2013 年 5 月，集团荣获"支持社会公益奖"及"远安县和谐企业"称号。2013 年 7 月，集团石英板第二条生产线试产成功。2013 年 8 月，集团荣获"湖北民营经济最具责任感企业"称号。2013 年 9 月，集团安泰营销部正式开业，集团三级安全标准化达标。

2013 年 10 月，集团董事长杨发菊同志获得"宜昌市十大女企业家"及"宜昌首届文化经济创新人物奖"称号。2013 年 11 月，集团荣获"守合同重信用单位"称号。2014 年 1 月，集团董事长杨发菊同志在"宜昌市创一流、促跨越"活动中荣获"先进个人"称号。2014 年 1 月，集团召开 2013 年总结表彰大会。2014 年 2 月，集团董事长杨发菊同志获得"2013 年安全生产先进个人"称号。2014 年 3 月，集团公司申报并成功参展"中国厦门国际石材展览会"，同年 5 月，冠泰建材成功开发马来西亚新市场。6 月，冠泰建材荣获"文明诚信私营企业"称号。7 月，冠泰建材荣获"守合同重信用企业"称号。9 月，冠泰获得石英粉料输送系统专利，专利号为201420218608.7。

（三）成功经验

石英板是以硅石为主体，采用低能耗制造工艺和高新技术制造而成，具有不变形、不褪色、无辐射、密度大、硬度高、耐酸碱、抗老化等特点。相比天然石材，石英石的优越之处甚多，使用更为广泛，从地板砖、窗台板、面盆板、橱柜面板到吧台、茶几、电视柜台等，几乎都可采用石英石。另外，石英石材比天然石材轻，但同样具备天然石材的高抗压性和坚实耐用等性能，可以极大地减轻建筑物巨大的压力负担，减轻楼体承重，有效延长建筑物的使用寿命，是真正的健康环保的绿色建材。

基于石英石的优点，结合远安丰富的硅石资源，湖北冠泰建材有限公司在对远安硅矿矿组特性、石英板工艺技术、产品市场等进行充分分析论证后，该公司总经理杨发菊于 2009 年 12 月四次到武汉建材市场、广东佛山和福建泉州的石英板生产厂家等处，考察与石英板材生产相关的资源矿区、项目投资、生产工艺、市场前景等情况，并与相关专家技术人员交流探讨设备、工艺选型的比较方案，积极筹建石英石项目。在项目筹建中坚持两个原则：首先，坚持充分利用资源的原则。湖北冠泰建材产品硅含量达到了 99.99%，为发挥资源优势，避免浪费，该公司配套兴建 10 万吨的选矿项目，主要是将硅石细度提高到 300 目以上，以便更充分利用现有的硅石资源。其次，坚持装置自动化、管理科学化的原则。石英板项目在设备选型中，湖北冠泰建材有限公司最终选定由上市公司广东科达集团出产的石英板设备。该设备虽然比同类产品价格高出近千万元，但它是目前国内最好的石英石生产设备，采用了多项先进工艺和专利技术，新型材料和设备，自动化、智能化水平高，能较好地保障产品的质量和产量。

2011 年 5 月是湖北冠泰发展史上一个值得载入史册的月份，总投资近两亿元的石英板项目开始整线试车并试生产。该公司高薪聘请了业内专业技术人员，从工艺、设备、自动化控制等一系列环节加强技术攻关。截至目前，该公司投入技改资金 200 多万元，对原料、混料、布料、压制等关键设备进行了技术升级，改变了原先单一花色、单一品种的缺陷，改善了产品质量和外观。在较短时间里吸引了澳洲、英国、美国的客商到工厂考察，他们看中了该公司的先进生产工艺和可靠的产品质量，纷纷与冠泰开展了合作。2011 年 12 月，该公司成功与英国代理商——上海子羲公司合作签约，产品于 2012 年 3 月正式发往欧洲。今年，为进一步拓宽市场，该公司投资 1200 万元，新建了石英板深加工生产线，对石英板进行裁切、磨边、拼花等深度处理，该生产线将生产中残留的不合格板进行了加工后处理，变废为宝，减少了浪费。

1. 创新是冠泰提升品质、赢得市场的法宝

2012 年，冠泰建材率先推出第二代炫彩、流沙系列产品，实现了石英石从点状向彩花、从单色到多色、从单一分布向随机分布转变的革命性突破。2013 年 3 月，冠泰建材推出第三代梦幻系列产品，实现了石英石从平面到立体的又一次飞跃。至此，湖北冠泰建材以惊人的研发速度引起了国际市场的高度关注，冠泰石英石产品的创新飞跃被誉为石材艺术的工业革命。2013 年 5 月，冠泰石英板顺利通过美国 SGS 行业认证。

2. 将石英石作为新型高科技环保产品

冠泰石英石作为新型高科技环保产品，具有高仿真、无色差、无辐射、强防污、易加工、健康环保、应用领域广等特点，是现代面板、装饰材料行业中最具潜力的首选产品之一。该公司先后研发出四代不同的产品，款式丰富，每个系列就有 50 余款，被广泛用于星级酒店、高档别墅、大型娱乐、购物广场等场所。目前，浅草马蹄、樱粉琉璃、提拉米苏系列产品一度掀起了在俄罗斯市场的热销。以汉白玉、松花玉为代表的梦幻系列，在第二代产品的基础上，注入了玉石的玲珑剔透，大气而不乏细腻，松花玉在典雅的米黄色基调中，注入了玉石的晶透，使纹理黄白交错、若隐若现，在国内外市场引起了很好的反响。

铸冠军品质，靠产品质量赢天下；守泰山诚信，让冠泰品牌人万家。凭着过硬的产品品质和诚信的经营理念，冠泰石英石已成为国内石英石制

造企业中一颗引领产业发展的新星，湖北冠泰建材已成为华中地区最大的一流石英板生产商。

五、卓远健康石材：插位营销战略

在市场营销理论中，从基本的定位理论，到 20/80 理论，再到目前流行的长尾理论，每个理论都有它存在的意义以及成功运用的案例。在陶瓷行业里，卓远成功地运用了插位与定位理论，在抛光砖与石材之间成功插位，开辟了陶瓷的新品类，随后运用了定位理论，实现品类的领先，成就了卓远健康石材在建材业仿石材类行业中的领军地位。

（一）市场缝隙，卓远机会

在插位营销的理论中，先要找到一个市场缝隙，然后扩大这个市场缝隙，再到独占这个市场缝隙，这也就是我们所谓的寻找或开辟蓝海。为此，卓远进行了详细的调查研究与分析，在目前的建材市场产品品类中寻找突破口。

提到天然石材，它自古以来就一直是帝王之家、皇室宫殿的最爱，但由于它的稀少性与矿源的不稳定性，优质的高档石材千金难求。由于天然石材纹理自然、色泽丰富，能够为室内设计师提供丰富的创作元素和广阔的创意空间，因此在当前的高档住宅装饰材料中大受欢迎。一方面，供求的不对称引发了人造石的崛起，但其在仿石效果方面又不能令人满意。另一方面，随着人们对健康与养生越来越关注，天然石材潜伏的隐患也为人们逐渐认识，石材的放射性更被指认为"室内的隐形杀手"。

那么，卓远的市场缝隙到底在哪里呢？

当时，虽然有一些有实力的厂家看到了蕴含在其中的商机，也开始向石材方向发展，但由于技术等方面的限制而未能成功。这就是市场缝隙，这就是市场提供给卓远的极大机遇。对于卓远来说，就是要突破现有的技术限制，研发出一种新的产品，这种产品既要拥有天然石材的优良品质、生动色彩、自然纹路，又要保证无放射性，更加环保健康。

（二）成功插位，卓远健康石材开辟建陶新品类

找出了市场缝隙，接下来就是如何结合原生石材与抛光砖这两种产品的优点，摒弃其中的缺点，使之在传统的自然石材和抛光砖中开辟一个新

天地。这是卓远要考虑的问题，也是最关键的问题，因为它关系到卓远是否能成功插位。

卓远的研发团队经过两年时间的研发，上千次的实验，首创了国际级1∶1∶1真石技术、1+1+1健康技术、千叠技术以及20倍真石层四大革新技术，精选世界珍稀的十款石材，在产品纹理、花色、光泽度、质感等方面按照原石材完全复制下来，并摒弃了石材放射性的缺点，完全颠覆了原有抛光砖的生产工艺，推出了跨界创新巅峰力作——健康石材。

据卓远相关研发人员介绍，其首创的国际级1∶1∶1真石技术，就是把天然石材的纹理、光泽、质感按照1∶1∶1真石技术等比例还原，仿真度达到80%以上，使健康石材拥有与天然石材一模一样的外观，真正做到与天然石材孪生无二。石材的价值，不仅由自身决定，更取决于对空间美学的阐释。卓远健康石材的千叠技术让产品拥有千种表情，片片不同，让人百看不厌。20倍的石纹厚度，使健康石材石纹层厚度超越普通抛光砖20多倍，不但正面与天然石材无二，就连切面也可媲美真石，便于侧面加工，无论如何切割，石材之美都能全面展现。

（三）明确定位，卓远三分天下再塑市场主流

在插石材与抛光砖的背后，卓远的健康石材面临着一个难题，就是如何给它定位，使之成为这个新品类的领军产品。在此，卓远给了它这样一个定位，即以健康重新定义石材。

陶瓷行业存在这样一种现象，创新者几乎都在消费者心目中定义自己的产品或品类，使它们像卓远健康石材一样成为品类的代名词，这些品类定义者将成为品类代言人。

楼兰定义了木纹砖。以前，木纹砖是仿古砖的一个系列产品，楼兰把木纹砖定义为楼兰的木纹砖，使之成为楼兰的代言产品。

东鹏之于纳福纳，欧神诺之于铂金，他们都以创新产品定义了该产品，使之在消费者心中确立了标杆的地位。

卓远健康石材的出世，重新定义了石材。业内专家认为，卓远健康石材的面世，在中国陶瓷、石材发展史上，开创性地构建了又一个行业标准，必将成为陶瓷、石材之后的又一市场主流，"三分天下"格局已隐然浮现。

据了解，健康石材自去年10月正式推出以来，每月的销售额稳步上

升，甚至比某些销售比较好的老品牌的销量还要好，而其第二代和第三代产品也会随着市场的需求而有计划地被推出。据权威报纸媒体对比分析，无论是市场上仿古类的石材还是抛光类的石材产品，卓远健康石材一直被模仿，但从未被超越，其创新性和颠覆性为建材行业的产品和品类做出了方向性的引导。新型石材类产品的升温，有卓远的功劳。

如果说插位给了卓远寻找到了一个市场缝隙并使之成功推出健康石材的话，那么与定位的结合，就使卓远健康石材确立了新型石材类产品的领军地位。同时，由于产品的插位成功，高端的健康石材产品也为卓远品牌插位于高端品牌提供了基础，卓远打造高端品牌的目标也在有计划、有步骤地实现着。

第二节 国际石材企业案例

一、意大利安东里尼·路易公司

作为奢华的代表，安东里尼·路易公司始建于 1920 年，它最初只是一个家庭小作坊，随着时间的推移，它开始拥有自己的矿山，然后加工矿山产品，并逐渐成为意大利知名乃至世界著名的一家大型石材公司。

安东里尼·路易公司的发展经历了一个破旧立新的过程。家庭小作坊的弊端逐渐显露。第 ，家庭作坊式企业最显著的特征是以家族为本位，故而其人事任用方面往往采取比较保守的任人唯亲制度，从而也就否定了唯贤是举的用人方针。由于其是根据员工的亲疏远近来确定其所从事的工作性质、岗位及待遇、福利等问题，也就无法像正规企业一样调动员工工作的积极性。此外，对于一些比较有才能的外来者而言，管理者往往采取一种不信任与搁置的态度，使得这些德才兼备的贤能之辈不能充分发挥其才能，大大地削弱了员工对工作的积极性，从而无法形成良好的团队精神。第二，以家族为本位的家庭作坊式企业，在管理上凸显出混乱无序、机构设置不健全等与时代不相符的问题。而这也为管理者对企业的管理、决策带来了相当大的困难，往往会因为亲情与管理理念冲突而犯难，陷入进退维谷的尴尬境地，并在多数情况下最终让位于亲情，从而导致一种人们都比较熟悉的现象产生，即管理者时常"不守信用"，这大大削弱了管理者本身的威信。第三，由于家庭作坊式企业的管理者多有一种急于求成的心理，故而其往往会表现出一种好大喜功的态度，在管理、决策上往往不能用平和的心态去对待事物的发展，不能清醒地认识并及时去衡量事物的利弊关系，往往在旁人的哄抬下蒙蔽了双眼，从而作出错误的投资决定，致使自己进退维谷。第四，家庭作坊式企业的管理者，法律意识相当薄弱，往往无法保障企业员工获得应有的法律权利。有的企业管理者为了将利益最大化而不惜像旧社会的资本家一样对其企业员工进行压榨，来达到他们的资本积累目的。

安东里尼·路易公司开始思索公司的未来改革之路。公司管理层决定将家庭小作坊从原始的家族式管理模式转变为一个具备现代先进理念的股份制公司。这种公司形式有利于公司的正常健康发展。具体表现为：第一，公司是筹集和吸收社会资金的有效组织形式，除家族成员外，公司为社会公众提供了一个最简单、最有效的投资场所，特别是小额股票的广泛发行，就把社会闲散资金纳入了社会资本的轨道。此外，安东里尼·路易公司还尝试向国外发行股票和购买外国股票。第二，公司在规模经济方面具有突出的优越性。它一方面使某些需要巨额资本的部门和企业得以建立，另一方面使整个社会生产规模得以迅速扩大。第三，公司保证了企业生命的延续。公司的生存、发展与股东息息相关，为保证公司的长远发展，股东要尽其最大努力为公司做贡献，从而提高工作主动性与积极性。第四，公司有利于分散投资者风险。这次改革使其成功完成了华丽转身，公司步入了一个新的阶段。从此，它开始拥有自己的矿山，随后开始加工矿山产品，并逐渐成为一家意大利知名乃至世界著名的大型石材公司。

每年意大利维多纳展会上，安东里尼·路易公司的展摊总是会吸引众人的目光，缤纷的色彩、前卫的设计加上奢华的石材，使得名流巨贾对安东里尼·路易公司产品青睐有加。奢华比简约更加凸显自我，张扬个性的现代前卫风格已经成为人们在石材设计中的首选，无常规的空间解构，大胆鲜明、对比强烈的色彩布置，以及刚柔并济的选材搭配，无不让人在冷峻中寻求到一种超现实的平衡。随着产业的逐渐成熟以及人类的推陈出新，现代前卫的设计风格会在内容和形式上更加出人意料、夺人耳目。安东里尼·路易公司精心挑选顶级客户乘坐专机或者豪华轿车到他们的矿山和工厂参观，奢华成了安东里尼·路易公司产品的代名词。而世界的石材商人也期望能与它合作，将自己的产品卖给它，将自己公司提升到一个新的高度。

石材在安东里尼·路易公司不仅仅是石头，更是一项艺术品。石材的艺术是建筑艺术不可或缺的组成部分。建筑充分体现了功用和审美、技术与艺术的有机结合。尽管各种建筑的形式、用途各不相同，但它们总体上都体现了古罗马建筑学家维特鲁威所强调的"实用、坚固、美观"的原则，建筑总是力图展现各种基本自然力的形式、人类的精神与智慧，即建筑在具备实用功能的同时，有其一定的审美功能。它通过形体结构、空间组合、装饰手法等，形成有节奏的抽象形式美，以此来激发人在观照过程中的审美联想，从而造成种种特定的审美体验。建筑会以风格特异的抽象造型，给人以独特的审美感受和启迪。随着当代人类对生态环境的自觉意识日益提高，建筑与环境的和谐也越来越成为人类的迫切需求。建筑也是时代文化精神的一面镜子，犹如用石头写成的历史。雨果在《巴黎圣母院》里谈到大教堂时，就曾经指出，"这是一种时间体系。每一个时间的波浪都增加它的沙层，每一代人都堆积这些沉淀在这个建筑物上"。就石材设计而言，设计师通过精心设计，不仅能将石材原有的质地、颜色更好地凸显出来，而且能使其变成一件件精美的生活用品，方便和美化人们的生活。在这里，石材的精髓不是石材本身，而是设计师的奇思妙想，还有附加在石材上的文化底蕴。设计本身才是无价的，这也许就是为什么意大利石材能长期占据国际高端市场的原因。

二、土耳其美格斯石材贸易有限公司

土耳其美格斯石材贸易有限公司是一家中土合资的大理石贸易有限公司。众所周知，土耳其大理石资源丰富，是世界上重要的大理石产品出口国。土耳其贝拉克大理石矿山开采公司是土耳其重要的石材开采及出口企业，拥有各类优质石材矿山12座。正是依靠土耳其丰富的大理石矿山资源以及中国巨大的市场，土耳其美格斯石材贸易有限公司的客户已经遍及水头、云浮、上海、北京、天津等各地。该公司主要以矿山代理及大理石荒料销售为主要业务。

作为一个成功的经营公司，土耳其美格斯石材贸易有限公司从开始的小公司经营一步步发展壮大，尤其是开辟中国市场时，困难重重。作为外国企业入驻中国，其成本、选址、合作，资金等很多问题迎面而来，该公司靠着哪些优势发展壮大？

（一）矿山优势

土耳其有上百个石材品种，近千家正在开发和准备开发的大理石矿山。矿山多数为米黄、咖啡色、灰色、红色、洞石等，例如白玉兰、奥特曼、索菲特金、闪电米黄、金世纪、古典（卡布其诺）米黄、浅啡、米黄洞石、土耳其灰、索菲亚、诺娃米黄、云多拉灰、玉兔（月光）米黄、世纪米黄、白沙米黄、白玫瑰、紫罗红等。

（二）价格优势

该公司从矿山中通过长期和大量的采购获得最优的价格并让利给客户。

（三）付款优势

该公司的很多主流品种可接受 30~90 天的信用证付款。

（四）专业优势

该公司的各股东各自负责公司内各环节的运营，从业经验 10 年以上。

（五）网络优势

该公司在中国水头、云浮以及土耳其主要大理石矿山分布地区均有办公室或销售经理。现已形成从协助签证、接机、选货、土耳其本地物流及装船一条龙服务。

（六）合资优势

该公司将重点放在了中国市场，更了解中国市场及中国客户对货物的需求、中国公民的工作特点和生活习惯等。

（七）服务优势

该公司员工有着专业的知识和良好的服务意识，为客户提供了优良的服务。

第 13 届厦门国际石材展于 2013 年 3 月 6~9 日在厦门国际会议中心举办。该公司展位设在国际展馆的 M 馆 M122，展出品种有卡布其诺、白玉

兰、闪电、金叶、奥特曼、洞石、土耳其灰、嫦娥米黄、玉兔（月光）米
黄、白玫瑰、索菲亚、白沙、索菲特金、浅啡、水晶浅啡、金世纪、新帝
王以及一些新品种。

三、伊朗 DVT 国际石业有限公司

伊朗 DVT 国际石业有限公司坐落于中国石材之都——云浮市，是伊
朗名列前茅的原石（荒料）出口商之一。公司与伊朗众多矿山都建立了良
好、牢固的合作伙伴关系。该公司长期销售莎安娜、新莎安娜、红根莎安
娜、欧典、新欧典、阿曼玫瑰、伊朗米黄、洞石、玉洞、青玉、白玉等原
石（荒料）。公司遵循"以客为先，厚德载石；以信为本，互利共荣"的
原则，作为伊朗发展最快的荒料出口商，公司与每一个客户或每一座矿山
的合作都是非常愉快的，这也是公司一直要达到的目标。维系老客户和发
展新客户以及为他们提供有价值的服务是该公司成长的动力。

伊朗不仅是石油、天然气资源大国，也是世界上矿产最丰富的国家之
一，素有"世界矿产博物馆"之美誉。目前，伊朗矿业发展尚处于起步阶
段，未来拥有巨大的发展潜力。据伊朗地质勘探和开发组织披露，目前伊
朗已探明各种矿产 68 种，探明储量 370 亿吨，占世界总储量的 7%，居世
界第 15 位，同时拥有潜在矿产储量超过 570 亿吨。在目前已探明矿产中，
锌矿石储量 2.3 亿吨，居世界第一位，铜矿石储量 26 亿吨，约占世界总
储量 4%，居世界第三位，铁矿石 47 亿吨，居世界第十位。其他已探明主
要矿产品有煤炭（20 亿吨）、铬（1500 万吨）、锰（360 万吨）、钛（2.5 亿
吨）、铀（5000 吨）、石膏（17 亿吨）、石灰石（72 亿吨）、装饰石材（30
亿吨）、建筑石材（38 亿吨）、明矾石（10 亿吨）、磷酸盐（1650 万吨）、
长石（100 万吨）、硅（200 万吨）、石棉（7000 万吨）和珍珠岩（1750 万
吨）等。其中，铜、锌和铬铁矿均为极具开采价值的富矿，品位分别高达
8%、12% 和 45%。除此之外，伊朗还有一定的黄金、钴、锶、钼、硼、
高岭土、斑脱土、氟、白云石、云母、硅藻土和重晶石等矿物储藏。

该公司一直以来通过真诚、友好的合作，彼此促进，共同发展，共创
石材行业的美好未来。该石材公司在 2003 年创办于伊朗德比，同年在中
国云浮设立办事处，主要经营进口大理石、洞石、玉石等原石荒料。该石
材公司为客户发邀请函，并办妥到伊朗旅游的签证和机票，专人伴同客户
从机场到伊朗所有的矿山进行参观访问。在参观期间，该石材公司免费为

云南砉红石材开发有限公司考察

客户提供最优的服务设施，如豪华轿车和优雅的食宿环境及中英翻译，同时有与其长期合作的船务公司为客户的订单保驾护航。该石材公司现已开设两个办事处，分别在云浮和厦门，以方便快速地解决客户签证、采购和出行问题。

第三节　对砉红的经验与启示

第一，结合当前消费者兴趣与消费偏好进行生产或提供相应服务，注重节能环保。坚持客户至上，努力做到接单前为客户服务，生产中对客户负责，交货后让客户满意。

第二，加强对员工的系统培训，做到专才专用。通过与专业教育机构的合作，开办石材工程专业培训班，鼓励员工踊跃报名。通过专业培训，使员工了解石材的基本特性，学会看加工图纸，清楚材料的合理规划利用，理解各种安装方式对石材加工的影响等，从而提高员工的技术水平与管理水平。这些都将直接或间接影响产品的质量、生产周期以及产品的使用。

第三，提高创新意识和创新能力，不断开拓国内外市场，提升公司品牌和影响力。重视插位战略，发现市场缝隙，并通过产品或技术研发，占领市场缝隙，树立品牌优势，实现品牌快速成长。

第四，搭建提案改善平台。通过奖励先进、鞭策后进的方式让员工积极思考，不断改善创新，借助客户的力量完成项目内容和目标。提案内容需从整个价值创造过程上来思考，有的放矢，从而促进产品"快速、均衡、流动"，提升产品竞争力。

第五，通过咨询服务改善内部管理，提高内部管理效率以解决遇到的生产、管理等问题。内部供应链肩负着接受客户需求信息（可能是不断变化的），并组织协调内部各种资源（人力、设备、物料、场地等）以满足客户需求的重任。它是企业的中枢神经系统，它指挥着公司各生产相关部门的协同配合，其运行效率的高低直接影响公司响应客户需求的能力。

第六，全方位"嵌入式"与开发商合作。从项目设计初期开始参与其中，充分与设计师和开发商沟通，了解对方的需求，并根据项目的实际情况，结合公司专业的石材经验，推荐合适的石材样品给设计师和开发商以

·234·

参考。从源头开始参与到开发商供应链过程，既能够保证使石材最终的使用效果与项目设计效果及实用性的完美结合，又能及时做好准备，保证供应速度与工期的要求一致。此外，要有一支优秀的现场服务团队，确定供货之后，到现场进行协调、指导和答疑。

我们衷心祝愿耆红的事业兴旺发达！

后 记

　　本书是我主持的 2014 年中国社会科学院国情调研项目"云南砉红石材开发有限公司调研"的最终成果。该项目是中国社会科学院国情调研课题"中国企业调研"的一个子项目。"中国企业调研"项目是中国社会科学院经济学部组织的重大国情调研项目之一，项目总负责人是陈佳贵研究员和黄群慧研究员。

　　本书系项目团队成员通过对该公司进行实地调研并对所收集资料进行整理、分析、写作完成，其真实地反映了公司的发展现状和存在问题，并对公司发展提出了相应的对策建议。

　　2014 年 8 月初，项目组成员徐希燕、罗仲伟、王婷婷、翁琳郁、王守诚一行来到云南砉红石材开发有限公司调研，公司领导、各部门领导及员工们高度重视，给予了大力支持与积极配合，使得调研工作顺利有效的开展。在调研期间，项目组收集到很多有价值的信息，为书稿的完成奠定了良好基础。在此，感谢丁勇云董事长、丁永材总经理以及各部门领导及员工们的积极支持、大力协助以及良好建议。

　　参加本项目的还有王玲玲和李维莎。

　　在写作过程中，孙承平老师多次参加论证研讨，提出了良好建议。书稿最后由徐希燕统稿、修改完成。本书的出版离不开云南砉红石材开发有限公司全体员工的集体智慧，离不开项目组全体成员的共同努力，离不开工业经济研究所领导们的支持。

　　本书不仅可使广大读者加深对石材行业的认识与了解，而且可从砉红石材典型经验中借鉴管理精髓、拓宽营销视野，提高企业管理水准。

中国社会科学院工业经济研究所徐希燕　谨　识

2015 年 4 月 28 日